DEIN COACH ZUM ERFOLG!

So geht's ins ActiveBook:

Du kannst auf die interaktiven Aufgaben zu diesem Band online zugreifen. Registriere dich dazu unter **www.stark-verlag.de/mystark** mit deinem **persönlichen Zugangscode:**

S4H4-Y4F9-Z5N6

gültig bis 31. Juli 2020

Das ActiveBook bietet dir:

- Viele interaktive Übungsaufgaben zu prüfungsrelevanten Themenbereichen
- Sofortige Ergebnisauswertung
- Detailliertes Feedback

ActiveBook

DEIN COACH ZUM ERFOLG!

So kannst du interaktiv lernen:

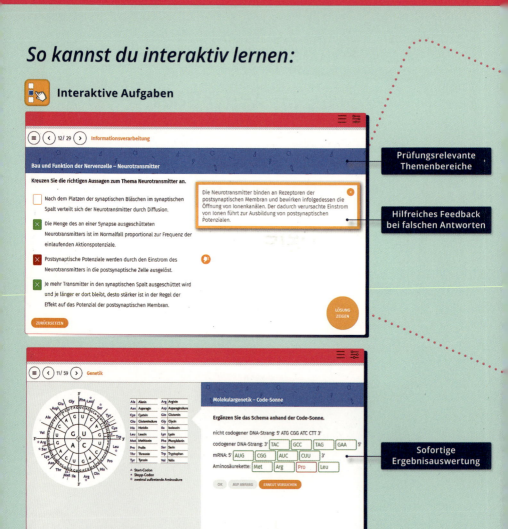

Systemvoraussetzungen:
- Windows 7/8/10 oder Mac OS X ab 10.9
- Mindestens 1024×768 Pixel Bildschirmauflösung
- Chrome, Firefox oder ähnlicher Webbrowser
- Internetzugang

Abitur

Original-Prüfungsaufgaben
mit Lösungen

Gymnasium Baden-Württemberg

Biologie

STARK

© 2019 Stark Verlag GmbH
17. neu bearbeitete und ergänzte Auflage
www.stark-verlag.de

Das Werk und alle seine Bestandteile sind urheberrechtlich geschützt. Jede vollständige oder teilweise Vervielfältigung, Verbreitung und Veröffentlichung bedarf der ausdrücklichen Genehmigung des Verlages. Dies gilt insbesondere für Vervielfältigungen, Mikroverfilmungen sowie die Speicherung und Verarbeitung in elektronischen Systemen.

Inhalt

Vorwort
Stichwortverzeichnis
Thematisches Verzeichnis

Hinweise und Tipps für die Abiturprüfung im Fach Biologie

1	Inhaltliche Grundlagen der Abiturprüfung	I
2	Hinweise zur schriftlichen Prüfung	II
2.1	Ablauf der schriftlichen Prüfung	II
2.2	Prüfungsthemen	III
2.3	Kompetenzen	III
2.4	Fragetechnik/Operatoren	III
3	Tipps zum Ablauf der schriftlichen Prüfung	VI
3.1	Auswahlzeit	VI
3.2	Bearbeitung der gewählten Aufgaben	VII
4	Die mündliche Prüfung	VIII
4.1	Die Präsentationsprüfung	VIII
4.2	Zusätzliche mündliche Prüfung	VIII
5	Hinweise zur Benutzung dieses Buches	IX

Abiturprüfung 2011

Aufgabe I	Zytologie, Enzym- und Genaktivität, Proteinsynthese	2011-1
Aufgabe II	Zytologie, Erregungsübertragung, Membrantransport, Immunreaktion	2011-6
Aufgabe III	Evolution, Enzyme, Genregulation	2011-12
Aufgabe IV	Biomembran, Immunreaktion, Molekulargenetik, Gentechnik	2011-17

Abiturprüfung 2012

Aufgabe I	Stoffwechsel, Enzymatik, Plasmidtechnik	2012-1
Aufgabe II	Neurophysiologie, Immunbiologie	2012-7
Aufgabe III	Zytologie, Molekulargenetik, Evolution	2012-13
Aufgabe IV	Molekulargenetik	2012-19

Abiturprüfung 2013

Aufgabe I	Zytologie, Enzyme, ELISA, Immunbiologie	2013-1
Aufgabe II	Zytologie, Evolution, Molekulargenetik	2013-7
Aufgabe III	Neurophysiologie, Zytologie	2013-13
Aufgabe IV	Biomembran, Genregulation, Molekulargenetik	2013-17

Abiturprüfung 2014

Aufgabe I	Nervenphysiologie, Immunbiologie, Evolution, Molekulargenetik ...	2014-1
Aufgabe II	Genregulation, Enzymatik, Membrantransport	2014-7
Aufgabe III	Molekulargenetik, Genregulation, Gentechnik	2014-13
Aufgabe IV	Zytologie, Enzymatik, Molekulargenetik	2014-18

Abiturprüfung 2015

Aufgabe I	Evolution, Signaltransduktion, Nervenphysiologie	2015-1
Aufgabe II	HIV-Vermehrung, Genmutation, Gelelektrophorese	2015-6
Aufgabe III	Biomembran, Proteinaufbau, Artbildung	2015-11
Aufgabe IV	Enzyme, Genmutation, ELISA	2015-17

Abiturprüfung 2016

Aufgabe I	Neurophysiologie, Genmutation	2016-1
Aufgabe II	Signaltransduktion, Gentechnik	2016-7
Aufgabe III	Neurophysiologie, Immunbiologie, Virenvermehrung, HIV	2016-12
Aufgabe IV	Neurophysiologie, Resistenz, Artbildung	2016-17

Abiturprüfung 2017

Aufgabe I	Zytologie, Translation, Neurophysiologie	2017-1
Aufgabe II	Signaltransduktion, genetischer Code, Immunbiologie, Evolution	2017-6
Aufgabe III	Proteinstruktur, Enzymatik, Gentransfer	2017-12
Aufgabe IV	Zytologie, Neurophysiologie, Osmose	2017-18

Abiturprüfung 2018

Aufgabe I	Zytologie, Immunbiologie, Genmutation	2018-1
Aufgabe II	Zytologie, ELISA, Immunbiologie, Evolution	2018-8
Aufgabe III	Zellatmung, Proteinbiosynthese, Genmutation, Reproduktionsbiologie	2018-12
Aufgabe IV	Neurophysiologie, Plasmidtechnik	2018-16

Abiturprüfung 2019

Aufgabe I	Proteinbiosynthese, Immunbiologie	2019-1
Aufgabe II	Enzymatik, Molekulargenetik	2019-6
Aufgabe III	Neurophysiologie, Immunbiologie, ELISA	2019-12
Aufgabe IV	Neurophysiologie, Genmutation, Evolution	2019-18

Jeweils zu Beginn des neuen Schuljahres erscheinen die
neuen Ausgaben der Abiturprüfungsaufgaben mit Lösungen.

Autoren der Lösungen der Abituraufgaben:

Werner Lingg (2011–2018), Thomas Frischmann / Christian Schillinger (2019)

Vorwort

Liebe Schülerinnen und Schüler,

das vorliegende Buch bietet Ihnen die Möglichkeit, sich optimal auf die schriftliche Abiturprüfung im Fach Biologie im Gymnasium in Baden-Württemberg vorzubereiten.

Der Abschnitt „**Hinweise und Tipps für die Abiturprüfung im Fach Biologie**" gibt Ihnen eine Übersicht zu den **Anforderungen** und zum **Ablauf** der schriftlichen Prüfung sowie zur Herangehensweise bei der **Bearbeitung** der Prüfungsaufgaben.

Der Hauptteil dieses Buches enthält die **Original-Prüfungsaufgaben** aus den Jahren **2011 bis 2019**. Zu allen Abituraufgaben bieten wir Ihnen **ausführliche, kommentierte Lösungsvorschläge, z. T. mit Tipps und Hinweisen zur Lösungsstrategie**, die eine effektive Vorbereitung auf die Prüfung ermöglichen.

Lernen Sie gerne am **PC** oder **Tablet**? Nutzen Sie das **ActiveBook**, um mithilfe von interaktiven Aufgaben Ihr biologisches Fachwissen effektiv zu trainieren (vgl. Farbseiten zu Beginn des Buches).

Sollten nach Erscheinen dieses Bandes noch wichtige Änderungen in der Abiturprüfung 2020 vom Kultusministerium bekannt gegeben werden, finden Sie aktuelle Informationen dazu im Internet unter *www.stark-verlag.de/pruefung-aktuell*.

Wir wünschen Ihnen viel Erfolg bei den Prüfungen!

Ihr
Stark Verlag

Stichwortverzeichnis

Acetylcholin 2014-4; 2019-13, 15
Adenosintriphosphat (ATP) 2013-11
Aktionspotenzial 2015-2; 2016-1;
  2017-18; 2019-18, 21
aktives Zentrum 2019-8
Aktivierung, allosterische 2013-16
Aminosäure(n)
– essenzielle ~ 2014-7;
– ~sequenz 2011-21
Allelhäufigkeit 2018-11
Alzheimer-Erkrankung 2013-14
Aminoacyl-tRNA-Synthetase 2018-12, 14
Analogie 2011-14
Antibiotika-Einsatz 2014-18
Antigen-Antikörper-Reaktion 2011-11
Antikörper(konzentration) 2018-2, 6, 9,
  11; 2019-13
Antiserum 2011-11
Artbildungsprozess 2016-19
Aspartam 2016-8
Atropin 2017-2
Ausgleichsströmchen 2012-9
Axondurchmesser 2012-9

Bakterienzelle 2014-18
Biomembran 2011-20; 2012-16; 2013-17;
  2015-14; 2017-1; 2018-4
Blau-Weiß-Verfahren 2016-11
Blutgerinnung 2011-15 f.
Botox 2011-10 f.

Calciumionenkanal 2013-3 f.
Capsid 2016-13
Carrier-vermittelte Diffusion 2014-12
cDNA 2011-23
Chloroplast 2013-7
codogener Strang 2019-7

DARWIN 2015-1
Dengue-Fieber 2017-6
Depolarisierung 2015-4; 2016-4; 2019-21
Dialyse 2013-2
Dictyosom 2013-4
Diffusion, selektive 2013-5
Dipeptid 2019-1, 3
Disulfidbrücke 2016-10

DNA
– Aufbau 2014-13
– ~-Polymerase 2013-12
DOPA 2011-3 ff.
Doppellipid-Schicht 2011-20
Durchschnittswerte 2017-9, 22

Ebola-Virus 2018-1 ff.
EHEC 2013-1
Einfachheitsprinzip 2014-5
Eisenspeicherkrankheit 2013-18
Eiszeitarten 2016-19
ELISA-Test 2013-1; 2018-8 f.;
  2019-13, 16
Endocytose 2017-2
– rezeptorvermittelte ~ 2018-1, 4; 2019-4
Endoplasmatisches Retikulum 2013-4;
  2018-10
Endosymbiontentheorie 2013-7
Endproduktrepression 2014-11
Enzymaktivierung 2013-16
Enzymaktivität 2012-4; 2017-12;
  2019-10 f.
Enzymeigenschaften 2012-1, 4; 2015-17
Enzymhemmung
– allosterische ~ 2019-8
– irreversible ~ 2019-8 f.
– kompetitive ~ 2019-8
– reversible ~ 2014-18; 2019-8
Enzymregulation 2014-9
Enzym-Substrat-Komplex 2015-20;
  2017-15; 2019-8
EPO 2014-13 ff.
EPSP 2014-3
Erregungsleitung 2012-9
– kontinuierliche ~ 2012-9
– saltatorische ~ 2012-9
Erregungsübertragung 2011-9; 2013-13;
  2014-1; 2018-16; 2019-12, 16
Eukaryotenzelle 2013-11
evolutionärer Kompromiss 2018-9
Evolutionsfaktoren 2012-18
Evolutionsmechanismen 2013-7
E605 2017-2

Fibrin 2011-15 f.
Fledermäuse 2011-14 ff.
Fluid-mosaic-Modell 2011-20; 2013-17; 2016-1; 2018-1
Fortpflanzungserfolg 2019-24
Fotosynthese 2013-8

Gelelektrophorese 2013-18
Genaktivierung 2013-16
genetischer Code 2013-18; 2017-10
Genexpression 2014-8
Genfluss 2015-16
Genpool 2019-24
Genregulation 2011-15; 2013-17; 2014-8
Gensonde 2014-16
Gentechnik 2011-22 f.
Gentherapie 2014-14
Genwirkkette 2012-16 f.; 2014-9
Geschmacksrezeptor 2016-7
Glucose 2012-3
G-Protein 2019-15
Glykoprotein 2017-3; 2018-1 ff.
Glyphosat 2019-6 ff.

Harnstoff 2017-12
Hämagglutinin 2011-20
Hitzedenaturierung 2011-5; 2019-1, 3
HIV 2015-6; 2016-13
HIV-Resistenz 2015-10
Homologie 2011-14
hypertonisch 2017-21
hypotonisch 2017-21

Immunantwort 2018-2
– humorale ~ 2014-4; 2016-13; 2017-10; 2018-5; 2019-2, 4
– zelluläre ~ 2012-11
Immunisierung
– aktive ~ 2011-21
– passive ~ 2011-11
Immunsuppressiva 2013-3
Impfstoff 2016-13; 2018-2
Influenza 2011-20 ff.
Insektenmerkmale 2016-17
Ionenkanäle
– ligandengesteuerte ~ 2018-19
– spannungsgesteuerte ~ 2019-18
Ionenpumpe 2013-15
Isolation
– genetische ~ 2015-16
– geografische ~ 2015-16

K$^+$-Na$^+$-Pumpen 2013-15
Katalase 2011-4
Killerzellen 2015-8
Kompartimentierung 2018-12
Konformation 2016-1

Konjugation 2014-19
Krebstherapie 2019-1, 4

LAMARCK 2014-1
Leberzellen 2018-8
Ligase 2013-12

Makrophagen 2012-11
Maltase 2012-4
Markergen 2018-20
Mehrfachinfektion 2011-22
Melanin 2011-3; 2015-11
Melanosomen 2011-3
Messelektrode 2012-10
Messenger-RNA 2012-22
Mikrovilli 2013-1; 2015-1
mitochondriale tRNA 2018-12
Mitochondrien 2013-7; 2018-12
Mitochondriopathie 2018-13
Motoneuron 2016-12
Morphin(toleranz) 2018-16, 19
MSH 2015-11
Multiple Sklerose (MS) 2012-7, 11
Mutation 2013-18; 2019-7, 10, 19, 22
– Basenaustausch-~ 2011-22; 2013-18
– Punkt-~ 2013-18; 2016-2
– stumme ~ 2012-22; 2019-10

Natriumionenkanäle 2015-2; 2016-1; 2019-18
Negativkontrolle 2017-9
Nervenzelle 2013-13
Nettowasserstrom 2017-22
Neugeborenen-Screening 2015-18
Neuraminidase 2011-21
Neurotoxin 2014-1
Nukleotid 2013-9

Oberflächenvergrößerung 2011-9; 2013-4; 2015-3; 2016-14; 2018-12
Operon-Modell 2014-10
Organelle 2013-7
Osmose 2017-21

Pandemie 2011-22
PCR-Methode 2014-17
Penicillin 2014-18
Peptidbindung 2016-7; 2019-3
Permeabilität, selektive 2013-15; 2017-21
Pflanzenhormon 2012-13
Pflanzenzelle 2017-18
Pheromon 2015-2
Phospholipid 2016-3; 2017-3
Plasmid 2012-6
– ~technik 2011-23; 2012-6; 2014-16; 2016-9
– rekombinantes ~ 2018-18

Plasmin 2011-15 f.
Polio-Virus 2016-12 f.
Population 2015-15; 2018-11
Primer 2014-14
Prokaryoten(zelle) 2013-11
Promotor 2012-22; 2019-3
Proteinstruktur 2016-7; 2017-15
Punktmutation 2016-2

Reaktionsspezifität 2012-4
Reizelektrode 2012-10
Rekombination 2013-10; 2016-21; 2017-11
Repolarisierung 2016-3 f.; 2019-21
Resistenzentstehung 2017-11
Resistenzgen 2014-19; 2016-22
Restriktionsenzym 2012-6; 2013-12, 18
Retinulazelle 2015-1
Rezeptor 2016-7 f.
RGT-Regel 2011-5
Rhodopsin 2015-3
Ribosomen 2013-8
Rizin 2017-1
RNA-Polymerase 2011-20; 2012-22; 2019-3
Ruhepotenzial 2013-13

Schweinegrippe 2011-20
Schwellenspannung 2016-3 f.
Schwermetallionen 2017-17
second messenger 2012-16
Sekundärstruktur 2016-10
Selektion 2013-10; 2016-21 f.; 2017-11
– ~sfaktoren 2018-11
– ~sverfahren 2018-20
– sexuelle ~ 2018-11
– transformierende ~ 2019-24
Serumpräzipitin-Test 2014-6
Sialinsäure 2011-20 f.
Signaltransduktion 2016-7; 2017-6
Sinneszelle 2017-6
SNARE-Proteine 2011-9 f.
Spender-Eizelle 2018-15
Stärke 2012-3
Substratkonzentration 2012-5

Substratspezifität 2012-4
Symbiose 2012-18
Synapse 2011-9 f.; 2013-13; 2014-1; 2015-2; 2016-17; 2018-16; 2019-12, 14
– ~nvorgänge 2018-19
Synthetische Evolutionstheorie 2011-14; 2012-18; 2013-7; 2014-4; 2015-1; 2016-21 f.; 2018-9; 2019-20, 23 f.

Temperaturoptimum 2011-4 f.
Terminator (Transkription) 2012-22; 2019-3
Tertiärstruktur 2016-10
Tetrodotoxin (TTX) 2019-18, 21
T-Helferzellen 2015-6
transgene Pflanzen 2017-14
Transkriptase, reverse 2016-13
Transkription 2012-22; 2019-1, 3
– ~sblockade 2019-3
Translation 2017-2
Transport
– aktiver ~ 2013-15; 2017-21
– ~mechanismus 2014-8
– passiver ~ 2013-5; 2014-11
Transposon 2013-8
T-Regulatorzellen 2012-12
tRNA 2012-24
Tyrosinase 2011-3 f.

Urease 2017-12

Verlaufsschema 2011-15; 2012-3; 2013-1
Versuchsbedingungen 2017-9
Verwandtschaftsanalyse 2015-13
Verwandtschaftsverhältnis 2014-2
Virus-RNA 2018-2

Wasserstoffbrücken 2016-10; 2019-3
Wirkungsspezifität 2012-4
Wirtsspezifität 2011-19

Zellatmung 2018-12
Zellmembran siehe Biomembran
Zytokin 2019-5
zytotoxische T-Zellen 2012-11; 2015-8 f.

Thematisches Verzeichnis

Themengebiet/ Jahrgang	2011	2012	2013	2014	2015	2016	2017	2018	2019
Zytologie	I, IV	III	I, II, III, IV	II, IV	III	I	I, IV	I, II, III	
Proteine/ Enzyme	I	I	I	II, IV	III, IV	II	III		I, II
Immunbiologie	II, IV	II	I	I	II	III	II	I, II	I, III
Nervenphysiologie/ Sinnesphysiologie	II	II	III	I	I	I, II, III, IV	I, II, IV	IV	III, IV
Molekulargenetik/ Gentechnik	III, IV	I, III, IV	II, IV	I, II, III, IV	II, IV	I, II	II, III	I, III, IV	I, II, IV
Evolution	III	III	II	I	I, III	IV	II	II	IV

Hinweise und Tipps für die Abiturprüfung im Fach Biologie

1 Inhaltliche Grundlagen der Abiturprüfung

Im Folgenden sind die vom Kultusministerium festgelegten verbindlichen Schwerpunktthemen aufgeführt. Sie finden diese Inhalte auch im Internet unter:
www.bildungsplaene-bw.de/,Lde/4559759.

Bildungsplaneinheit 1: Von der Zelle zum Organ
Zelle und Stoffwechsel
- Zellorganellen
- Biomembran: Struktur und Funktion, Kompartimentierung, Stofftransport, Osmose
- Interpretation elektronenmikroskopischer Bilder
- Zelle als offenes System: Stoffaustausch, Energiefluss
- Energetische Koppelung, ATP als Energieüberträger

Moleküle des Lebens und Grundlagen der Vererbung
- DNA – Struktur und Funktion
- Experiment: Isolierung von DNA
- Proteine – Struktur und Funktion, Proteinbiosynthese, Biosyntheseketten, Genwirkketten, Regulation der Genaktivität
- Enzyme – Struktur und Funktion, Regulation der Enzymaktivität; Experimente zur Abhängigkeit der Enzymaktivität

Bildungsplaneinheit 2: Aufnahme, Weitergabe und Verarbeitung von Information
- Bau der Nervenzelle
- Informationsübertragung an Nervenzellen: Ruhepotenzial, Aktionspotenzial, Synapse
- Sinneszelle: Vom Reiz zur Erregung
- Erregende und hemmende Synapsen, Verrechnung
- Leistungen des ZNS: Sehwahrnehmung, Sprache
- Humorale und zelluläre Immunantwort
- Störungen der Immunantwort: HIV, Ethik der Organtransplantationen

Bildungsplaneinheit 3: Evolution (und Ökosysteme)
- Exkursion: Erkundung eines Ökosystems und Ordnung der Artenvielfalt
- Systematische Ordnungskriterien und Nomenklatur
- Morphologische Betrachtungen rezenter und fossiler Formen
- Molekularbiologische Verfahren zur Klärung von Verwandtschaftsbeziehungen
- Evolutionstheorien von LAMARCK und DARWIN
- Entstehung der Vielfalt: Synthetische Evolutionstheorie
- Bedeutung der sexuellen Fortpflanzung
- Evolution des Menschen: biologisch und kulturell

Bildungsplaneinheit 4: Angewandte Biologie
- Gentechnik: Isolierung, Vervielfältigung und Transfer von Genen, Selektion transgener Zellen
- Experimente zur Molekularbiologie
- Prinzip der Gendiagnostik und der Gentherapie
- Bedeutung der Gentechnik in Forschung, Medizin und Landwirtschaft
- Reproduktionsbiologie: Klonen, in-vitro-Fertilisation, geschlechtliche und ungeschlechtliche Fortpflanzung
- Zelldifferenzierung, embryonale und adulte Stammzellen
- Ethische Fragen der angewandten Biologie

Im Bildungsplan (im Internet unter www.bildungsplaene-bw.de/,Lde/4559759) werden **grundlegende Prinzipien** zur Analyse und Erklärung biologischer Phänomene aufgezählt, die sich durch alle Bildungsplaneinheiten als „roter Faden" ziehen. Die wichtigsten sind:
- Das **Struktur-Funktions-Prinzip**: Zusammenhang zwischen dem Bau eines Moleküls, Organells, Organs, Organismus und dessen Funktion *(z. B. Bau des Mitochondriums, Kompartimentierung der Zelle, spezielle Ausstattung einer Drüsenzelle, Bau eines Neurons, …)*
- Das **Schlüssel-Schloss-Prinzip**: Erzielen einer spezifischen Wirkung bei ganz bestimmten Adressaten *(z. B. Transmitter-Membranrezeptor, Antigen-Antikörper, Codon-Anticodon, Enzym-Substrat, Virus-Membran, …)*
- Das **Energie-Prinzip**: Jeder Lebensvorgang ist von Energieumwandlungen begleitet. energiebedürftige Vorgänge müssen mit energieliefernden Vorgängen gekoppelt werden *(z. B. Zellatmung liefert ATP als Energieüberträger; ATP als Energiequelle für aktiven Transport, Aufbau und Erhaltung von Membranpotenzialen, Muskelbewegung, Synthese wichtiger Biomoleküle wie Rhodopsin, Acetylcholin, Peptidketten, DNA, …).*
- Das **Regulationsprinzip**: Alle Lebensvorgänge müssen sich an wechselnde Umwelt-Bedingungen anpassen können. Voraussetzung ist die Fähigkeit zur Regulation *(z. B. Regulation der Empfindlichkeit einer Sinneszelle, Regulation der Enzymaktivität, Regulation der Genaktivität, Regulation der Immunaktivität, negative Rückkopplung, hemmende Synapsen, …).*
- Das **Kommunikationsprinzip**: Aufnahme, Verarbeitung und Speicherung von Informationen ermöglicht Kommunikation innerhalb und zwischen den Lebewesen.

Ideal zur Überprüfung des biologischen Fachwissens und zum Aufdecken von Wissenslücken sind die im **ActiveBook** enthaltenen **interaktiven Aufgaben** (vgl. Farbseiten zu Beginn des Buches).
Zur Auffrischung des relevanten Prüfungsstoffs kurz vor der Prüfung eignet sich das „AbiturSkript Biologie" (Stark Verlag, Best.-Nr. 8570S1) besonders gut.

2 Hinweise zur schriftlichen Prüfung

2.1 Ablauf der schriftlichen Prüfung

Zur Prüfung werden Ihnen vier Aufgaben (I, II, III, IV) vorgelegt. Von diesen müssen Sie **drei** Aufgaben auswählen und bearbeiten. Jede Aufgabe ergibt bei vollständiger Lösung 20 Verrechnungspunkte. Als Hilfsmittel sind Taschenrechner und der Duden zugelassen. Die Bearbeitungszeit beträgt einschließlich Auswahlzeit 270 Minuten.

2.2 Prüfungsthemen

Die Aufgaben in der Prüfung können sich auf alle Bildungsplaneinheiten von 11.1 bis 12.2 **ohne** Wahlthemen und ohne Bildungsplaneinheit 5 beziehen. Die Zahl der Themen, die im schriftlichen Abitur geprüft werden, ist dadurch verringert, dass die Wahlthemen (z. B. Hormone) nicht zum Prüfungsstoff gehören. Das bedeutet aber nicht, dass keine Aufgaben z. B. zur Hormonwirkung im Zusammenhang mit Membranrezeptoren oder Stoffwechselsteuerung gestellt werden können. In diesen Fällen muss aber **im Vortext der Aufgabe** die hormonspezifische Information zur Verfügung gestellt werden.
Großer Wert wird neben fachlichem Wissen und der Beherrschung der Fachsprache also auf die Fähigkeit gelegt, allgemeine Prinzipien in einem neuen Problem wiederzuerkennen.

2.3 Kompetenzen

Wie bereits erwähnt, soll neben der Beherrschung fachlicher Inhalte auch überprüft werden, ob Sie Strukturen und Inhalte bisher unbekannter biologischer Sachverhalte erfassen können, diese mit dem eigenen Wissen verknüpfen und schließlich zu angemessenen Lösungen kommen können. Die unbekannten Inhalte werden Ihnen als Materialien (z. B. in Form von Einführungstexten, Versuchsbeschreibungen, Diagrammen, Tabellen oder Skizzen) zur Prüfungsaufgabe vorgelegt.
Diese Fähigkeiten, die über die Wiedergabe des reinen, angelernten Wissens hinausgehen, werden als **Qualifikationen** oder **Kompetenzen** bezeichnet. Kompetenzen, die von Ihnen in der Prüfung erwartet werden, sind:

Textverständnis:
Aus einem wissenschaftlichen Text die wesentlichen Informationen entnehmen und sie entweder zusammenfassen oder sie in einem Schema darstellen.

Fähigkeit zur Problemlösung:
– Versuchsdaten auswerten und Versuchsabläufe und -ergebnisse in Diagramme/Grafiken umsetzen
– eigene Experimente planen, um Hypothesen zu überprüfen
– Originaltexte auswerten

Beantwortung themenübergreifender Fragestellungen:
In jedem Aufgabenblock sind mehrere Bildungsplanthemen eingearbeitet (anders als in den meist themenbezogenen Kursklausuren!). Eine Aufgabe beginnt z. B. mit Fragen zur Immunreaktion. Im Zusammenhang mit Antikörpern könnte sowohl in Richtung Proteinbiosynthese als auch in Richtung Proteinaufbau weiter gefragt werden.

Biologische Allgemeinbildung:
Wissensstandards aus der Mittelstufe, die zur Allgemeinbildung zählen, werden vorausgesetzt.
Beispiele: Entwicklung der Amphibien, Entwicklung der Insekten, Baupläne der Wirbeltiere bzw. Insekten, Grundbegriffe aus der Ökologie, die wichtigsten pflanzlichen Organe, die wichtigsten menschlichen Organe (Verdauungsorgane, Atmungsorgane und Blutkreislauf des Menschen).

2.4 Fragetechnik/Operatoren

Häufig sind Schülerinnen und Schüler unsicher, wie ausführlich sie eine Frage beantworten sollen. Der Zeitdruck wird groß, wenn Sie seitenweise Text produzieren, der nicht verlangt war. Es ist deshalb wichtig, dass Sie bereits an der **Fragetechnik** erkennen, ob z. B. eine reine Aufzählung ohne Begründung verlangt wird oder eine ausführlich Be-

gründung. Die Fragetechnik lässt sich je nach Schwierigkeitsgrad in drei Kategorien einteilen: Reproduktionsfragen (Anforderungsbereich I), Reorganisationsfragen (Anforderungsbereich II) und Transferfragen (Anforderungsbereich III). Das Verhältnis der drei Anforderungsbereiche I : II : III sollte sich im Abitur im Verhältnis 30 % : 50 % : 20 % bewegen.
Erkennbar sind die Fragetypen dabei anhand der Arbeitsanweisungen, der sogenannten **Operatoren,** die der Fragestellung vorangehen. Die folgende Aufzählung von möglichen Fragetechniken soll Ihnen helfen, den Fragetyp richtig einzuordnen.

Reproduktionsfragen (AFB I):
Hierbei handelt es sich um Lernfragen ohne weitere Begründung und Erläuterung. Sie sollen
- Fachbegriffe nennen oder aufzählen;
- bekannte Zusammenhänge, Fakten, Abläufe oder Vorgänge darstellen, zusammenfassen oder aufzählen;
- Aufbau oder Funktion bekannter biologischer Objekte, Organe etc. beschriften oder wiedergeben;
- bekannte Schemata, Diagramme oder Experimente wiedergeben.

Fragetechnik/Operator	Erwartung	Beispiel
Benennen Sie …	Eigenschaften und Bestandteile biologischer Objekte bzw. Vorgänge genau angeben	2013, I 1.1 2018, II 1.1
Beschreiben Sie …	Strukturen, Sachverhalte, Prozesse oder Zusammenhänge strukturiert und fachsprachlich richtig mit eigenen Worten wiedergeben	2013, I 2 2018, III 3.1 2019, I 2.1
Beschriften Sie …	Fachbegriffe zu ausgewiesenen Strukturen zuordnen	
Definieren Sie …	einen Begriff eindeutig durch Nennung des Oberbegriffs und Angabe der wesentlichen Merkmale bestimmen	
Nennen Sie …	Elemente, Sachverhalte, Begriffe, Daten ohne Erläuterungen aufzählen	2014, IV 1.1 2017, II 4
Formulieren Sie …, Geben Sie wieder …	bekannte Inhalte wiederholen bzw. zusammenfassen	2018, III 1.1 2016, IV 3
Skizzieren Sie …, Zeichnen Sie … Erstellen Sie eine schematische Zeichnung. Fertigen Sie eine beschriftete Zeichnung an.	eine möglichst exakte grafische Darstellung beobachtbarer oder gegebener Strukturen anfertigen	2011, IV 1.1 2015, III 1.1 2016, I 1 2017, I 1 2018, II 2.3 2019, IV 1.1
Stellen Sie dar …	Sachverhalte, Zusammenhänge, Methoden etc. strukturiert und ggf. fachsprachlich wiedergeben	2011, III 3.1 2018, I 1

Reorganisationsfragen (AFB II):
Ein grundsätzlich bekannter Sachverhalt soll an einem neuen Beispiel erläutert werden. Dies kann bedeuten:
- Beschriftung eines homologen Organs
- Ablauf eines biologischen Vorgangs an einem anderen Fallbeispiel in korrekter Fachsprache erklären
- Auswertung von Daten, Grafiken an anderen Fallbeispielen

Fragetechnik/Operator	Erwartung	Beispiel
Bestimmen Sie mithilfe …	Ergebnisse mittels gegebener Daten erzeugen	2018, III 1.2
Erklären Sie … Geben Sie (mögliche) Erklärungen …	einen Sachverhalt auf Regeln und Gesetzmäßigkeiten zurückführen und ihn nachvollziehbar machen	2015, II 2.2, 3 2017, III 3.1 2018, I 3.2
Erläutern Sie den Ablauf …, Erläutern Sie die Wirkung …	einen Sachverhalt veranschaulichend darstellen und durch zusätzliche Informationen verständlich machen	2011, I 2.1 2016, IV 4.2 2017, II 2.2 2018, I 2
Ermitteln Sie …	einen Zusammenhang oder eine Lösung finden und das Ergebnis formulieren	2011, IV 4.1 2017, II 2.3
Leiten Sie ab …	auf der Grundlage wesentlicher Merkmale sachgerechte Schlüsse ziehen	2015, III 4.3
Ordnen Sie (zu) …	Begriffe, Gegenstände etc. aufgrund bestimmter Merkmale systematisch einteilen	2016, I 2.2 2019, II 1.3
Stellen Sie diesen Fall grafisch dar …, Erstellen Sie ein Diagramm …	bislang unbekannte Sachverhalte, Strukturen oder Ergebnisse auf das Wesentliche reduziert übersichtlich grafisch darstellen	2011, I 3.2 2015, I 3.1 2016, I 2.1
Vergleichen Sie …	Gemeinsamkeiten, Ähnlichkeiten und Unterschiede ermitteln	2019, IV 3.2
Werten Sie aus …	Daten, Einzelergebnisse usw. in einen Zusammenhang stellen und ggf. zu einer Gesamtaussage zusammenführen	

Transferfragen (AFB III):
„Denkfragen" mit dem höchsten Anspruch an die eigene kreative Denkleistung. Von Ihnen wird erwartet:
- Anwendung einer Gesetzmäßigkeit zur Lösung eines neuen Problems
- Ursachen und Bedingungen für bestimmte Abläufe erkennen und verständlich darstellen
- Anwendung einer biologischen Versuchstechnik in einem neuen Zusammenhang
- Wiedererkennen einer Gesetzmäßigkeit in neuem Zusammenhang
- Erkennung wesentlicher Gemeinsamkeiten/Unterschiede
- Vorhersagen/Schlussfolgerungen mit Begründung
- Bildung von Hypothesen, Planung von Experimenten
- Analyse und Strukturierung eines anspruchsvollen Originaltextes
- Umsetzen von Tabellen und Grafiken in die Fachsprache

Fragetechnik/Operator	Erwartung	Beispiel
Analysieren Sie …, Stellen Sie einen Zusammenhang her …	wichtige Bestandteile oder Eigenschaften auf eine bestimmte Fragestellung hin herausarbeiten	2014, IV 1.2
Begründen Sie …	Sachverhalte auf Regeln und Gesetzmäßigkeiten bzw. kausale Beziehungen von Ursachen und Wirkung zurückführen	2016, III 4 2018, IV 4.2 2019, III 2.1

Bewerten Sie …	die Bedeutsamkeit von Dingen, Prozessen, Aussagen, Handlungen für den Menschen aus konkret historischer Sicht bzw. entsprechenden Bewertungskriterien nachweisen	2014, IV 4.3 2016, IV 4.1
Beurteilen Sie …	zu einem Sachverhalt ein selbstständiges Urteil unter Verwendung von Fachwissen und -methoden formulieren und begründen	
Deuten Sie …, Interpretieren Sie …	fachspezifische Zusammenhänge in Hinblick auf eine gegebene Fragestellung begründet darstellen	2016, II 3
Diskutieren Sie …, Erörtern Sie …	Argumente und Beispiel zu einer Aussage oder These einander gegenüberstellen und abwägen. Eigene Gedanken zu einer Problemstellung entwickeln und zu einem begründeten Urteil kommen.	2016, IV 3
Entwickeln/Formulieren Sie eine Hypothese …	begründete Vermutung auf der Grundlage von Beobachtungen, Untersuchungen, Experimenten oder Aussagen formulieren	2012, IV 4.2 2014, IV 3 2018, III 2.1
Entwickeln Sie anhand des Textes ein Schema …, Fassen Sie den Text zusammen …	das Wesentliche in konzentrierter Form in einer Skizze oder einem Text herausstellen	2012, I 1.2 2013, I 1.2
Nehmen Sie Stellung zu …	zu einem Sachverhalt, der an sich nicht eindeutig ist, nach kritischer Prüfung und sorgfältiger Abwägung ein begründetes Urteil abgeben	
Planen Sie …	zu einem vorgegebenem Problem eine Experimentieranordnung finden und eine Experimentieranleitung erstellen	2017, II 2.1

Weitere Fragetechniken des AFB III können sein:
Entwerfen Sie ein Experiment …, Ergänzen Sie die Grafik für den Fall …, Unter welchen Bedingungen …,

3 Tipps zum Ablauf der schriftlichen Prüfung

3.1 Auswahlzeit

Die Auswahl der drei Aufgabenblöcke, in denen Sie voraussichtlich die meisten Punkte erreichen können, ist von größter Wichtigkeit. Ein späterer Wechsel, weil sich erst bei genauerer Betrachtung eine wichtige Teilfrage als zu schwierig herausstellt, ist sehr zeitraubend. Nehmen Sie sich daher die Zeit, jede Aufgabe genau durchzulesen. Lassen Sie sich nicht abschrecken von langen Vortexten, von völlig unbekannten Skizzen und Tabellen und nie gehörten Krankheits- und Tiernamen. Achten Sie auf die oben erklärten Fragetechniken bzw. Operatoren. Einen Kurvenverlauf zu „beschreiben" ist viel leichter als ihn zu „erklären".
Suchen Sie nach Reproduktionsfragen und Reorganisationsfragen, die Sie sicher beherrschen. Addieren Sie die nach Ihrer Einschätzung erreichbaren Verrechnungspunkte für jeden Aufgabenblock und vergleichen Sie die erreichte Punktezahl. Meist ist dann schon klar, welche Aufgabe abgewählt wird. Testen Sie dieses Verfahren für einen beliebigen Abiturjahrgang in diesem Buch. Sie werden feststellen, dass Sie selten auf mehr als ein Drittel der erreichbaren Punktezahl kommen! Dies ist natürlich beabsichtigt, da reines

Faktenwissen nicht für eine gute Note ausreichen soll. Deshalb ist es ratsam, sich durch schwierige Texte oder Skizzen nicht gleich von einer Aufgabe abschrecken zu lassen.
Investieren Sie die Zeit für ein intensives Studium der Vortexte. Sie liefern wichtige Hinweise für die komplexeren Fragen, deren Beantwortbarkeit Sie nun besser abschätzen können sollten. Wenn dafür eine halbe Stunde vergeht, ist diese Mühe nicht umsonst! Sie haben sich viele Stichworte notiert und wichtige Textpassagen markiert, die Ihnen bei der anschließenden Detailarbeit nützlich sind.

3.2 Bearbeitung der gewählten Aufgaben

Reinschrift, Konzept, Aufgabenblatt, Rechtschreibung
Bewertet wird nur, was in der Reinschrift steht! Alle Notizen, die Sie auf dem Aufgabenblatt oder dem Konzeptpapier (eigene Schmierzettel sind nicht erlaubt!) hinterlassen, werden zwar eingesammelt, aber nicht gewertet. So wird vermieden, dass unklar ist, welche Antwort gelten soll: die richtige im Konzept oder die falsche in der Reinschrift.
Nur bei offensichtlichen Übertragungsfehlern in die Reinschrift wird der Entwurf gewertet. Dies gilt auch für den Fall, dass jemand aus Zeitgründen den letzten Teil der Antwort nur auf dem Konzept hat. Die meisten Prüflinge benutzen deshalb die Konzeptblätter (grüne Farbe) nur als Schmierzettel und schreiben gleich in die Reinschrift. Dies führt jedoch manchmal auch dazu, dass die Reinschrift wie ein Schmierzettel aussieht! Deshalb dürfen bei schweren Mängeln in der sprachlichen Form (Rechtschreibung und Grammatik) und/oder der Darstellungsform bis zu 2 Notenpunkte (das sind bis zu 8 Verrechnungspunkte!) abgezogen werden. Machen Sie also eine Stichwortliste, eine grobe Gliederung oder Skizzenentwürfe erst einmal im Konzept.

Fachsprache, Skizzen
Achten Sie darauf, dass Sie alle Fachbegriffe in Ihre Antworten einbauen, die zur vollständigen Beantwortung einer Aufgabenstellung notwendig sind. Kurze Definitionen der Fachbegriffe unterstreichen Ihre Fachkompetenz. Häufig kann man Formulierungshilfen aus den Vortexten übernehmen. Anatomische und schematische Skizzen müssen in der Regel mindestens eine halbe Seite groß sein! „Miniskizzen" mit unklarer Beschriftung und mehrfach mit Kugelschreiber oder Filzstift korrigierte Strukturen führen zu massiven Punktabzügen. Also: Tinte/Tintenkiller und für Skizzen Bleistift, Radiergummi, und Lineal benutzen!

Zeitmanagement, Vollständigkeit
Planen Sie grob mit 60 Minuten pro Aufgabenblock (ohne Auswahlzeit). Dann bleibt auch genügend Zeit für eine abschließende Kontrolle der Vollständigkeit und der Rechtschreibung.
Nicht selten werden zurückgestellte Teilaufgaben vergessen. Deshalb auch der Hinweis auf dem Deckblatt: Für jede Aufgabe (I, II, III oder IV) beginnt man einen neuen vierseitigen Papierbogen und markiert ihn deutlich mit der Aufgabennummer. Damit entfällt die Suche nach Teilaufgaben, die als Nachtrag irgendwo zwischen anderen Aufgabenblöcken versteckt sind. Auf diesem Bogen lässt sich jederzeit eine Transfer-Frage nachtragen, die man erst bearbeiten will, wenn die leichteren Aufgaben erledigt sind. Haken Sie deshalb alle erledigten Teilfragen auf dem Aufgabenblatt deutlich sichtbar ab!

4 Die mündliche Prüfung

4.1 Die Präsentationsprüfung

Das fünfte mündliche Prüfungsfach ist eine **Präsentationsprüfung**. Bei der Auswahl des Prüfungsfaches müssen Sie aber darauf achten, dass Sie mit Ihren fünf Prüfungsfächern alle drei Aufgabenfelder abdecken.

Spätestens zwei Wochen vor der Prüfung legen Sie im Einvernehmen mit der Fachlehrkraft vier Themen im Rahmen des Biologie-Bildungsplans schriftlich vor. Die/der Leitende des Fachausschusses wählt eines dieser Themen als Prüfungsfach aus. Eine Woche vor der mündlichen Prüfung wird Ihnen das Thema mitgeteilt.

Die Präsentationsprüfung gliedert sich in zwei 10-minütige Abschnitte:
- **Präsentationsteil:** Der Prüfling hält ein geschlossenes Referat mit geeignetem Medieneinsatz (Folien, Computer, Tafel, Experimente, Modelle ...).
- **Prüfungsgespräch:** Die Mitglieder der Prüfungskommission stellen Fragen zu Form und Inhalt des Vortrags.

Die Präsentationsprüfung kann durch eine besondere Lernleistung ersetzt werden (Seminarkurs, „Jugend forscht"-Arbeit).

4.2 Zusätzliche mündliche Prüfung

Zusätzlich kann man sich freiwillig zu mündlichen Prüfungen in den schriftlichen Prüfungsfächern melden, falls man seine Noten verbessern will.
Auch die/der Prüfungsvorsitzende könnte eine zusätzliche mündliche Prüfung anordnen. Diese Prüfung dauert 20 Minuten. Die Prüfungsaufgaben werden von der Fachlehrkraft aus den Bildungsplanthemen von 11.1 bis 12.2 erstellt. Die Fragen werden schriftlich vorgelegt und Sie können sich 20 Minuten unter Aufsicht vorbereiten.

Vorbereitungszeit:
Die Fragen, die Sie in einem möglichst eigenständigen Vortrag beantworten sollen, könnten wie unten abgebildet aussehen. In der Vorbereitungszeit sollten Sie sich überlegen, wie Sie Ihre Antworten am besten gliedern. Schreiben Sie sich stichwortartig den Lösungsweg auf. Die Skizze soll Ihnen am Anfang helfen, die Tafel als Medium in Ihren Vortrag einzubeziehen. Falls Sie eine Frage nicht verstehen, dann können Sie die Reihenfolge der Fragen auch ändern. Sie könnten also auch mit der Frage 2 beginnen, wenn Sie das vor der Prüfungskommission entsprechend begründen.

Abiturprüfung 2020   Biologie Profilfach
Name: Prüfungszeit: Vorbereitungszeit:

1. a) Skizzieren und erläutern Sie den Bau der Biomembran.
   b) Erläutern Sie, wie es zu der typischen „Dunkel-hell-dunkel-Struktur" in elektronenmikroskopischen Abbildungen kommt.
   c) Nennen Sie drei Funktionen von Biomembranen und erklären Sie, wie diese Funktionen durch die spezielle Struktur der Biomembran gewährleistet werden.

2. a) Begründen Sie, welche Eigenschaften die Membran eines Neurons benötigt, um die Entstehung und Erhaltung eines Ruhepotenzials zu ermöglichen.
   b) Stellen Sie die Vorgänge an der Membran eines Neurons während eines Aktionspotenzials auf molekularer Ebene dar.

In der Prüfung:
Nach der Begrüßung lesen Sie am besten erst einmal Ihre Prüfungsfragen vor, um die Mitglieder der Prüfungskommission auf Ihr Thema einzustimmen. Danach dürfen Sie Ihren Vortrag beginnen, indem Sie sich an die Abfolge der Fragen und Ihre eigene Gliederung halten. In der Regel werden sie in diesem ersten Prüfungsteil nicht unterbrochen. Sprechen Sie deutlich und engagiert. Halten Sie Blickkontakt mit den Prüfer/-innen und sprechen Sie möglichst frei. Nutzen Sie, wann immer möglich, die Tafel oder die Dokumentenkamera als Hilfe zur Veranschaulichung.
Aber: Skizzen bitte sauber und deutlich mit Beschriftung. Wenn Sie im Zuge Ihres Vortrags eine Skizze anfertigen, lassen Sie während des Zeichnens keine langen Phasen der „Stille" entstehen, sondern geben Sie erklärende Kommentare. Keine Panik, wenn Sie für eine Zwischenfrage oder Ergänzung unterbrochen werden.
Im letzten Teil der Prüfung wird in der Regel noch ein anderer Themenkomplex angesprochen. Hier sollen Sie zeigen, dass Sie auch andere Bildungsplanthemen beherrschen und sich schnell auf unvorbereitete Fragen einstellen können.

5 Hinweise zur Benutzung dieses Buches

Dieses Buch enthält neben einem ausführlichen **Stichwortverzeichnis** auch ein **Thematisches Verzeichnis**, das Ihnen zusätzlich zur Abiturvorbereitung auch die gezielte Vorbereitung auf themenbezogene Kursklausuren ermöglicht.
Im Vorspann finden Sie Informationen zu den **für die Abiturprüfung 2020 relevanten Inhalten**. Außerdem enthält der Band **Hinweise** zum Ablauf der schriftlichen und mündlichen Abiturprüfung und **Tipps** zur Bearbeitung von Abituraufgaben.
Der Hauptteil umfasst die zentral gestellten schriftlichen **Abiturprüfungen der Jahrgänge 2011 bis 2019**. Die von Ihnen in der Prüfung erwartete **Aufgabenlösung** in möglichst knapper Fachsprache steht in Normalschrift. Ergänzende, alternative oder vertiefende Antworten sind ebenso wie Tipps zum Lösungsansatz *kursiv* gedruckt.
Sollten nach Erscheinen dieses Bandes noch wichtige Änderungen in der Abiturprüfung 2020 vom Kultusministerium Baden-Württemberg bekannt gegeben werden, finden Sie aktuelle Informationen dazu im Internet unter
www.stark-verlag.de/pruefung-aktuell.

Profil-/Neigungsfach Biologie (Baden-Württemberg): Abituraufgaben 2011
Aufgabe I: Zytologie, Enzym- und Genaktivität, Proteinsynthese

BE

Ein Haar entsteht aus absterbenden Haarwurzelzellen. Die Haarfarbe wird dabei durch den Melaningehalt dieser Zellen bestimmt. Gebildet wird das dunkle Pigment Melanin in Pigmentzellen. Es wird in Melanosomen, speziellen Zellorganellen der Pigmentzellen, transportiert und über Zellfortsätze an die benachbarten Haarwurzelzellen abgegeben.

Ausgangsstoff der Melaninsynthese ist die Aminosäure Tyrosin, die in der Nahrung enthalten ist und aus dem Blut in die Pigmentzellen aufgenommen wird. Tyrosinasen sind Enzyme, die an der Umwandlung von Tyrosin in das Pigment Melanin über die Zwischenstufen Dopa und Dopachinon beteiligt sind.

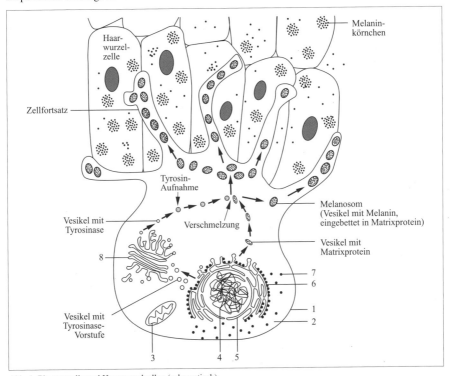

Abb. 1: Pigmentzelle und Haarwurzelzellen (schematisch)

1.1 Benennen Sie die mit den Ziffern 1 bis 8 versehenen Strukturen der Pigmentzelle (Abbildung 1).   2

1.2 Beschreiben Sie mithilfe der Informationen des Vortextes sowie der Abbildung 1 die Vorgänge, die in der Pigmentzelle bis zur Melaninsynthese ablaufen, sowie die Entstehung farbiger Haare.   4

1.3 Die natürlichen Haarfarben des Menschen beruhen auf unterschiedlichen Melaninkonzentrationen in den Haarwurzelzellen. Beschreiben Sie mithilfe von Abbildung 1 drei Möglichkeiten für die Entstehung unterschiedlicher Melaninkonzentrationen in den Haarwurzelzellen. 3

Erst im Jahr 2009 konnten Wissenschaftler die Frage klären, warum Haare im Alter grau werden. In allen Zellen des Körpers, so auch in den Haarwurzelzellen, entsteht ständig in geringen Mengen giftiges Wasserstoffperoxid. Durch das Enzym Katalase wird dieses sofort zu Wasser und Sauerstoff abgebaut. Mit zunehmendem Alter nimmt die Katalase-Konzentration in den Haarwurzelzellen ab. Das angehäufte Wasserstoffperoxid inaktiviert Tyrosinasen dauerhaft.

2.1 Erläutern Sie, wie das Enzym Tyrosinase im beschriebenen Fall gehemmt werden könnte. 2

2.2 Geben Sie eine mögliche Erklärung für den Mangel an Katalase mit zunehmendem Alter. 2

Tyrosinasen kommen auch in Pflanzen vor und sind dort zum Beispiel für die Braunfärbung angeschnittener Äpfel verantwortlich. Eine für die Verfärbung verantwortliche Reaktion ist die Oxidation des aus den verletzten Pflanzenzellen austretenden Dopa mit Luftsauerstoff zu braunem Dopachrom:

Dopa (farblos) + Sauerstoff —Tyrosinase→ Dopachrom (braun)

Die Aktivität pflanzlicher Tyrosinase ist temperaturabhängig.

3.1 Beschreiben Sie die Durchführung eines Experiments zur Ermittlung der Temperaturabhängigkeit pflanzlicher Tyrosinase. 3

3.2 Stellen Sie das erwartete Ergebnis in einem Diagramm dar und erläutern Sie den Kurvenverlauf. 3

3.3 Erklären Sie, warum die Braunfärbung von Apfelstücken mit Zitronensaft verhindert werden kann. 1

20

Lösungen

1.1 1 = Zellmembran
2 = Zellplasma
3 = Mitochondrium
4 = DNA oder Chromatin
5 = Kernhülle (bzw. Kernmembran) oder glattes ER
6 = raues ER
7 = Ribosom
8 = Dictyosom oder Golgi-Apparat

1.2 *Hier wird von Ihnen verlangt, dass Sie dem Vortext die Namen der für die Melaninsynthese notwendigen Stoffe entnehmen und aus der Abb. 1 den räumlichen und zeitlichen Ablauf der Entstehung farbiger Haare mit Fachbegriffen „**beschreiben**" (d. h. **nicht erklären**!). Im folgenden Lösungsvorschlag sind nicht zwingend verlangte Angaben in Klammern gesetzt.*

Transkription bestimmter (ständig aktiver) Gene im Kern ⇒ (Translation an den Ribosomen) ⇒ Produktion der Matrixproteine und der Vorstufe des Enzyms Tyrosinase am rauen ER ⇒ Abschnürung von Transportvesikeln aus dem ER mit Matrixprotein und Tyrosinasevorstufe ⇒ (Aufnahme des Vesikelinhaltes in das Dictyosom durch Membranverschmelzung) ⇒ Weiterverarbeitung der Tyrosinasevorstufe im Dictyosom (zur aktiven Form des Enzyms) ⇒ Abschnürung und Transport in Golgi-Vesikeln.

Tyrosinaufnahme (= Substrat der Melaninsynthese) in die Tyrosinasevesikel ⇒ Start der enzymatisch katalysierten Melaninsynthese über Dopa und Dopachinon als Zwischenstufen ⇒ Verschmelzung der Melanvesikel mit den ER-Vesikeln mit Matrixprotein zu Melanosomen.

Wanderung/Transport der Melanosomen in die Zellfortsätze und Entleerung/Freisetzung der Melaninkörnchen in (das Zellplasma der) Haarwurzelzellen.

Aus den abgestorbenen Haarwurzelzellen entsteht die Haarsubstanz mit Melanin als Haarfarbe.

1.3 *Alle vorher beschriebenen Vorgänge, die für eine optimale Melaninsynthese notwendig sind, können durch eine Störung die Ursache für eine verringerte Melaninkonzentration, d. h. für hellere Haarfarbe sein. Drei Möglichkeiten sollen **beschrieben** werden.*

- unterschiedliche Genaktivität des Gens für Tyrosinase-Vorstufe ⇒ unterschiedliche Tyrosinase-**Konzentration** ⇒ unterschiedliche Melaninkonzentration in den Melanozyten ⇒ in der Brauntönung variierende Haarfärbung.
- (Genmutation ⇒ Tyrosinase mit veränderter Tertiärstruktur ⇒) unterschiedliche Tyrosinase-**Aktivität** ⇒ unterschiedliche Melaninkonzentration in den Melanozyten.
- Tyrosinmangel (Mangelernährung oder Störung der Aufnahme in die Zelle) ⇒ Melaninkonzentration verringert.
- Melaninfreisetzung aus den Melanozyten gestört ⇒ Melaninkonzentration verringert.
- Melanosomentransport in die Zellfortsätze gestört ⇒ Melaninkonzentration verringert.
- Umbau der Enzymvorstufe in den Dictyosomen gestört ⇒ Tyrosinase-Konzentration verringert ⇒ Melaninkonzentration verringert.
- oder andere logische Erklärungen

2.1 *Hier wird von Ihnen eine **Erläuterung (= Nennung und Erklärung)** der möglichen Ursachen der Tyrosinasehemmung durch Wasserstoffperoxid verlangt.*

- H_2O_2 ist ein Enzymgift, das durch irreversible Änderung der Tertiärstruktur (Denaturierung, Oxidation) des Enzymmoleküls die Enzymwirkung zerstört (aktives Zentrum kann das Substrat Tyrosin nicht mehr binden und umsetzen).

- H_2O_2 ist ein allosterischer Hemmstoff, der durch Bindung an ein allosterisches Zentrum die Tertiärstruktur so umformt, dass das aktive Zentrum verändert wird.

Die Annahme einer kompetitiven Hemmung ist nicht logisch, da keinerlei chemische Ähnlichkeit zum Substrat vorliegt.

2.2 **Erklärung** einer möglichen Ursache für Katalase-Mangel im Alter:
Die Aktivität des Katalase**gens** könnte (durch altersbedingte Giftstoffe, die z. B. die Transkription oder Translation hemmen) vermindert sein ⇒ geringere Katalasekonzentration in den Haarwurzelzellen.

oder: Durch Anhäufung von Mutationen im Alter könnte das Katalasegen geschädigt sein ⇒ geringere Katalasekonzentration in den Haarwurzelzellen.

oder: Altersbedingter schnellerer Abbau der Katalase durch Proteasen.

3.1 *Hier können Sie wie im Enzymatikpraktikum ganz systematisch vorgehen, d. h., alle Versuche werden in Reagenzgläsern (in vitro) mit Dopa/Sauerstoff- und Tyrosinase-Lösung durchgeführt. Eine andere Möglichkeit sind Versuche mit ganzen Apfelstückchen (in vivo), die unter sonst gleichen Bedingungen verschiedenen Temperaturen ausgesetzt werden.*

Beschreibung des Versuchsablaufs (in vitro):
- Mehrere Reagenzgläser mit jeweils gleicher Menge Substratlösung (Dopa/Sauerstoff) werden auf verschiedene Temperaturen eingestellt (Substratkonzentration = konstant).
- Zu jedem Reagenzglas wird die gleiche Menge (temperierte) Tyrosinase-Lösung (Suspension) zugegeben (Enzymkonzentration = konstant).
- Messung der Zeit bis zu einer bestimmten Braunfärbung (= Dopachrom-Konzentration) oder: Bestimmung der Braunfärbung nach einer bestimmten Zeit.
oder: Messung der Sauerstoffabnahme nach einer bestimmten Zeit.

⇒ Je kürzer die Zeit bis zum Erreichen einer bestimmten Braunfärbung bzw. je tiefer der Braunton nach einer definierten Zeitspanne bzw. je größer die Sauerstoffabnahme nach einer definierten Zeitspanne, desto größer ist die Enzymaktivität bei der entsprechenden Temperatur.

Beim In-vivo-Versuch wird sowohl das Enzym Tyrosinase als auch das Substrat Dopa erst durch das Aufschneiden der Apfelzellen freigesetzt. Durch Zutritt des Luftsauerstoffs beginnt sofort die enzymatische Dopachrom-Synthese.

Beschreibung des Versuchsablaufs (in vivo):
Mehrere Apfelstücke werden unter gleichen Bedingungen (z. B. Luftzutritt) hergestellt und die Zeit bis zum Erreichen einer bestimmten Braunfärbung wird bei verschiedenen Temperaturen gemessen.

oder: Die Apfelstücke werden bei verschiedenen Temperaturen alle gleich lang dem Luftsauerstoff ausgesetzt und die Intensität der Brauntöne wird verglichen.

⇒ Je kürzer die Zeit bis zum Erreichen einer bestimmten Braunfärbung bzw. je stärker die Braunfärbung bei verschiedenen Temperaturen, desto größer ist die Enzymaktivität.

3.2 *Beachten Sie bei jeder Grafik die richtige Benennung der Achsen. Bei der y-Achse ist es hier ratsam, statt der RG (Reaktionsgeschwindigkeit) besser die Enzymaktivität (= Substratumsatz pro Zeit) aufzutragen. Auf diese Weise lässt sich eine relative Skala in Prozent angeben. 100 % entspricht der maximalen Enzymaktivität beim Temperaturoptimum.*

Berücksichtigen Sie bei der Konstruktion der Kurve die Aussagen der RGT-Regel (s. u.) sowie das Temperaturoptimum. Geben Sie für die geplante **Optimumkurve** z. B. folgende drei Kurvenpunkte fest vor:
- Temperaturoptimum bei 37 °C/100 % Enzymaktivität
- 10 °C/15 % Enzymaktivität
- 20 °C/30 % Enzymaktivität

Vorsicht: Bei 0 °C ist die Enzymaktivität in der Regel nicht Null! Auch in Tiefkühlkost laufen stark verlangsamt enzymatische Reaktionen ab. Sie können die Kurve alternativ unbestimmt vor dem Nullpunkt enden lassen.

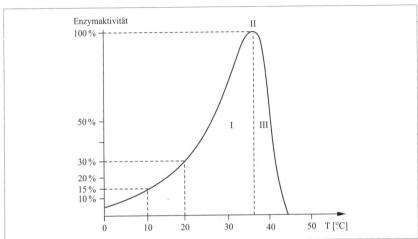

Erläuterung des Kurvenverlaufs:
I) Die Temperaturerhöhung bewirkt eine Teilchenbeschleunigung ⇒ Enzym- und Substratmoleküle bewegen sich schneller und treffen häufiger erfolgreich zusammen. ⇒ Die Reaktionsgeschwindigkeit steigt, d. h., pro Zeiteinheit werden mehr Substratmoleküle umgesetzt. Dabei gilt die **RGT-Regel** (**R**eaktionsgeschwindigkeits-**T**emperatur-Regel): Eine Erhöhung um 10 °C bewirkt etwa eine Verdopplung der Reaktionsgeschwindigkeit.
II) **Temperaturoptimum** bei ca. 37 °C ⇒ maximale Enzymaktivität
III) Bei einer Temperatur von ca. 45 °C wird die thermische Bewegung der Enzymmoleküle so heftig, dass die **Tertiärstruktur** zerstört wird. ⇒ **Hitzedenaturierung** ⇒ Die Enzymaktivität geht rasch gegen Null, da das aktive Zentrum zerstört wird.

3.3 **Erklärung** der Wirkung des Zitronensafts:
Zitronensaft ist stark sauer (Zitronensäure) ⇒ geringe Tyrosinase-Aktivität durch starke Abweichung vom pH-Optimum.

oder: Zitronensaft ist stark sauer (Zitronensäure) ⇒ Säuredenaturierung, d. h. Zerstörung der Tertiärstruktur des Enzyms Tyrosinase ⇒ keine Enzymaktivität mehr.

oder: Zitronensaft enthält Vitamin C ⇒ starkes Antioxidans ⇒ Vitamin C statt Dopa wird oxidiert.

oder: Die Tyrosinase-Aktivität wird durch unbekannte Inhaltsstoffe im Zitronensaft gehemmt.

Profil-/Neigungsfach Biologie (Baden-Württemberg): Abituraufgaben 2011
Aufgabe II: Zytologie, Erregungsübertragung, Membrantransport, Immunreaktion

BE

Mit zwei Esslöffeln reinem Botox (Botulinumtoxin) könnte die gesamte Weltbevölkerung ausgelöscht werden. Trotzdem lassen sich nicht nur Popgrößen und Hollywoodstars den sogenannten Faltenkiller Botox bedenkenlos unter die Haut spritzen. Botulinumtoxin ist ein Stoffwechselprodukt des Bakteriums *Clostridium botulinum*, das in verdorbenen Fleisch- und Wurstwaren vorkommen kann. Es gilt als eines der stärksten bekannten Nervengifte und schädigt neuromuskuläre Synapsen dauerhaft. Seit Anfang der achtziger Jahre wird Botox medizinisch genutzt, um Muskelkrämpfe der Augenlider (Lidzucken) oder Schielen zu behandeln. Bekannt wurde Botox aber erst als Faltenkiller. Botox ist ein Protein, das aus einer schweren und einer leichten Aminosäurekette besteht.

Abbildung 1 zeigt einen Ausschnitt aus dem elektronenmikroskopischen Bild einer Synapse zwischen einer Nervenzelle und einer Muskelfaser.

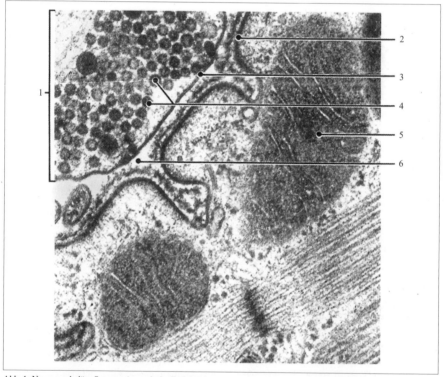

Abb. 1: Neuromuskuläre Synapse (motorische Endplatte)

1.1 Benennen Sie die mit 1 bis 6 bezeichneten Strukturen in Abbildung 1.   2

1.2 Erläutern Sie an zwei in der Abbildung gezeigten Strukturen die Bedeutung der Oberflächenvergrößerung.   2

Abbildung 2a zeigt einen Ausschnitt aus der neuromuskulären Synapse und veranschaulicht das Zusammenwirken sogenannter SNARE-Proteine (Synaptobrevin, SNAP-25, Syntaxin) bei der Transmitterausschüttung nach Erregung des motorischen Neurons.

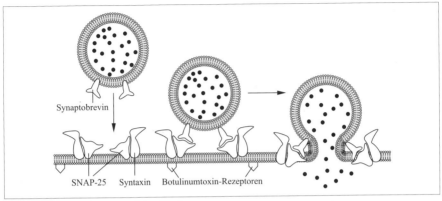

Abb. 2a: Vorgänge an der präsynaptischen Membran

2.1 Beschreiben Sie die Vorgänge bei der Erregungsübertragung an einer Synapse. Beziehen Sie dabei auch die in Abbildung 2a dargestellten Vorgänge mit ein. 4

Abbildung 2b zeigt die Aufnahme des Botulinumtoxins in die Nervenzelle und dessen Wirkung.

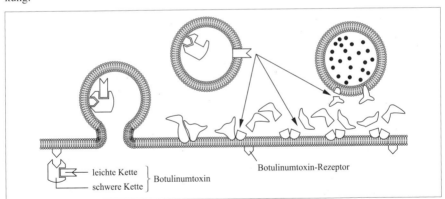

Abb. 2b: Aufnahme und Wirkung von Botulinumtoxin

2.2 Beschreiben Sie mithilfe der Abbildung 2b die Aufnahme von Botulinumtoxin in die Nervenzelle und seine Wirkung in der Nervenzelle. Erläutern Sie die sich daraus ergebenden Folgen für die Erregungsübertragung und begründen Sie den Einsatz bei der Behandlung des Lidzuckens. 4

Trotz irreversibler Schädigung neuromuskulärer Synapsen lässt der Behandlungserfolg einer Botoxinjektion nach einiger Zeit nach. Die Behandlung muss deshalb wiederholt werden.

3.1 Geben Sie eine mögliche Erklärung für das Nachlassen des Behandlungserfolgs.   2

Nach mehrmaliger Anwendung von Botulinumtoxin tritt bei vielen Patienten ein dauerhafter Wirkungsverlust auf.

3.2 Erklären Sie den dauerhaften Wirkungsverlust von Botox nach mehrmaliger Anwendung.   2

Botulinumtoxin ist eines der gefährlichsten Gifte und wirkt schon in kleinsten Mengen tödlich. Seit einiger Zeit verfügt man über ein Antiserum gegen Botulinumtoxin.

4.1 Beschreiben Sie, wie Botulinumtoxin im Körper des Betroffenen durch das Antiserum unwirksam gemacht wird.   1

4.2 Erläutern Sie unter Berücksichtigung des Eingangstextes drei denkbare Fälle, in denen dieses Antiserum zur Anwendung kommen könnte. Gehen Sie dabei auch auf die Zeitspanne ein, in der eine Verabreichung des Antiserums erfolgversprechend ist.   3

20

Lösungen

1.1 *Die Orientierung in der Abb. 1 fällt ganz leicht: Die vielen Vesikel links oben gehören zum präsynaptischen Teil der Synapse und die Muskelfilamente rechts unten zur postsynaptischen Muskelzelle.*

Benennung der Strukturen einer neuromuskulären Synapse:
1 = Endknöpfchen (Nervenzelle, Präsynapse)   4 = synaptische Vesikel
2 = postsynaptische (subsynaptische) Membran   5 = Mitochondrium
3 = präsynaptische Membran   6 = synaptischer Spalt

1.2 *Zwei Erläuterungen sind verlangt.*

Erläuterung der Bedeutung der Oberflächenvergrößerung:
- Einfaltung der postsynaptischen Membran: Eine größere Zahl von Rezeptor gesteuerten Na^+-Kanälen kann in die postsynaptische Membran eingebaut werden $\Rightarrow$ mehr Transmitter-Moleküle (ACh) können gleichzeitig andocken $\Rightarrow$ (mehr Na^+-Kanäle können gleichzeitig geöffnet werden $\Rightarrow$ stärkerer Na^+-Einstrom) $\Rightarrow$ effektivere Erregungsübertragung.
- Einfaltungen der inneren Mitochondrienmembran (in Abb. nicht sichtbar): Erhöhung der Anzahl von Enzymmolekülen für die Zellatmung $\Rightarrow$ effektiverer Energiestoffwechsel.
- „Verpackung" des Transmitters in viele kleine Vesikel: bessere Dosierung der Transmittermenge, die pro Aktionspotenzial in den Spalt freigesetzt wird.

2.1 Beschreibung der neuromuskulären Synapsenvorgänge unter Einbeziehung von Abb. 2a:
a) Am letzten Schnürring entsteht ein Aktionspotenzial (AP) und depolarisiert die Membran im Bereich des Endknöpfchens.
b) Dadurch werden (spannungsgesteuerte) Ca^{2+}-Kanäle geöffnet $\Rightarrow$ Ca^{2+}-Einstrom.
c) Als Folge wandern synaptische Vesikel zur präsynaptischen Membran. Dort verbinden sich Synaptobrevin-Proteine, die in die Vesikelmembran eingelagert sind, mit SNAP-25-Proteinen, die in die präsynaptische Membran eingelagert sind. Durch räumliche Umlagerung der SNARE-Proteine verschmelzen Vesikelmembran und präsynaptische Membran und entleeren den Transmitter Acetylcholin (ACh) in den synaptischen Spalt (Exozytose).
d) Diffusion der Transmittermoleküle zur postsynaptischen Membran.
e) Dort bindet ACh an Rezeptoren, die mit Natriumionen-Kanälen gekoppelt sind (= rezeptorgesteuerte Na^+-Kanäle) $\Rightarrow$ Öffnung von Na^+-Kanälen $\Rightarrow$ Na^+-Einstrom (Konzentrationsgefälle) $\Rightarrow$ Depolarisierung der postsynaptischen Membran (= EPSP).

Die Erregungsübertragung im engeren Sinne ist hiermit beschrieben! Zur Gesamtbetrachtung gehört aber streng genommen noch die Reaktion der postsynaptischen Zelle sowie das Recycling des Transmitters:
f) Bei Erreichen eines Schwellenwerts kommt es zu einem Muskel-AP $\Rightarrow$ Zuckung (Kontraktion).
g) Der Transmitter wird sehr schnell durch das Enzym (Acetyl)cholinesterase in unwirksame Spaltprodukte zerlegt $\Rightarrow$ die Na^+-Kanäle schließen sich wieder $\Rightarrow$ keine Dauererregung.
h) Die Spaltprodukte werden von der präsynaptischen Membran wieder aufgenommen, unter ATP-Aufwand zu Acetylcholin resynthetisiert und wieder in Vesikeln gespeichert.

2.2 **Beschreibung** der Aufnahme und Wirkung des Botulinumgiftes:
Aufnahme: In der präsynaptischen Membran befinden sich Rezeptormoleküle, die sich (nach dem Schlüssel-Schloss-Prinzip) mit der schweren Kette des Botulinumtoxins verbinden ⇒ Membraneinfaltung und Vesikelabschnürung ⇒ Das Gift wird durch Endozytose in das Endknöpfchen aufgenommen. Die leichte Kette wird abgespalten und integriert sich (als Enzym) in die Vesikelmembran.
Wirkung: (Enzymatische) Spaltung/Zerstörung aller SNARE-Proteine durch die leichte Kette.

Erläuterung der Giftfolgen: Ohne SNARE-Proteine können die synaptischen Vesikel nicht mehr mit der präsynaptischen Membran verschmelzen ⇒ keine Transmitterfreisetzung ⇒ keine Depolarisierung der postsynaptischen Membran ⇒ keine Muskelkontraktion möglich ⇒ Lähmung z. B. der Lidmuskeln.
Begründung des therapeutischen Gifteinsatzes gegen Lidzucken: Die Lähmung der Lidmuskulatur stoppt diese Zuckungen.

Krankhafte Lidzuckungen beruhen auf Muskelkrämpfen der Augenlider, d. h. auf einer Übererregung der dortigen Synapsen, siehe Vortext.

3.1 *Laut Vortext wird die neuromuskuläre Synapse **irreversibel** geschädigt, der SNARE-Komplex kann nicht repariert werden. Die „alte" Synapse ist zerstört und die Lähmung bleibt auch ohne Botox erhalten. Die Wirkung hält bis zu einem halben Jahr an und die Botoxbehandlung wird in der Zwischenzeit nicht wiederholt. Die Vermutung, dass der Behandlungserfolg nur durch eine Blockade der Botoxaufnahme oder durch den beschleunigten Abbau des Giftes nachlässt, ist deshalb für Aufg. 3.1 nicht logisch – wohl aber für Aufg. 3.2! Die Frage ist also nicht, warum nachfolgende Injektionen weniger wirksam sind, sondern warum überhaupt eine Wiederholung der Behandlung notwendig ist.*

Erklärung der nachlassenden Wirkung:
Neusynthese der SNARE-Proteine und Einbau in die Membranen.

oder: Neubildung ganzer Endknöpfchen und Verknüpfung mit der Muskelzelle zu neuer Synapse.

3.2 **Erklärung** des Wirkungsverlusts bei wiederholtem Einsatz:
Botox ist ein Protein, das als Antigen wirkt und eine Immunantwort des Körpers auslöst ⇒ Bildung von spezifischen Antikörpern gegen Botoxmoleküle ⇒ Antigen-Antikörper-Reaktion ⇒ Toxin wird unschädlich gemacht. Lebenslange Immunität durch Gedächtniszellen führt zu dauerhaftem Wirkungsverlust.

oder: Wiederholter Botoxeinsatz bewirkt eine Veränderung der Toxinrezeptoren in der präsynaptischen Membran ⇒ keine Endozytose ⇒ keine Wirkung mehr.

oder: Wiederholter Botoxeinsatz bewirkt die Bildung von abbauenden Enzymen z. B. für die leichte Kette ⇒ keine enzymatische Spaltung der SNARE-Proteine möglich ⇒ keine Wirkung mehr.

4.1 *Hier ist keine Erklärung zur Gewinnung des Serums oder zur Struktur der Antikörper verlangt.*

Beschreibung der Wirkung des Antiserums:
Im Antiserum sind spezifische Antikörper gegen das Botulinumtoxin enthalten. Durch eine Injektion werden sie in den Körper gebracht (passive Immunisierung). Es folgt eine Antigen-Antikörper-Reaktion, d. h., die Toxinmoleküle werden von den Antikörpermolekülen verklumpt (= Präzipitation, da es sich hier um ein lösliches Antigen handelt). ($\Rightarrow$ Das Toxin kann nicht mehr wirksam werden.)

4.2 **Erläuterung** der drei denkbaren Fälle für einen medizinischen Einsatz des Antiserums:
a) Das Botulinumtoxin wirkt in winzigen Mengen tödlich und ist leicht durch Bakterienkulturen herstellbar. Deshalb ist der mögliche Einsatz bei einem Terroranschlag oder bei einem militärischen Biowaffenangriff sehr bedrohlich und erfordert die Antiserumgewinnung als medizinische Gegenstrategie.
b) Bei der Haltbarmachung von Lebensmitteln, z. B. Konserven, kann es zu Fehlern kommen, die z. B. eine Fleischvergiftung zur Folge haben.
c) Bei der „Antifalten"-Behandlung oder bei medizinischen Maßnahmen kann es zu Behandlungsfehlern kommen (z. B. Überdosierung, Spritze trifft Gesichtsnerv oder ein größeres Blutgefäß).

Zeitspanne für eine erfolgreiche Verabreichung:
zu a) Vorbeugende Therapie möglich, da die Antikörper je nach Dosis der Antikörper-Injektion erst nach einiger Zeit wieder vollständig abgebaut sind.
zu b) Bei der Aufnahme von Botulinumtoxin über den Darm tritt die Wirkung stark verzögert auf (Darmpassage, Aufnahme ins Blut 12–40 h). Einsatz des Antiserums spätestens bei Eintritt von Lähmungserscheinungen, wenn das Toxin noch in der Gewebeflüssigkeit außerhalb der Nervenzellen für die Antikörper erreichbar ist.
zu c) Sofortiger Einsatz des Antiserums, da durch schnelle Diffusion eine Gesichtslähmung oder der Tod durch Atemlähmung bei Verbreitung des Toxins in die Blutadern droht.

Profil-/Neigungsfach Biologie (Baden-Württemberg): Abituraufgaben 2011
Aufgabe III: Evolution, Enzyme, Genregulation

BE

In den versteinerten Ablagerungen eines Sees in Wyoming (USA) wurde vor einiger Zeit das Fossil *Onychonycteris finneyi* entdeckt (Abbildung 1). Die amerikanische Wissenschaftlerin Nancy B. Simmons hat diesen Fund folgendermaßen beschrieben:
Onychonycteris hat an allen fünf Fingern Krallen; die langen Finger sind in Flughäute eingebettet; die Vordergliedmaßen sind durch stabile Schlüsselbeine und Schulterblätter, die deutliche Muskelansatzstellen aufweisen, am Brustkorb verankert. Der Brustkorb ist versteift und besitzt ein keilförmig vergrößertes Brustbein. Die Unterarme von *Onychonycteris* sind kürzer, die Beine länger als bei den meisten rezenten (heute lebenden) Fledertieren. *Onychonycteris* ist das älteste bisher entdeckte Fledertier.

Abb. 1: Rekonstruktion von *Onychonycteris* Loana Riboli © 2008 Pubblicto per l prima volta su Fossiliveraci.org

1.1 Wissenschaftler vermuten, dass *Onychonycteris* kein Gleitflieger, sondern ein aktiver Flieger war. Belegen Sie dies anhand von zwei der oben genannten Merkmale.   2

1.2 Nennen Sie jeweils ein Beispiel für eine homologe und eine analoge Struktur der in Abbildung 2 dargestellten Flügel und begründen Sie Ihre Antwort.   2

Abb. 2: Flügel von Vogel und Fledermaus

Alle Fledertiere lassen sich auf eine Stammform zurückführen. Die heute lebenden Fledertiere unterscheiden sich unter anderem in ihrer Ernährungsweise. Viele Arten fressen Insekten, andere ernähren sich von Früchten, Nektar, Pollen, Fleisch, Fisch oder lecken sogar Blut.

2 Erklären Sie im Sinne der Synthetischen Evolutionstheorie, wie aus einer Stammform verschiedene Fledertierarten mit unterschiedlichen Ernährungsweisen entstanden sein könnten.   4

Der *Gemeine Vampir (Desmodus rotundus)*, die am häufigsten vorkommende Blut leckende Fledermausart, beißt kleine Wunden in die Haut von größeren Säugetieren und leckt das herausströmende Blut auf. Während dieser Zeit muss die Blutgerinnung im Bereich der Wunde verhindert werden.

Bei Verletzung eines Blutgefäßes wird normalerweise ein Netzwerk aus Fibrinfäden gebildet und damit die Wunde verschlossen. Im Zuge der Wundheilung werden diese Fibrinfäden dann durch das Enzym Plasmin in kleinere, lösliche Stücke gespalten. Plasmin wiederum muss erst aus einer inaktiven Vorstufe, dem Plasminogen, gebildet werden. Diese Aktivierung erfolgt durch Enzyme, sogenannte Plasminogen-Aktivatoren (PA).

Auch der Speichel des *Gemeinen Vampirs* enthält einen Plasminogen-Aktivator. Dieses Enzym wird beim Biss in die Wunde übertragen. Dadurch werden entstehende Fibrinfäden sofort wieder aufgelöst. So kann das Blut nach der Verletzung bis zu acht Stunden lang aus der Wunde fließen.

3.1 Stellen Sie in einem Verlaufsschema dar, wie die Blutgerinnung nach dem Biss durch den *Gemeinen Vampir* verhindert wird.   3

Bei Säugetieren werden bei der Blutgerinnung normalerweise Plasminogen-Aktivatoren durch Inhibitoren gehemmt. Somit wird eine vorzeitige Auflösung des Fibrins im Wundgebiet verhindert.

3.2 Erklären Sie unter Berücksichtigung Ihres Verlaufsschemas die Auswirkung des Inhibitors auf die Blutgerinnung.   1

Im Gegensatz zu Säugetierblut enthält Vogelblut keinen Inhibitor des Plasminogen-Aktivators.

Der *Kammzahnvampir* ernährt sich nur von Vogelblut, der *Weißflügelvampir* leckt Blut von Vögeln und von Säugetieren, der *Gemeine Vampir* hat sich ganz auf Säugetierblut spezialisiert (Abbildung 3).

Genanalysen haben gezeigt, dass sich das Gen für den Plasminogen-Aktivator (PA-Gen) bei den Fledermausarten unterscheidet (Abbildung 3). Bei den PA-Genvarianten des *Weißflügelvampirs* und des *Gemeinen Vampirs* fehlt im Gegensatz zum *Kammzahnvampir* der Abschnitt K2, der für die Bindungsstelle des Inhibitors am Plasminogen-Aktivator codiert.

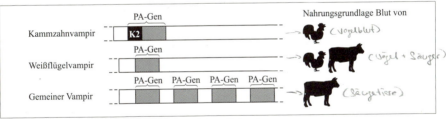

Abb. 3: Schematische Darstellung der PA-Gene verschiedener Fledermäuse

4.1 Erklären Sie mithilfe der Abbildung 3 den Zusammenhang von Genstruktur, Genprodukt (exprimiertem Protein) und Nahrung der beiden Fledermausarten *Kammzahnvampir* und *Weißflügelvampir*.   4

4.2 Erklären Sie anhand von Abbildung 3, warum der *Gemeine Vampir* Säugetierblut besser als Nahrungsgrundlage nutzen kann als der *Weißflügelvampir*.   2

Der durch die Vampirfledermäuse verursachte Blutverlust ist normalerweise gering. Trotzdem sterben jährlich Tausende von Nutztieren an den Folgen eines Fledermausbisses.

5   Geben Sie eine mögliche Erklärung für diese Beobachtung. $\frac{2}{20}$

Lösungen

1.1 *Alle Antworten sind im Vortext enthalten. Sie müssen nur überlegen, welche der beschriebenen Merkmale für einen aktiven Flieger typisch sind, der mit den Armen rudern muss.*

Belege für einen aktiven Ruderflug:
– Stabile Schlüsselbeine und Schulterblätter mit Muskelansatzstellen für Flugmuskulatur (Flügelaufschlag).
– Vergrößertes, keilförmiges Brustbein mit Muskelansatzstellen (Flügelabschlag).
– Versteifter Brustkorb ⇒ stabiles Fluggestell für Flügelmechanik.

1.2 **Nennung** eines homologen Beispiels: Flügelskelett, Armskelett.
Begründung: Gemeinsamer Grundbauplan durch Verwandtschaft ⇒ Abstammungsähnlichkeit. Hier: Knochen der Vorderextremität ähneln sich in Lage und Anordnung (Oberarm-, Unterarm-, Fingerknochen).

Nennung eines analogen Beispiels: Flügel(fläche)
Begründung: Entstehung einer Tragfläche als Anpassung an den gleichen Lebensraum ⇒ Funktionsähnlichkeit. Hier: Die Tragflächen haben sich unabhängig voneinander aus verschiedenen Strukturen entwickelt, nämlich aus Federn bzw. aus der Haut.

2 *Die Synthetische Evolutionstheorie erklärt Anpassungen und Artbildung im Wesentlichen mit folgenden Evolutionsfaktoren: Mutation, Rekombination, Selektion, Isolation, Gendrift (und Einnischung). Mit diesen Vorgaben sollten Sie die Entstehung der Fledermausarten aus einer Stammform erklären können.*

Die Vorfahren aller Fledermäuse bildeten eine Stammpopulation. Innerhalb dieser Population kam es durch **Mutation und Rekombination** zu einer genetischen Variabilität, die dazu führte, dass sich die Nachkommen phänotypisch unterschieden, z. B. in der Form ihres Gebisses oder in der Fähigkeit, bestimmte Nahrungsquellen zu nutzen.

Mutationen produzieren ständig **neue Gene/Allele**, die durch sexuelle Fortpflanzung (Meiose und Befruchtung) rekombiniert werden. So entstehen in der Population immer neue Genkombinationen, die ihren Trägern eine mehr oder weniger gute Anpassung an ihre Umwelt erlauben.

Durch Überproduktion von Nachkommen oder durch klimabedingte Nahrungsknappheit kam es zu innerartlicher Konkurrenz. Es kam zur **Selektion** der bestangepassten Individuen durch deren größeren Fortpflanzungserfolg. Individuen mit Merkmalen, die bei diesem erhöhten Selektionsdruck die Erschließung anderer Nahrungsquellen erlaubten (**Präadaptationen**), waren im Vorteil. Neue ökologische Nischen wurden durch Nutzung neuer Ressourcen (= **Einnischung**) besetzt und es kam zur Bildung von Teilpopulationen mit jeweils eigenen Mutations- und Rekombinationsprozessen und spezifischen Selektionsbedingungen (eventuell: Bildung von räumlich getrennten kleinen Gründerpopulationen ⇒ Gendrift). Es entstanden Fortpflanzungsbarrieren zwischen den Teilpopulationen und die (reproduktive) **Isolation** verhinderte den Genaustausch durch sexuelle Fortpflanzung. Die Folge davon war Artbildung.

3.1 *Die gestrichelten Verbindungen im Verlaufsschema sind nicht verlangt.*
Darstellung des Verlaufsschemas:

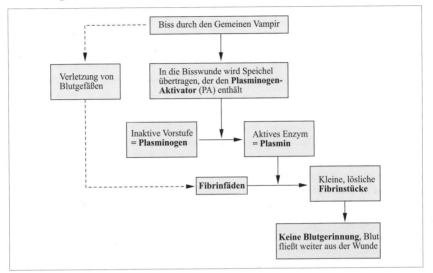

3.2 *Eine Erklärung der Inhibitorwirkung auf den Plasminogen-Aktivator z. B. im Sinne einer allosterischen Hemmung ist nicht gemeint/verlangt.*

Erklärung der Inhibitorwirkung auf die Blutgerinnung:
Der Inhibitor hemmt den Plasminogen-Aktivator ⇒ Plasmin kann nicht aus Plasminogen hergestellt werden ⇒ Das Netzwerk aus Fibrinfäden (das die verletzte Ader schließen soll) kann nicht vorzeitig in kleine Stücke gespalten werden ⇒ Die Blutgerinnung wird nicht verhindert ⇒ Der Wundverschluss kann erfolgen bzw. bleibt erhalten.

4.1 *Der Begriff „Genstruktur" ist etwas unklar und beschreibt üblicherweise den Aufbau des Gens in Bezug auf codierende und nicht-codierende Abschnitte, bzw. Regulationsabschnitte und proteincodierende Abschnitte. Hier bezieht sich der Begriff nur auf den Bau des PA-Gens in Abb. 3.*

Das **P**lasminogen-**A**ktivator-Gen codiert für das Protein PA, das als Enzym die Umwandlung von Plasminogen in Plasmin katalysiert (und so die Blutgerinnung hemmt). Dieses Enzym wird dadurch in seiner Aktivität geregelt, dass es in seiner Tertiärstruktur zusätzlich zu seinem aktiven Zentrum noch eine Bindestelle für einen Inhibitor (Hemmstoff) besitzt. Dieser Molekülteil wird durch den Genabschnitt K2 codiert.

⇒ PA-Gen mit K2 codiert für ein Plasminogen-Aktivator-Molekül mit Bindestelle ⇒ Inhibitor-Moleküle im Blut des Wirts können PA hemmen ⇒ Die Blutgerinnung des Wirtstieres (z. B. Rind) kann nicht gestoppt werden ⇒ Blut kann nicht anhaltend geleckt werden.

⇒ PA-Gen ohne K2 codiert für ein Plasminogen-Aktivator-Molekül ohne Bindestelle ⇒ Inhibitor-Moleküle im Blut des Wirts können PA nicht hemmen ⇒ Die Blutgerinnung des Wirtstieres (z. B. Rind) kann gestoppt werden ⇒ Blut kann anhaltend aus der Wunde fließen und kann aufgeleckt werden.

Kammzahnvampir: PA-Gen mit K2 ⇒ Säugetiere sind als Wirtstiere nicht nutzbar, da sie Inhibitoren besitzen. Vögel sind als Wirte geeignet, da Vogelblut keinen PA-Inhibitor enthält.
Weißflügelvampir: PA-Gen ohne K2 ⇒ Sowohl Vögel als auch Säugetiere sind als Wirtstiere geeignet.

4.2 **Erklärung** der besseren Nutzung:
Die Vervielfachung des PA-Gens bewirkt auch eine Vervielfachung des Genprodukts ⇒ Vergrößerung der PA-Konzentration ⇒ Höhere Enzymkonzentration bewirkt eine höhere Plasminkonzentration (siehe Schema 3.1) ⇒ effektivere Hemmung der Blutgerinnung bei Säugetieren ⇒ stärkerer und länger anhaltender Blutfluss aus der Wunde ⇒ effektivere Nahrungsaufnahme durch größeres Blutvolumen pro Biss.

5   **Erklärung** der möglicherweise tödlichen Folgen eines Fledermausbisses:
Die Hautverletzung hinterlässt eine offene Wunde und ist somit für Krankheitserreger und Parasiten (z. B. Fliegen, die Eier ablegen) eine ideale Eintrittsstelle ⇒ Es kann zu einer tödlichen Infektion kommen.
oder: Die gebissenen Tiere kratzen sich wund und es kommt zu einer Blutvergiftung.
oder: Die Fledermäuse übertragen selbst eine (Virus-)Krankheit, die auch für Rinder ansteckend ist.
oder: Die Fledermäuse übertragen durch ihren Biss eine Rinderseuche von Tier zu Tier.

Profil-/Neigungsfach Biologie (Baden-Württemberg): Abituraufgaben 2011
Aufgabe IV: Biomembran, Immunreaktion, Molekulargenetik, Gentechnik

BE

Im Jahr 2009 trat in Mexiko die sogenannte Schweinegrippe auf und entwickelte sich zu einer weltweiten Epidemie (Pandemie). Der Erreger der Schweinegrippe ist ein Grippevirus vom Typ Influenza A.

Die Influenza A-Viren werden anhand zweier bestimmter Oberflächenproteine (Hämagglutinin und Neuraminidase) in verschiedene Untergruppen (Subtypen) eingeteilt.

Insgesamt treten 16 Hämagglutinin-Varianten (H1 bis H16) und 9 Neuraminidase-Varianten (N1 bis N9) in verschiedenen Kombinationen bei unterschiedlichen Virus-Subtypen auf. Das Schweinegrippe-Virus gehört zum Subtyp H1N1. Das Erbmaterial dieser Viren besteht aus acht RNA-Strängen.

Das Membranprotein Hämagglutinin ist bei der Infektion einer Wirtszelle für die Anheftung und das Eindringen des Virus verantwortlich. Es bindet spezifisch an eine Molekülstruktur aus Sialinsäure und Kohlenhydratketten, wobei die letzteren in der Zellmembran der Wirtszelle verankert sind.

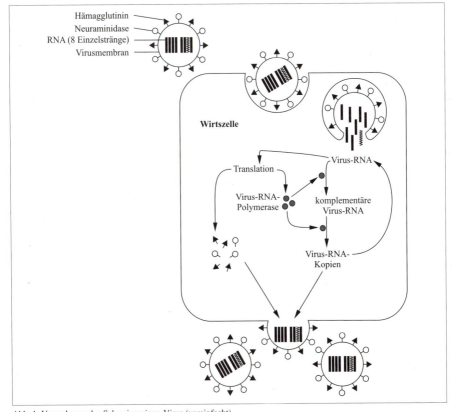

Abb. 1: Vermehrung des Schweinegrippe-Virus (vereinfacht)

1.1 Fertigen Sie eine beschriftete Zeichnung eines Ausschnitts der Zellmembran der Wirtszelle nach dem Flüssig-Mosaik-Modell an, welche die Anhaftung des Virus zeigt (Größe ca. ½ Seite). 3

1.2 Geben Sie eine Erklärung dafür, dass nur bestimmte H/N-Subtypen von Influenzaviren für den Menschen gefährlich werden können. 2

Die Influenzaviren infizieren Zellen der Atmungsorgane. Dort werden bis zu 100 000 neue Influenzaviren in einer einzigen Wirtszelle gebildet, bevor diese abstirbt und die freigesetzten Viren anschließend weitere Nachbarzellen infizieren. So erklärt sich die hohe Ausbreitungsgeschwindigkeit der Viren im Wirtsorganismus.

2 Beschreiben Sie die Vermehrung des Schweinegrippevirus in einer Wirtszelle anhand von Abbildung 1. 3

Bei der Replikation der Virus-RNA mithilfe von RNA-Polymerasen kommt es zu einer hohen Fehlerrate.

3 Erläutern Sie, welche Bedeutung die hohe Fehlerrate für die Wirksamkeit einer Grippeschutzimpfung hat. 2

Die Hämagglutinin-Varianten unterscheiden sich in der Aminosäuresequenz eines bestimmten Abschnitts des H1-Proteins. Ein Ausschnitt aus der Aminosäuresequenz des Hämagglutinins H1 lautet:

| ... – Glu – Arg – Lys – Arg – ... |

4.1 Ermitteln Sie mithilfe der Code-Sonne eine mögliche Basenfolge der Virus-Erbsubstanz, die dieser Aminosäuresequenz zugrunde liegen könnte. 1

4.2 Erklären Sie an diesem Beispiel, weshalb der Austausch einer Base in der Erbsubstanz des Virus entweder zu einem veränderten H1-Molekül führen oder auch folgenlos bleiben kann. 2

Immer wieder kommt es zur Mehrfachinfektion durch verschiedene Subtypen von Influenza A-Viren. Ein Beispiel zeigt Abbildung 2.

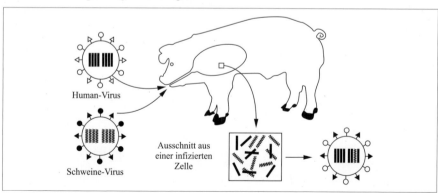

Abb. 2: Mehrfachinfektion

5   Beschreiben Sie die in Abbildung 2 dargestellten Vorgänge und erklären Sie, weshalb infolge von Mehrfachinfektionen die Gefahr von Pandemien zunimmt.   3

Das häufig verabreichte Grippemedikament Tamiflu® enthält den Wirkstoff Oseltamivir. Der Ausgangsstoff für die Herstellung des Wirkstoffs ist Shikimisäure, die natürlicherweise im echten Sternanis vorkommt. Heute wird Shikimisäure vor allem aus einem gentechnisch veränderten Stamm von Escherichia coli-Bakterien gewonnen, der diesen Stoff mithilfe verschiedener Enzyme herstellt.

6   Beschreiben Sie die grundlegenden Schritte zur Herstellung eines gentechnisch veränderten Stamms von *E. coli*, der die für die Synthese notwendigen Enzyme und damit die Shikimisäure produziert. $\frac{4}{20}$

Anlage: Code-Sonne

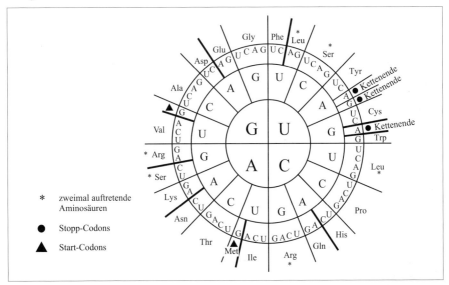

Lösungen

1.1 *Hier sollen Sie die Skizze einer Biomembran nach dem Fluid-Mosaik-Modell anfertigen und zusätzlich nach dem Vortext und der Abb. 1 ein Virus nach dem Schlüssel-Schloss-Prinzip über Hämagglutinin und Sialinsäure an die Zellmembran binden. Da die Sialinsäure über Kohlenhydratketten (= Zuckerketten) in der Membran verankert ist, bleibt es Ihnen überlassen, ob Sie die Sialinsäure an die Zuckerkette der Glycolipide oder an die der Glycoproteine (oder an beide) anhängen. Die Kohlenhydratkette wird üblicherweise schematisch vereinfacht als Kette von Kugeln oder von Sechsecken dargestellt. Die Skizze des Virus können Sie der Abb. 1 entnehmen. Nach der Logik der Abb. 1 dürfte jedoch die „Virusmembran" eigentlich nicht nur als Linie gezeichnet werden, sondern als **Doppellipidmembran** mit Hämagglutinin als integralem Protein! Das Virus stülpt sich nämlich bei der Vermehrung unter Mitnahme der Zellmembran aus der Wirtszelle aus (siehe Abb. 1 unten).*

Skizze der Zellmembran mit Virus-Anheftung:

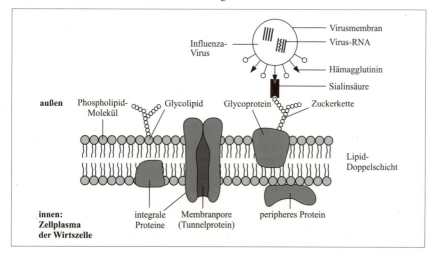

1.2 **Erklärung** der Wirtsspezifität der Influenza-A-Viren.
Die Schweinegrippe-Viren können sich in vielen Tierarten vermehren. Der „Schlüssel" zum Eindringen in eine Wirtszelle ist das Hämagglutinin. Die Influenza-A-Viren kommen deshalb in 16 Varianten bezüglich der Hämagglutinin-Oberflächenproteine vor. Nur der H-Subtypus, dessen Hämagglutinin spezifisch zum menschlichen Membranrezeptor (= Membranprotein mit Sialinsäure-Kohlenhydratkette) passt (z. B. H1N1), kann in Menschenzellen eindringen (Schlüssel-Schloss-Prinzip) und die Krankheit auslösen.

2 *Der Ablauf der Schweinegrippe-Virusvermehrung ist nicht als Lernstoff vorgeschrieben und wird hier bewusst vereinfacht dargestellt (siehe Legende zu Abb. 1). Wenn Sie **dieses** Beispiel einer Virusvermehrung zufällig im Unterricht genauer besprochen haben, dann werden Sie in diesem Schema Widersprüche zu Ihrem Vorwissen entdecken. Gehen Sie dennoch strikt vom vorgegebenen vereinfachten Schema aus und beschreiben Sie nur, was Sie dort sehen. Einige Details der Influenza-A-Vermehrung, die durch die Vereinfachung weggelassen wurden, sind:*

- *Das Influenza-A-Virus bringt seine RNA-Polymerase/Transkriptase selbst mit.*
- *Das Influenza-A-Virus besitzt sog. MinusRNA, d. h., die Translation in Proteine erfolgt immer erst von der komplementären PlusRNA aus.*
- *Das Influenza-A-Virus ist von einer Doppellipidmembran umgeben, die nach der Endozytose mit der Vesikelmembran verschmilzt und so den Vireninhalt freigibt.*
- *Bei der Ausknospung der Viren muss die Rezeptor-Bindung zwischen H-Oberflächenprotein und Wirtszellmembran (Sialinsäure) durch Neuraminidase erst enzymatisch gespalten werden.*

Beschreibung der Vermehrung der Influenzaviren in Wirtszellen:
- Anheftung des Virus an die Zellmembran (mit H-Oberflächenprotein)
- Einstülpung der Zellmembran und Bildung eines Vesikels (Endozytose)
- Freisetzung der Virus-RNA (durch Membranverschmelzung)
- Translation der Virus-RNA in **Oberflächenproteine** (H und N) und in Virus-**RNA-Polymerase** (an den Ribosomen im Zellplasma)
- Synthese vieler komplementärer Virus-RNA-Stränge durch RNA-Polymerase (Enzym zur Transkription von RNA). Durch nochmalige Transkription mithilfe der RNA-Polymerase entstehen daraus viele Kopien der mitgebrachten Original-RNA-Stränge.
- Die Oberflächenproteine (H und N) integrieren sich in die Zellmembran und die Viren-RNA bildet kompakte „Pakete" (self assembly). Unter Mitnahme der Zellmembran (und der H/N-Proteine) schnüren sich viele neue Viren von der Wirtszelle ab (Ausknospung).

3 **Erläuterung** der Folgen für die aktive Grippeimmunisierung:
Replikationsfehler bewirken Genmutationen (z. B. durch Basenaustausch) ⇒ Es entstehen Virusvarianten mit veränderten Oberflächenproteinen. Der Impfstoff für die Grippeschutzimpfung wurde aber gegen die ursprünglichen Oberflächenproteine entwickelt ⇒ Die in der Immunantwort entstandenen spezifischen Antikörper und Gedächtniszellen sind nun höchstwahrscheinlich wirkungslos ⇒ Es müssen ständig neue Impfstoffe entwickelt werden, um einen wirksamen Impfschutz zu erhalten.

4.1 **Ermittlung** einer möglichen Basenfolge:
Aminosäuresequenz: ... Glu   Arg   Lys   Arg ...
RNA-Basensequenz: 5' ... GAA   AGA   AAG   AGA ... 3'
                        GAG   AGG   AAA   AGG
                        CGX   CGX (X = A, G, C, U)

Wie in Aufgabe 2 wird auch hier vereinfacht davon ausgegangen, dass die Virus-RNA eine Plus-RNA ist und direkt translatiert wird. Geht man von der tatsächlich vorliegenden Minus-RNA aus, dann wird vom Virus-RNA-Strang zuerst ein komplementärer Strang gebildet und erst dieser Strang wird in die vorgegebene Aminosäuresequenz translatiert. Die Basensequenz ist dann komplementär und antiparallel:

Aminosäuresequenz: ... Glu   Arg   Lys   Arg ...
RNA-Basensequenz eines komplementären Plus-Strangs:
*   5' ... GAA   AGA   AAG   AGA ...   3'*
RNA-Basensequenz des Minus-Strangs:
*   3' ... CUU   UCU   UUC   UCU ...   5'*

(Die Varianten, die sich durch die Degeneration des genetischen Codes ergeben, wurden hier weggelassen.)

4.2 **Erklärung** der Folgen eines Basenaustauschs an **diesem** Beispiel:
Basenaustausch **ohne** Folgen für das H1-Protein: Der genetische Code ist degeneriert, d. h., fast alle Aminosäuren können durch mehrere Basentripletts codiert werden. Eine Mutation, die die dritte Base im Codon austauscht, spielt in vielen Fällen keine Rolle. Hier: Z. B. bleibt bei Arginin (CGX) der Austausch der dritten Base folgenlos ⇒ Es wird immer Arg codiert ⇒ Das H1-Protein bleibt unverändert.

Basenaustausch **mit** Folgen für das H1-Protein:
Der Austausch der ersten oder zweiten Base eines Tripletts bewirkt den Einbau einer anderen Aminosäure ⇒ neue Primärstruktur ⇒ verändertes H1-Protein. Hier: Wird z. B. beim zweiten Triplett AGA die erste Base durch G getauscht, dann wird die Aminosäure **Arg**inin durch **Gly**cin ersetzt.

Es wird nur nach der Ursache für eine „Veränderung" des Moleküls gefragt. Dies ist mit der Änderung der Primärstruktur beantwortet. Eine Erklärung der veränderten biologischen Wirkung des H1-Proteins durch eine veränderte Tertiärstruktur ist nicht verlangt.

5 *Die Abb. 2 erklärt nachträglich, weshalb der 7. RNA-Strang in Abb. 1 „spiralig" aussieht. Er stammt vom Schweinevirus und ist durch eine Mischinfektion in das Human-Influenza-A-Virus gelangt. Die (zufällige) Zuteilung der H- und N-Oberflächenproteine (N = weiß = Mensch / H = schwarz = Schwein) wird ebenfalls ersichtlich.*

Beschreibung der Vorgänge bei einer Mehrfachinfektion:
Die Lungenzellen des Schweins werden durch eine Mehrfachinfektion gleichzeitig von zwei Subtypen des Influenza-A-Virus befallen (Schweine- und Humanvirus). Bei der gemeinsamen RNA-Vermehrung in der gleichen Wirtszelle kommt es bei der Bildung neuer Viren zur Rekombination: RNA-Stränge von Humanviren und Schweineviren gelangen in ein Virus ⇒ neuer Virustyp mit verändertem Genom (hier: sieben RNA-Stränge vom Humanvirus und ein RNA-Strang vom Schweinevirus) ⇒ neue Kombination von H- und N-Oberflächenproteinen (aus H5N1 [= Vogelgrippe] wird z. B. H1N1 [Antigen-Shift]) ⇒ Hier: ein Virustyp mit H-Oberfläche vom Schwein und N-Oberfläche vom Menschen.

Erklärung der Gefahr von Pandemien:
a) Neue Oberflächenproteine ermöglichen den Wechsel der Wirtsart ⇒ Plötzlich kann z. B. ein Schweinevirus auch Menschen befallen.
b) Neue Oberflächenproteine könnten die Infektiosität erhöhen, d. h., die Viren können noch effektiver an Wirtszellen andocken.
c) Neue Oberflächenproteine könnten für das menschliche Immunsystem schlechter oder gar nicht erkennbar sein ⇒ fehlende Immunität der Bevölkerung.
Die Gefahr einer (weltweiten) Masseninfektion (= Pandemie) steigt.

6 *„Grundlegende Schritte" bedeutet, dass es genügt, stichwortartig die wichtigsten Verfahrensschritte aufzuzählen – ohne Erläuterung. Für die Technik der DNA-Gewinnung, der Transformation und der Selektion gibt es mehrere Varianten.*
Die Gewinnung und direkte Weiterverwendung von Sternanisgenen ist nicht möglich, da Sternanis eukaryotische DNA besitzt. Fachsprachlich ebenfalls ungenau ist der Ausdruck „Gen für Shikimisäure", da in der Molekularbiologie Gene für Proteine/Enzyme codieren, nicht für Endprodukte. Im Fall der gentechnischen Insulinsynthese ist der Begriff „Insulin-Gen" nicht falsch, da Insulin als Polypeptid ein direktes Genprodukt ist.

Beschreibung der **Plasmidtechnik** zur Herstellung von *E. coli*-Bakterien, die Shikimisäure produzieren:
- Isolierung der mRNA aus Sternanis, die für die Enzyme zur Synthese von Shikimisäure codiert und
- Synthese von cDNA durch reverse Transkription.
- Einfügen der cDNA in isolierte Plasmide durch Restriktionsenzyme und Ligasen.
- Einschleusen der rekombinanten Plasmide in die *E. coli*-Bakterienzellen (Transformation).
- Kultur der Bakterien und Selektion der Kolonien, die Shikimisäure herstellen können mit geeigneten Nachweisreagenzien oder mit Gensonde.

Profil-/Neigungsfach Biologie (Baden-Württemberg): Abituraufgaben 2012
Aufgabe I: Stoffwechsel, Enzymatik, Plasmidtechnik

BE

Der steigende Bedarf an verschiedenen Zuckern kann nicht allein aus Zuckerrüben und Zuckerrohr gedeckt werden. Deshalb wird in der Lebensmittelindustrie zunehmend Zucker aus Stärke hergestellt (Stärkeverzuckerung). Die wichtigsten Lieferanten für die Stärkeverzuckerung sind Mais, Weizen und Kartoffeln. Der aus diesen Pflanzen gewonnene Stärkebrei wird durch den Einsatz von α-Amylase in Maltodextrinsirup umgesetzt.
Der Maltodextrinsirup wird einerseits durch die katalytische Wirkung der β-Amylase in Maltosesirup umgewandelt, aus dem Maltose (Malzzucker) auskristallisiert. Maltosesirup kann auch durch Maltase in Glucosesirup umgewandelt werden. Andererseits kann aus Maltodextrinsirup durch das Enzym Glucoamylase Glucosesirup gewonnen werden, aus dem Glucose (Traubenzucker) auskristallisiert. Durch den Einsatz einer Glucose-Isomerase kann Glucosesirup in Fructosesirup umgewandelt werden, aus dem Fructose (Fruchtzucker) auskristallisiert.

1.1 Beschreiben Sie jeweils an einem Beispiel die Bedeutung von Stärke und von Glucose für Lebewesen.   2

1.2 Entwickeln Sie anhand des Textes ein Verlaufsschema (Größe mind. ½ Seite), das die Vorgänge von den Stärkelieferanten bis zur Gewinnung der verschiedenen Zucker zeigt.   2

1.3 Bei der im Vortext beschriebenen Stärkeverzuckerung spielen zwei Enzymeigenschaften eine Rolle. Erläutern Sie diese Enzymeigenschaften anhand der in Ihrem Schema dargestellten Vorgänge.   2

In einer Versuchsreihe (Tabelle 1) wurde die Aktivität der Maltase untersucht, die natürlicherweise im Dünndarm vorkommt. Hierbei wurden jeweils gleiche Mengen von Enzym und Substrat eingesetzt.

Nr.	Versuchsansatz enthält	Versuchsbedingungen		Enzymaktivität
1	Wasser, Maltose, Maltase	pH 8	37 °C	hoch
2	Wasser, Maltose, Maltase	pH 8	75 °C	keine
3	Wasser, Maltose, Maltase	pH 8	15 °C	gering
4	Wasser, Maltose, Maltase	pH 2	37 °C	keine
5	Wasser, Maltose, Maltase, Kupfer(II)-sulfat	pH 2	37 °C	keine
6	Wasser, Maltose → Maltase (fehlt?)	pH 8	37 °C	keine
7	Wasser, Maltose, Maltase	pH 5	37 °C	gering

Tab. 1: Versuchsreihe

2.1 Erklären Sie die beobachteten Enzymaktivitäten der einzelnen Versuchsansätze.   3

2.2 Formulieren Sie die Fragestellungen, die mithilfe dieser Versuchsreihe beantwortet werden können.   1

2.3 Begründen Sie, welcher der sieben Versuchsansätze dieser Versuchsreihe kein aussagekräftiges Ergebnis liefert. Machen Sie einen Verbesserungsvorschlag. 2

Abbildung 1 zeigt die Veränderung der Substratkonzentration in Versuchsansatz Nr. 1 in Abhängigkeit von der Zeit.

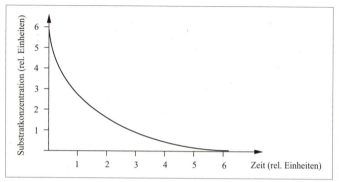

Abb. 1: Veränderung der Substratkonzentration

3.1 Beschreiben und erklären Sie den Kurvenverlauf von Abbildung 1. 2

3.2 Übertragen Sie die Abbildung 1 in Ihre Reinschrift. Tragen Sie in dieses Diagramm die zu erwartenden Kurvenverläufe für die Versuchsansätze Nr. 2 und Nr. 3 ein. Begründen Sie die jeweiligen Kurvenverläufe. 2

Heute werden fast alle in der Stärkeverzuckerung eingesetzten Enzyme mithilfe von gentechnisch veränderten Mikroorganismen gewonnen. So wird zum Beispiel α-Amylase von *Bacillus licheniformis* hergestellt.

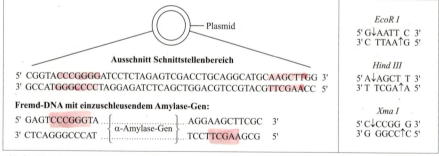

Abb. 2a: Plasmid mit gewünschtem Schnittstellenbereich und Fremd-DNA, die das α-Amylase-Gen enthält

Abb. 2b: Restriktionsenzyme und ihre Schnittstellen

4.1 Nennen Sie die Funktion dieses Plasmids bei der Herstellung des transgenen Stamms von *Bacillus licheniformis*. 1

4.2 Begründen Sie, welche der in Abbildung 2 dargestellten Restriktionsenzyme sich für die Herstellung des modifizierten Plasmids eignen. 3

20

Lösungen

1.1 *Die Beschreibung der Bedeutung von Stärke/Glucose ist gleichbedeutend mit der Nennung ihrer Bedeutung.*

Bedeutung der Stärke *(mögliche Antworten)*:
– Energiespeicherung (in Pflanzen)
– osmotisch inaktive Speicherform der Glucose
– für den Menschen (und manche Tiere): wichtigste(r) Nahrungsbestandteil/Kohlenhydratquelle für den Energiestoffwechsel

Mögliche Beispiele:
– Kartoffelstärke als Speicherstoff für Tochterknollen (Überwinterung, Austrieb i. Frühjahr)
– „Mehl"stärke als Energiedepot für die Keimung der Getreidekörner
– tierische Stärke als Energie-Reservestoff in Leber und Muskulatur

Bedeutung der Glucose *(mögliche Antworten)*:
– Energielieferant (für die ATP-Synthese)
– kurzfristiger Energiespeicher (z. B. Blutzucker)
– Fotosyntheseprodukt als gespeicherte Sonnenenergie
– wichtiger Süßstoff in der menschlichen Nahrung

Mögliche Beispiele:
– Glucose als Ausgangsstoff der Zellatmung (unter ATP-Gewinnung)
– Glucose als Ausgangsstoff der alkoholischen Gärung (unter ATP-Gewinnung)

1.2 *Diese Aufgabe ist ganz einfach zu lösen, wenn Sie im Text alle Zwischenprodukte und alle Enzyme (Endung: -ase) mit unterschiedlichen Farben markieren. Die Zwischenprodukte müssen Sie nicht kennen.*

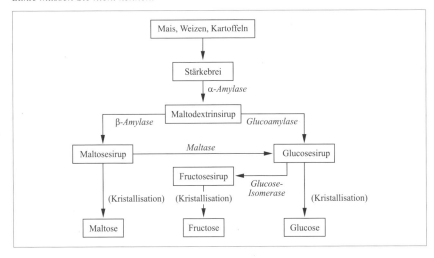

1.3 **Substratspezifität:** Jedes Enzym kann nur ein ganz bestimmtes Substrat umsetzen. (Schlüssel-Schloss-Prinzip: aktives Zentrum – Substratmolekül)
Erläuterung aus Schema: Maltase kann z. B. nur Maltosesirup (= Substrat) umsetzen, nicht Maltodextrinsirup.

Wirkungsspezifität = Reaktionsspezifität: Ein Enzym kann sein Substrat nur nach einem bestimmten Reaktionstyp umsetzen. Sollen also aus einem Stoff durch unterschiedliche chemische Reaktionstypen verschiedene Produkte entstehen, dann sind dazu jeweils eigenständige Enzyme notwendig.
Erläuterung aus Schema: Maltodextrinsirup kann durch β-Amylase nur in Maltosesirup umgewandelt werden. Will man aus dem gleichen Substrat Glucosesirup gewinnen, so wird ein anderes Enzym (Glucoamylase) benötigt.

Oder: **Katalytische Wirkung der Enzyme:** Enzyme als Biokatalysatoren initiieren oder beschleunigen durch Herabsetzung der Aktivierungsenergie chemische Reaktionen, sodass diese bereits bei niedrigeren Temperaturen genügend schnell ablaufen, d. h. genügend Produkt liefern.
Erläuterung aus Schema: Die Spaltung von Maltose (Malzzucker) in Glucose ist eine (freiwillige) exergonische Reaktion, die aber ohne Katalysator (Maltase) so stark gehemmt ist, dass (fast) keine Glucose entsteht.

2.1 Erklärung der Versuchsergebnisse:
Nr. 1: Hohe Enzymaktivität, da die Bedingungen dem Milieu im Dünndarm entsprechen ⇒ pH-Optimum und Temperatur-Optimum.
Nr. 2: Keine Enzymaktivität, da (trotz pH-Optimum) das Enzym Maltase bei 75 °C hitzedenaturiert ist. (Die hohe Temperatur führt zur Zerstörung der Tertiärstruktur des Enzymmoleküls, sodass keine Substratbindung am aktiven Zentrum mehr möglich und folglich keine katalytische Aktivität mehr messbar ist.)
Nr. 3: Geringe Enzymaktivität, da (trotz pH-Optimum) die Temperatur zu niedrig ist. Die Wahrscheinlichkeit für die Bildung der Enzym-Substrat-Komplexe aufgrund zu geringer Teilchenbeweglichkeit sinkt.
Oder: RGT-Regel: Eine Abkühlung um 10 °C bewirkt jeweils die Halbierung der Reaktionsgeschwindigkeit.
Nr. 4: Keine Enzymaktivität, da (trotz Temperatur-Optimum) der pH-Wert zu niedrig ist (stark sauer). Es folgt die Säuredenaturierung der Maltase. (H^+-Ionen verändern die Tertiärstruktur des Enzymmoleküls mit den unter Nr. 2 genannten Folgen.)
Nr. 5: Keine Enzymaktivität, da der pH-Wert zu niedrig ist (siehe Nr. 4) **und** bzw. **oder** da die Cu^{2+}-Ionen die Enzymwirkung hemmen (Schwermetallvergiftung).
Nr. 6: Keine Enzymwirkung, da Maltase fehlt (Kontrollversuch).
Nr. 7: Geringe Enzymaktivität, da der pH-Wert von 5 (schwach sauer) weit vom pH-Optimum entfernt ist.

2.2 *Beachten Sie den Plural „Fragestellungen". Die Antwort „Von welchen Faktoren ist die Enzymaktivität abhängig?" ist also nicht ausreichend.*

– Welchen Einfluss hat die Temperatur auf die Maltase-Aktivität?
– Welchen Einfluss hat der pH-Wert auf die Maltase-Aktivität?
– Läuft die Umsetzung von Maltose zu Glucose auch ohne Enzym ab?

nicht: *Welchen Einfluss haben Kupferionen auf die Maltase-Aktivität?*

2.3 Ansatz Nr. 5 ist nicht aussagekräftig. Aus Ansatz Nr. 4 folgt, dass Maltase bei pH = 2 inaktiv ist. Wenn die Enzymaktivität durch die Säuredenaturierung bereits bei null liegt, kann die Wirkung der Kupferionen auf die Enzymaktivität nicht untersucht werden. (Bezogen auf Ansatz Nr. 1 wurden zudem zwei Versuchsbedingungen gleichzeitig verändert.)
Ein verbesserter Versuchsansatz entspräche Ansatz Nr. 1 (pH = 8, T = 37 °C), bei dem zusätzlich Kupfer(II)sulfat zugegeben wird.

3.1 *Beachten Sie die Operatoren: Die Kurve soll beschrieben **und** erklärt werden.*

Beschreibung: Die Substratkonzentration nimmt zu Beginn der Reaktion sehr schnell ab (exponentiell) und nähert sich zum Ende der Reaktion langsam (asymptotisch) der Nulllinie an.

Erklärung: Zu Beginn der Reaktion ist die Wahrscheinlichkeit der Bildung von Enzym-Substrat-Komplexen sehr groß, da die Konzentration der Substratmoleküle noch groß ist. Daraus resultiert eine hohe Reaktionsgeschwindigkeit und die Substratkonzentration nimmt schnell ab. Mit Fortschreiten der Reaktion nimmt die Wahrscheinlichkeit ständig ab, dass sich Substratmoleküle erfolgreich mit Enzymmolekülen zu Enzym-Substrat-Komplexen verbinden. Folglich wird die Reaktionsgeschwindigkeit, d. h. die Abnahme der Substratkonzentration pro Zeiteinheit, immer geringer.

3.2
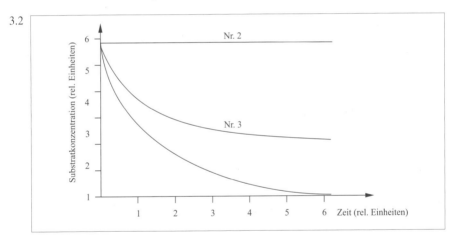

Begründung des Kurvenverlaufs zu Nr. 2:
Da die Maltase hitzedenaturiert ist, d. h. inaktiv ist, wird keine Maltose umgesetzt, sodass die Substratkonzentration unverändert bleibt. Es ist eine Parallele zur x-Achse bei ca. 5,8 rel. Einheiten einzuzeichnen.

Begründung des Kurvenverlaufs zu Nr. 3:
Das Enzym Maltase arbeitet mit viel geringerer Aktivität als in Ansatz Nr. 1, sodass die Maltose viel langsamer abgebaut wird. Die Kurve der Substratkonzentration sinkt folglich langsamer (und nähert sich viel später der Nulllinie.)

4 Der unvermittelte Sprung von der Enzymatik in die Gentechnik ist beabsichtigt und erfordert ein vernetztes Wissen. In diesem Fall sollten Sie mithilfe der Abbildung sofort erkennen, dass die **Plasmidtechnik** verlangt wird. Im Gegensatz zu vielen einfacheren Schemata wird hier jedoch das Plasmid **zweimal** mit zwei verschiedenen Restriktionsenzymen geschnitten und der Zwischenabschnitt wird verworfen.

4.1 Funktion des Plasmids: Genvektor, Informationsträger für die Einschleusung der fremden DNA in die Bakterienzelle (auch: „Transportvehikel für DNA", „Gentaxi", „Genfähre").

4.2 Für die Herstellung des modifizierten Plasmids eignen sich nur Xma I und Hind III.
Begründung: Um das Amylase-Gen aus der Spender-DNA (= Fremd-DNA) auf der linken Seite herauszuschneiden, ist in dem dargestellten DNA-Abschnitt nur das Restriktionsenzym Xma I geeignet. Es schneidet vor einer 5' CCGG 3'-Sequenz. Auf der rechten Seite findet sich nur für Hind III eine passende Sequenz: 5' AGCT 3'.
Sowohl für Xma I als auch für Hind III findet man in dem Schnittstellenbereich des Plasmids passende Schnittsequenzen, sodass das Amylase-Gen mit „sticky ends" in das geöffnete Plasmid eingefügt werden kann.

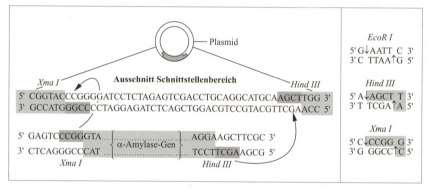

Für EcoR I gibt es weder im Plasmid noch in der Fremd-DNA eine passende DNA-Sequenz. Für die vereinfachte Methode mit nur einem Schneideenzym in der Fremd-DNA findet man jeweils nur eine Schnittstelle vor **oder** hinter dem Amylase-Gen.

Profil-/Neigungsfach Biologie (Baden-Württemberg): Abituraufgaben 2012
Aufgabe II: Neurophysiologie, Immunbiologie

BE

Multiple Sklerose (MS) ist eine chronisch-entzündliche Erkrankung des Zentralnervensystems, die meist im frühen Erwachsenenalter beginnt. Schätzungen zufolge leiden allein in Deutschland über 120 000 Menschen an MS. Ursache dieser Krankheit ist eine Zerstörung der Myelinscheiden von Nervenzellen in Gehirn und Rückenmark durch Zellen des Immunsystems. Multiple Sklerose gilt daher als Autoimmunkrankheit.

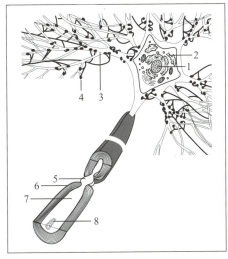

Abb. 1: Nervenzelle

1.1 Benennen Sie die mit den Ziffern 1 bis 8 gekennzeichneten Strukturen in Abbildung 1. 2

1.2 Beschreiben Sie die Vorgänge bei der Erregungsleitung in einem marklosen Axon. 2

Tabelle 1 zeigt die Geschwindigkeit der Erregungsleitung bei verschiedenen Tieren:

	Tier	Nervenfasertyp	Durchmesser der Nervenfaser (µm)	Geschwindigkeit (m/s) bei 10° Celsius Umgebungstemperatur
1	Qualle	nicht myelinisiert	9	0,5
2	Küchenschabe	nicht myelinisiert	50	7
3	Tintenfisch	nicht myelinisiert	650	25
4	Frosch	myelinisiert	19	42
5	Katze	myelinisiert	21	120

Tab. 1: Geschwindigkeit der Erregungsleitung am lebenden Tier

2 Erläutern Sie die Unterschiede in der Leitungsgeschwindigkeit
a) zwischen Neuronen von Qualle und Küchenschabe.
b) zwischen Neuronen von Frosch und Katze. 2

Abbildung 2b zeigt eine Versuchsanordnung zur Messung von Membranspannungen (Membranpotenzialen). Da Messungen am lebenden Tier sehr kompliziert sind, führt man diese meist an frei präparierten Axonen in physiologischer Kochsalzlösung durch.

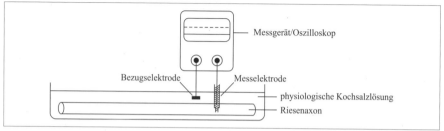

Abb. 2: Versuchsanordnung zur Messung von Membranspannungen

3.1 Begründen Sie die Notwendigkeit der Verwendung physiologischer Kochsalzlösung (zwei Angaben). 2

3.2 Übertragen Sie die Skizze der Versuchsanordnung (Abbildung 2) in Ihre Reinschrift (Größe mindestens ½ Seite). Ergänzen Sie Ihre Skizze so, dass mit Ihrer Versuchsanordnung die Geschwindigkeit der Erregungsleitung am Axon ermittelt werden kann.
Erläutern Sie, wie man mit Ihrem Versuchsaufbau die Geschwindigkeit der Erregungsleitung bestimmt. 3

Die Schädigung des Nervensystems bei Patienten mit Multipler Sklerose hat unterschiedliche Auswirkungen. Neben Entzündungsreaktionen zählen unter anderem Koordinationsstörungen zu den typischen Symptomen von MS.

4 Erklären Sie die Entstehung der Koordinationsstörungen unter Berücksichtigung der neurophysiologischen Veränderungen bei Multipler Sklerose. 2

Ein weiteres Symptom der Multiplen Sklerose ist eine Erkrankung von sensorischen Gesichtsnerven, die Nervensignale aus dem Bereich des Gesichts an das Gehirn übermitteln. Da Entzündungen dieser Nerven sehr schmerzhaft sind, bekommen viele MS-Patienten schmerzlindernde Medikamente, wie z. B. Carbamazepin und Pregabalin. Carbamazepin entfaltet seine Wirkung an den Axonen, während Pregabalin an der Synapse wirkt.

5 Geben Sie jeweils eine mögliche Erklärung für die schmerzlindernde Wirkung beider Medikamente. 2

Die Ursachen für den Angriff auf die Myelinscheiden im Zentralnervensystem sind noch nicht vollständig geklärt. Einige Wissenschaftler vermuten, dass eine Virusinfektion zu einer Autoimmunreaktion führt, in deren Verlauf das Immunsystem die Zellen der Myelinscheide angreift.

6.1 Beschreiben Sie die Vorgänge bei der zellulären Immunantwort nach einer Infektion durch Viren. 3

6.2 Erklären Sie, wie die Virusinfektion bewirken könnte, dass Zellen des Immunsystems körpereigene Zellen angreifen, obwohl diese keine Viren enthalten. 2

20

Lösungen

1.1
1 = Zellkern
2 = raues ER
3 = Dendrit
4 = Endknöpfchen bzw. Synapse
5 = Ranvierscher Schnürring
6 = Myelinhülle, -scheide bzw. Schwannsche Zelle
7 = Axon
8 = Mitochondrium

1.2 *Anmerkung zur Fachsprache: Die Begriffe „Reizleitung" und „AP-Weiterleitung" sind nicht korrekt. Ein Reiz ist nur der Auslöser einer Erregung – weitergeleitet wird aber nicht etwa Schall oder Licht. Auch ein AP wird nicht weitergeleitet – es entsteht und endet an einer bestimmten Membranstelle.*
Natürlicherweise beginnt die Erregungsleitung am Axonhügel, weil erst dort APs ausgelöst werden können. Sie können also ein vorher ablaufendes AP als Ausgangspunkt Ihrer Beschreibung nehmen, oder Sie „beginnen" mit einer künstlichen Reizung, die an irgendeiner Stelle auf dem Axon ein AP auslöst und so die Erregungsleitung startet (siehe Aufgabe 3.2).

Durch (künstliche) Reizung wird an einer bestimmten Membranstelle des Axons ein Aktionspotenzial ausgelöst. Die Umpolung (Depolarisation) dieser Membranstelle (von -80 mV auf $+30$ mV innen gegenüber außen) erfolgt durch Öffnung spannungsgesteuerter Na^+-Kanäle. Na^+-Ionen strömen ins Axoninnere ein.

Zwischen der erregten, umgepolten Membranstelle und der unerregten Nachbarregion entsteht eine Ladungsdifferenz, die bewirkt, dass Ausgleichsströmchen fließen. Die benachbarte Membranstelle wird depolarisiert und ab Erreichung des Schwellenwerts wird auch dort ein (neues) AP ausgelöst usw.

Ein „Zurücklaufen" der Erregung wird durch die Refraktärzeit verhindert.

Weil beim marklosen Axon jedes AP in der unmittelbaren Nachbarregion des vorangehenden ausgelöst wird, spricht man von „kontinuierlicher" Erregungsleitung.

2 a) *Qualle und Küchenschabe gehören zu den Wirbellosen, die nicht-myelinisierte Axone besitzen und wechselwarm sind. Bei beiden Tieren liegt daher kontinuierliche Erregungsleitung und eine Körpertemperatur von 10 °C vor.*

Ursache der höheren Leitungsgeschwindigkeit bei der Küchenschabe ist der größere Axondurchmesser. Je größer der Axonquerschnitt, desto höher ist die Leitungsgeschwindigkeit (siehe Riesenaxon Nr. 3).
Begründung: Je größer der Durchmesser des Axons ist, desto geringer ist der elektrische Widerstand der Ausgleichsströmchen. Die Reichweite zur Auslösung eines neuen APs auf dem Axon ist folglich größer, sodass weniger APs auf einer bestimmten Axonstrecke ausgelöst werden müssen.

b) *Frosch und Katze sind Wirbeltiere mit Myelinscheiden und folglich saltatorischer Erregungsleitung (keine Angaben über Dicke/Qualität der Isolierung bzw. zu den Abständen zwischen den Schnürringen). Der Frosch als Amphibium ist wechselwarm, seine Körpertemperatur liegt bei ca. 10 °C. Die Katze ist gleichwarm, unabhängig von der Umgebungstemperatur liegt ihre Körpertemperatur bei ca. 37 °C. Der Frosch hat Nervenfasern von 19 μm Durchmesser, die Katze hat ca. 10 % dickere Axone von 21 μm. Für die fast dreifach höhere Leitungsgeschwindigkeit sind mehrere Ursachen denkbar. Verlangt ist nur die wichtigste, die Körpertemperatur.*

Ursache der höheren Leitungsgeschwindigkeit bei der Katze: Die Katze ist gleichwarm und besitzt deshalb eine höhere Körpertemperatur. Je höher die Körpertemperatur ist, desto höher ist die Leitungsgeschwindigkeit.

Begründung: Je höher die Temperatur ist, desto geringer ist der elektrische Widerstand der Ausgleichsströmchen, sodass die Depolarisation eine größere Reichweite hat. Mehrere Schnürringe können daher übersprungen werden oder die Abstände zwischen den Schnürringen können größer sein. Beides hat eine höhere Leitungsgeschwindigkeit zur Folge.

Oder: Je höher die Temperatur ist, desto größer ist die Teilchenbewegung (RGT-Regel). APs können schneller aufgebaut und die Erregung kann rascher weitergeleitet werden.

Oder (Alternativbegründung): Beim Frosch ist der Abstand der Schnürringe geringer, da z. B. die Myelinisierung schlechter ist oder weil die Axone dünner sind. Es müssen für die gleiche Axonstrecke mehr APs ausgelöst werden, die Leitungsgeschwindigkeit ist geringer.

3.1 Die physiologische Kochsalzlösung ist aus zwei Gründen notwendig:
  a) Die frei präparierten lebenden Nervenzellen müssen in einer Umgebungslösung liegen, die den natürlichen Bedingungen im Körper entspricht. Die richtigen Ionenverhältnisse zur Erhaltung der Ruhespannung und der Erregbarkeit sind hierfür entscheidend. Im Außenmilieu des Axons müssen daher Na^+-Ionen und Cl^--Ionen vorliegen.
  b) Die Axonmembran ist semipermeabel. Es kommt daher zu osmotischen Effekten, wenn die Umgebungslösung nicht isotonisch ist (z. B. Wasseraufnahme, wenn reines Wasser genutzt würde).

3.2

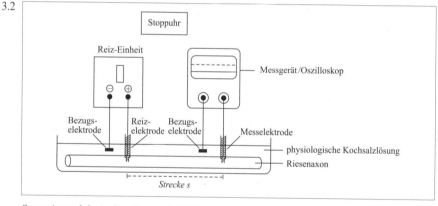

Statt einer elektrischen Reizeinheit könnte man auch eine mechanische Reizung z. B. mit einer Nadel oder eine chemische Reizung z. B. mit einem Säure-Tupfer einzeichnen.

Erläuterung der Geschwindigkeitsmessung:
– Abstandsmessung zwischen Reiz- und Messelektrode (s [m])
– Messung der Zeit, die zwischen Reiz und Reaktion auf dem Oszilloskop verstreicht (t [sec])
– Berechnung der Leitungsgeschwindigkeit ($v = s/t$)

4   Aus dem Vortext ist zu entnehmen, dass bei MS die Myelinscheiden zerstört werden. Aus Ihren Vorkenntnissen zur Erregungsleitung sollten Sie auf zwei mögliche Folgen schließen können:
– Ohne Myelin wird die schnelle saltatorische Erregungsleitung zumindest teilweise auf die langsamere kontinuierliche Erregungsleitung umschalten müssen.
– Sollten Entzündungen und Vernarbungen mehrere Schnürringe unbrauchbar machen, dann müsste es auch zur Blockade der Erregungsleitung auf bestimmten Axonen kommen.
Wenn Sie jetzt noch rekapitulieren, dass koordinierte Bewegungen, z. B. das Führen einer Kaffeetasse zum Mund, nur durch genaue zeitliche Abstimmung der motorischen Befehle an die Muskeln und sensorische Rückmeldungen ins Gehirn (Muskellänge, Gelenkstellung, Sehnenspannung etc.) möglich sind, dann können Sie die zwei Verrechnungspunkte mit einer ganz kurzen Antwort erhalten.

MS führt zur Zerstörung der Myelinscheiden, sodass die Erregungsleitung bestimmter Nervenbahnen verlangsamt oder unterbrochen wird. Es kommt zu unkoordinierten Bewegungen, da die zeitliche Abstimmung zwischen motorischen und sensorischen Nerveninformationen gestört ist.

5   **Carbamazepin-Wirkung am Axon:** Das Medikament muss verhindern, dass Schmerzreize APs auslösen oder dass die Erregung weitergeleitet wird. Mögliche Erklärungen *(nur eine ist verlangt)*:
– Die AP-Auslösung wird durch Blockade der Na^+-Kanäle verhindert. Es findet keine Depolarisation statt. Da kein AP generiert wird, kann die Erregung nicht weitergeleitet werden, das Schmerzempfinden bleibt aus.
– Die Weiterleitung der Erregung wird blockiert, z. B. durch starke Erhöhung des elektrischen Widerstandes des Ausgleichsströmchens.
– Die Öffnung von K^+-Kanälen führt zur Hyperpolarisation, sodass der Schwellenwert für die Depolarisation nicht erreicht wird.

Pregabalin-Wirkung an der Synapse: Das Medikament muss die Erregungsübertragung verhindern. Mögliche Erklärungen *(nur eine ist verlangt)*:
– Die Hemmung der Ca^{2+}-Kanäle verhindert den Calciumionen-Einstrom in das Endknöpfchen, sodass keine oder nur eine verringerte Transmitterausschüttung stattfindet. Die Depolarisierung der postsynaptischen Membran wird folglich herabgesetzt oder verhindert. Die Erregungsübertragung auf die postsynaptische Nervenzelle ist damit blockiert, kein Schmerzempfinden tritt auf.
– Die Hemmung der Vesikelentleerung vermindert oder verhindert die Transmitterausschüttung.
– Die Transmitterwirkung an der postsynaptischen Membran wird gehemmt, z. B. über die Blockade der rezeptorgesteuerten Na^+-Kanäle. Die Depolarisierung der postsynaptischen Membran ist verringert oder bleibt aus. Die Erregungsübertragung auf die postsynaptische Nervenzelle ist somit blockiert, wiederum ist das Schmerzempfinden unterdrückt.

6.1 Ablauf der zellulären Immunantwort auf eine Virusinfektion:
1 **Infektion:** Viren dringen in den Körper ein und befallen die Wirtszellen.
2 **Erkennungsphase:** Makrophagen phagozytieren freie Viren. Sie präsentieren virale Antigene (AG) auf ihrer Membranoberfläche (auf MHC II) und nehmen Zellkontakt mit T-Helferzellen (mit passenden Rezeptoren) auf, woraufhin die T-Helferzellen aktiviert werden. Ruhende T-Killerzellen (= zytotoxische T-Zellen) mit speziellen Rezeptoren erkennen virusinfizierte Körperzellen (die virale AG über MHC I-Proteine auf ihrer Oberfläche präsentieren) und werden nach Zellkontakt aktiviert.

3 **Differenzierungsphase:** Die aktivierten Helferzellen werden kloniert und (z. B. zu T-Gedächtniszellen) differenziert. Durch die Ausschüttung von Signalstoffen werden die aktivierten T-Killerzellen (zytotoxischen T-Zellen) kloniert und differenziert (z. B. zu T-Gedächtniszellen).
4 **Wirkungsphase:** Die T-Killerzellen (zytotoxischen T-Zellen) lagern sich an virusinfizierte Körperzellen an und zerstören sie durch Enzyme (Perforine), die Löcher in der Zellmembran verursachen. (Oder sie leiten den Zelltod (= Apoptose) ein).
(5 **Abschaltphase:** Makrophagen beseitigen die Zelltrümmer. T-Regulatorzellen (früher: Suppressorzellen) hemmen durch bestimmte Signalstoffe die T-Killerzellen (zytotoxischen T-Zellen).)

6.2 Mögliche Ursachen dafür, dass T-Killerzellen gesunde Körperzellen angreifen *(eine Hypothese ist verlangt):*
– Bestimmte Körperzellen könnten Oberflächenmerkmale aufweisen, die Ähnlichkeit mit Virusantigenen haben, sodass T-Killerzellen, die in einer vorangegangenen Immunantwort speziell gegen diese Virus-AG aktiviert wurden, auch die ähnlichen gesunden Körperzellen angreifen könnten.

Eigentlich sorgt der Organismus dafür, dass im Thymus alle autoaggressiven T-Zell-Varianten eliminiert werden. In seltenen Fällen können Zellen dieser Selektion aber auch entgehen und sich gegen den eigenen Körper richten.

– Die Virusinfektion hinterlässt bestimmte Stoffe (z. B. Antikörper), die gesunde Körperzellen so markieren, dass sie für bestimmte T-Killerzellen wie infizierte Zellen wirken.
– Die Virusinfektion verändert die Rezeptoren bestimmter T-Killerzellen so, dass sie körpereigene gesunde Zellen angreifen.
– Viren befallen Thymuszellen und verhindern die Selektion bestimmter autoaggressiver T-Lymphozyten.

Profil-/Neigungsfach Biologie (Baden-Württemberg): Abituraufgaben 2012
Aufgabe III: Zytologie, Molekulargenetik, Evolution

BE

„Südafrika, Krüger-Nationalpark. Antilopen nähern sich einer Gruppe von Akazien. Die Tiere rupfen an den Blättern des Baumes und genießen den saftigen Geschmack. Nach einer Weile traben die Tiere zum nächsten Baum – doch der schmeckt bitter. Die Blätter des Nachbarn ebenso. Der ganze Wald ist plötzlich ungenießbar geworden. Hungrig ziehen die Antilopen weiter.
Eins zu null für die Akazien. Sie haben sich erfolgreich gegen die gefräßigen Tiere gewehrt. Doch was genau ist da passiert? Lange Zeit sahen Forscher in Pflanzen nicht viel mehr als lebende Roboter, einem sturen Wachstumsprogramm unterworfen. Doch allmählich nimmt die moderne Biologie Abschied vom Bild der Pflanze als passivem Organismus. Grünzeug kann sprechen! Das zeigt das Beispiel der Akazie. Pflanzen verständigen sich allerdings nicht mit Lauten, sondern chemisch, per „Ethylen".
Wird eine Akazie angeknabbert, so stößt sie das geruchfreie Gas aus. Die Bäume in der Umgebung verstehen das Signal und erhöhen drastisch den Gerbstoffanteil (Tanninkonzentration) in ihren Blättern. Das Ergebnis: ein unangenehmer Geschmack und Verdauungsprobleme für die äsenden Tiere."

Susanne Billig und Petra Geist „Die Intelligenz der Pflanzen", www.dradio.de/dkultur/sendungen/wissenschaft/1226458/

Ethylen ist ein Pflanzenhormon. Es bindet an spezifische Rezeptorproteine in den Zellmembranen, ohne dabei selbst in die Zelle zu gelangen.

1.1 Erstellen Sie eine beschriftete Zeichnung, die schematisch einen Ausschnitt aus dieser speziellen Biomembran zeigt (Größe der Zeichnung mindestens ½ Seite). 2

1.2 Erläutern Sie, wie es durch Ethylen zu einer Erhöhung der Gerbstoffkonzentration kommen kann. 2

Abbildung 1 zeigt den molekularen Aufbau des Gerbstoffs Tannin und seine Wechselwirkung mit Proteinen.

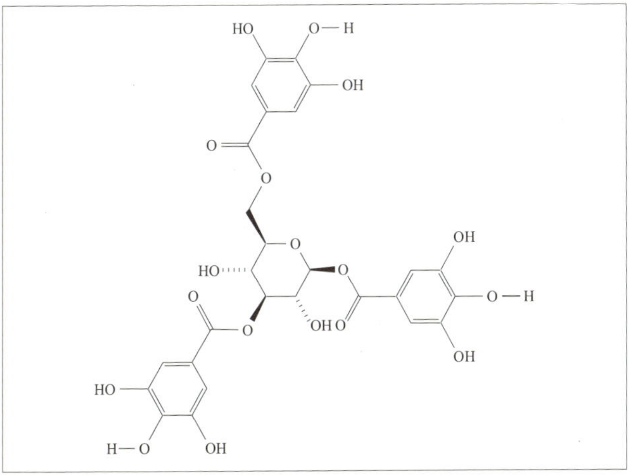

Abb. 1a: Aufbau von Tannin

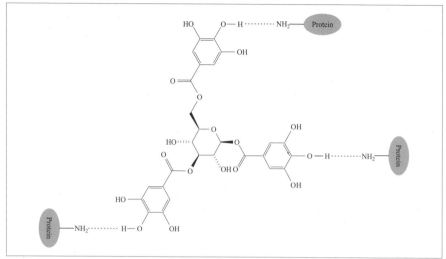

Abb. 1b: Wechselwirkung mit Proteinen

1.3 Erläutern Sie unter Zuhilfenahme der Abbildung 1 die im Text beschriebene Wirkung von Tannin auf die Verdauung der Antilopen. 2

Ethylen wird von den Akazien aus Methionin über die zwei Zwischenstufen S-Adenosylmethionin und 1-Aminocyclopropan-1-Carboxylsäure (= ACC) gebildet.

2.1 Erläutern Sie das Prinzip einer Genwirkkette anhand des Syntheseweges von Ethylen. 2

2.2 Erläutern Sie die Ursache und mögliche Folgen für die Akazie, wenn die Umsetzung von ACC zu Ethylen nicht mehr möglich ist. 2

Je länger Antilopen an einer Akazie fressen, desto mehr provozieren sie die Abwehrreaktionen: Erhöhte Ethylenausschüttung und verstärkte Tanninproduktion sind die Folgen. Tannin ist in großen Mengen für Antilopen tödlich.

3 Erläutern Sie, durch welche Verhaltensweisen beim Fressen von Akazienblättern Antilopen Vergiftungen durch Tannin verhindern könnten (zwei Angaben). 2

Außer Akazien produzieren auch andere Pflanzen Giftstoffe gegen Pflanzenfresser. Diese Gifte sind für die produzierende Pflanze selbst unschädlich.

4 Beschreiben Sie zwei Möglichkeiten, wie sich Pflanzen auf zellulärer Ebene vor Selbstvergiftung schützen können. 2

Zahlreiche afrikanische und südamerikanische Akazienarten beherbergen Ameisen und werden deshalb als Ameisenakazien bezeichnet. Dies machen einige morphologische Besonderheiten deutlich. So befinden sich die Ameisenbauten in hohlen Dornen (Abbildung 2). Zahlreiche Blattnektarien sorgen zusammen mit Protein- und Fettkörpern an den Blattspitzen für die Ernährung der Insekten. Es handelt sich dabei um eine Symbiose zwischen den Bäumen und ihren Untermietern. Ameisen reagieren sehr empfindlich auf ungebetenen Besuch. Sofort sammeln sie sich an den Zweigen, die gerade beweidet werden und gehen zum Angriff über, um die Pflanzenfresser mit gezielten Bissen ins Gesicht in die Flucht zu schlagen.

Abb. 2: Hohler Blattdorn einer Ameisenakazie mit Ameisen
Foto: Pharaoh Han, URL: http://commons.wikimedia.org/wiki/File:Acacia_drepanolobium_and_Crematogaster_nigriceps_@_Ngorongoro_Aug2009.jpg, lizenziert unter der Creative Commons-Lizenz 3.0 Unported

5.1 Erläutern Sie mithilfe der Synthetischen Evolutionstheorie das Entstehen von Ameisenakazienarten.   4

5.2 Erklären Sie unter energetischen Gesichtspunkten, warum die Symbiose für die Ameisenakazie von Vorteil ist.   2

20

Lösungen

1.1
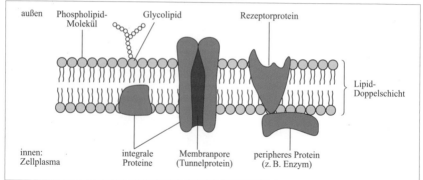

1.2 Da Ethylen als Signalstoff außerhalb der Zelle bleibt, muss die Erhöhung der Gerbstoffkonzentration im Zellinneren indirekt über Folgereaktionen gesteuert werden.
Mögliche molekulare Wirkungen des Ethylens *(nur eine ist verlangt)*:
– Signalweitergabe über das second-messenger-Prinzip: Die Bindung des Ethylens an den Rezeptor löst an der Innenseite der Membran z. B. die Aktivierung eines Enzyms aus. Daraufhin wird die Synthese eines (zweiten) Botenstoffs katalysiert, der wiederum bestimmte Gene aktiviert, die z. B. die Enzyme codieren, die die Synthese von Tannin aus chemischen Vorstufen katalysieren. Dadurch kommt es zur Erhöhung der Gerbstoffkonzentration.
– Der Rezeptor aktiviert direkt das Enzym, das die Synthese von Tannin aus einer Vorstufe katalysiert. Es kommt zur Erhöhung der Gerbstoffkonzentration.
– Tannin-Vorstufen liegen bereits fertig vor, sind aber in verschiedenen Kompartimenten z. B. Vesikeln gespeichert. Wenn das Ethylen an den Rezeptor bindet, werden z. B. rezeptorgesteuerte Ionenkanäle geöffnet, die wiederum über Enzymaktivierung eine Fusion der Vesikel bewirken. Die Tanninsynthese kann stattfinden und die Gerbstoffkonzentration erhöht werden.

1.3 Mögliche Wirkungen des Tannins auf die Verdauung der Antilopen:
– Das Tannin bindet (über Wasserstoffbrücken) an bestimmte Verdauungsenzyme im Dünndarm und blockiert deren Enzymfunktion, sodass Verdauungsprobleme auftreten.
– Das Tannin bindet (über Wasserstoffbrücken) bestimmte Nahrungsproteine und verhindert so deren Verdauung. Die unverdaute Nahrung im Dickdarm verursacht Verdauungsprobleme.
– Das Tannin bildet durch die Verbindung mit bestimmten Proteinen ein Verdauungsgift und löst so z. B. Darmkrämpfe aus.
– Das Tannin bindet an Membranproteine der Darmzellen und stört so z. B. die Nährstoffaufnahme.

2.1 *Nicht ausdrücklich verlangt ist die Definition der Genwirkkette:*
Abfolge von Reaktionsschritten in einer Stoffwechselkette, wobei jede Zwischenreaktion durch ein spezifisches Enzym gesteuert wird, das seinerseits von einem bestimmten Gen codiert wird.

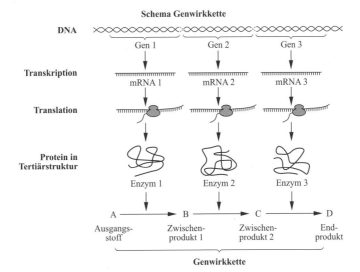

Schema der Genwirkkette zur Ethylen-Synthese:

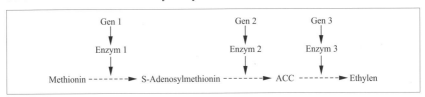

Erläuterung des Prinzips: Für die Herstellung des Ethylens sind drei Gene (Gen 1 bis Gen 3) verantwortlich, die jeweils für ein Enzym codieren (Enzym 1 bis Enzym 3), das die Synthese eines der Zwischenprodukte steuert. Nur wenn alle drei Zwischenreaktionen ablaufen, kann das Endprodukt hergestellt werden.

2.2 Ursache: Gen 3 ist mutiert, sodass die katalytische Wirkung von Enzym 3 blockiert ist. Ethylen kann folglich nicht hergestellt werden.

Folgen:
- Ausfall der Tanninproduktion führt zu mangelndem Schutz vor Pflanzenfressern (und langfristig evtl. durch Schwächung des Organismus zu dessen Absterben).
- Anhäufung von ACC (oder giftigen Folgeprodukten) löst möglicherweise Vergiftungserscheinungen aus.

3 Mögliche Verhaltensweisen *(nur zwei Angaben sind verlangt)*:
- Die Antilopen fressen häufiger, aber immer nur ganz kurz, d. h. nur wenige Blätter. Es kommt nur zu einer geringen Ethylenproduktion, die nicht ausreicht, um Nachbarbäume zu „warnen". Tannin wird nicht oder nur in geringfügigen Mengen produziert.
- Die Antilopen fressen sehr schnell und sind satt, bevor die Tanninkonzentration gefährlich hoch wird.
- Die Antilopen fressen nur bei Windstille und wechseln schnell auf entferntere Bäume. So kann sich das gasförmige Ethylen nicht so schnell ausbreiten.

- Die Antilopen fressen sich gegen den Wind voran, sodass das gasförmige Ethylen nur abgefressene Bäume erreicht.
- Die Antilopen fressen einen bestimmten Cocktail von Blättern anderer Baumarten und erreichen damit, dass die Wirkung des Gifts abgeschwächt oder aufgehoben wird.

4 Möglichkeiten des Schutzes *(nur zwei Angaben sind verlangt)*:
- Das Gift ist in bestimmten Zellkompartimenten (z. B. Vesikeln) verpackt und wird erst durch Verletzung der Zellen beim Fressen der Blätter freigesetzt.
- Das Gift wird gar nicht gespeichert, sondern erst bei Verletzung der Zellen aus ungiftigen Vorstufen hergestellt.
- Die Pflanze kann das Gift enzymatisch abbauen, wenn es z. B. aus den Vesikeln austritt.
- Die Pflanze besitzt z. B. andere Rezeptoren, die das eigene Gift nicht binden.

5.1 Die Entstehung der Ameisenakazien kann mit den Evolutionsfaktoren Mutation, Rekombination, (dynamische) Selektion und (geographische) Isolation erklärt werden: In einer Akazienpopulation gibt es zufallsgemäß Mutationen, z. B. bezüglich der Dornenform bzw. der Blattanatomie. Durch Rekombination (sexuelle Fortpflanzung) werden diese neuen Allele in immer neuen Allelkombinationen im Genpool der Population verteilt. In einer Population von Akazien, in der aufgrund einer besonders großen Zahl von Blatt fressenden Tieren ein besonders hoher Fraßdruck herrscht, haben Individuen mit dem neuen Merkmal einen Selektionsvorteil, da sie mehr Ameisen beherbergen können, die Blattfresser abwehren. Dadurch, dass sie mehr Samen bilden können, haben diese Akazien einen größeren Fortpflanzungserfolg. Infolgedessen setzen sich die neuen Gene mit der Zeit im Genpool der Akazienpopulation durch (bei anhaltend hohem Fraßdruck). Da sich diese Akazienpopulationen in geographisch isolierten Wäldchen entwickeln, zwischen denen kaum Genaustausch stattfindet, kommt es zur Bildung einer „Ameisen-Rasse" und schließlich zu einer neuen Art mit hohlen Dornen und Blattnektarien.

Es können auch noch andere Evolutionsfaktoren eine Rolle spielen, z. B. die zufällige Veränderung der Genfrequenz in sehr kleinen Populationen (Gendrift).
Vorsicht: Gefragt ist nach der Evolution der Ameisenakazien, nicht nach der Evolution der die Akazien bewohnenden Ameisen.

5.2 Ein energetischer Vorteil einer Ameisensymbiose ergibt sich, wenn der Energieaufwand zur Produktion hohler Dornen und für die Bereitstellung von Nahrung (Protein, Fett) geringer ist als der für die Neubildung abgefressener Blätter.

*Die Annahme, dass auch die Ameisenakazien **zusätzlich** das Ethylen-/Tannin-System als Abwehrvariante besitzen, ist naheliegend und wird durch den Vortext nicht widerlegt. Im Vorspann wird nur allgemein von „Akazien" gesprochen. In diesem Fall würde auch das Ethylen-/Tannin-System energetisch mit der Symbiose konkurrieren. Somit wären auch folgende Antworten denkbar:*

- Der Energieaufwand zur Synthese von Ethylen ist größer als der für die Ameisensymbiose.
- Der Energieaufwand zur Synthese von Tannin ist größer als der für die Ameisensymbiose.
- Die wehrhaften Ameisen schützen die Pflanzen effektiver als das Ethylen-/Tannin-System davor, überhaupt angefressen zu werden, sodass der Energieaufwand zur Regeneration/Neubildung von Blättern geringer ist.

Profil-/Neigungsfach Biologie (Baden-Württemberg): Abituraufgaben 2012
Aufgabe IV: Molekulargenetik

BE

Die Macht der stummen Mutationen

Über viele Jahrzehnte galt es als selbstverständlich, dass Mutationen, welche die in einem Gen codierte Aminosäuresequenz nicht verändern, keine Auswirkungen haben, also stumm sind. Neuere experimentelle Befunde ergaben jedoch, dass stumme Mutationen sehr wohl in die Funktion von Zellen eingreifen. Schon geringfügige Veränderungen der DNA können Auslöser für Erkrankungen wie beispielsweise Mukoviszidose sein.

Nach: Spektrum der Wissenschaft 09/2010

Abb. 1: DNA-Modell
http://commons.wikimedia.org/wiki/File:DNA_Double_Helix.png

Es zeigte sich, dass stumme Mutationen den Weg vom Gen zum Protein an unterschiedlichen Stellen entscheidend beeinflussen können. Stumme Mutationen können verschiedene Stadien der Proteinbiosynthese stören, von der Transkription des Gens bis zur Übersetzung der mRNA in eine Aminosäurekette.

1 Beschreiben Sie den Ablauf der Transkription.   3

Catechol-O-Methyltransferase (COMT) ist ein Enzym, das bei der Schmerzempfindung des Menschen eine wichtige Rolle spielt.
Die Abbildung 2 zeigt Ausschnitte der Basensequenzen verschiedener Varianten des COMT-Gens, die zu einer mittleren Schmerzempfindlichkeit (MSE), zu einer erhöhten Schmerzempfindlichkeit (HSE) bzw. zu einer geringeren Schmerzempfindlichkeit (GSE) führen. Die Abweichungen von MSE beruhen auf Mutationen im COMT-Gen.

```
GSE:   3' ...TCC GAC TAG TGG [...] CGA CCG CAC TTC... 5'
MSE:   3' ...TCC GAG TAG TGG [...] CGA CCG TAC TTC... 5'
HSE:   3' ...TCC GAG TAG TGG [...] CGA CCG CAC TTC... 5'
```

Abb. 2: Ausschnitte aus den Basensequenzen der COMT-Gene

2.1 Ermitteln Sie unter Verwendung der Code-Sonne (siehe Anlage) die Aminosäuresequenz der COMT-Variante für MSE.
Vergleichen Sie die Basensequenz der COMT-Variante für MSE mit den COMT-Varianten für GSE und HSE.
Nennen Sie die Unterschiede in den Basen- und Aminosäuresequenzen.   3

2.2 Erläutern Sie, wie sich die jeweiligen Mutationen auf die Funktionsfähigkeit des Enzyms auswirken können.   2

Bei der Proteinbiosynthese wandert die Messenger-RNA nicht, wie in den meisten Schulbüchern vereinfacht dargestellt, als linearer Einzelstrang vom Zellkern zu den Ribosomen, sondern als charakteristisch gefaltete Struktur (Abbildung 3a).

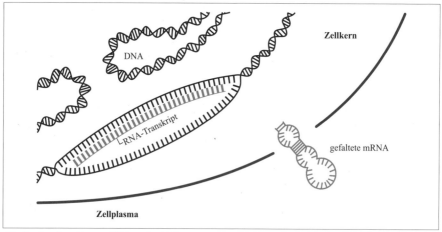

Abb. 3a: Austritt gefalteter mRNA aus dem Zellkern

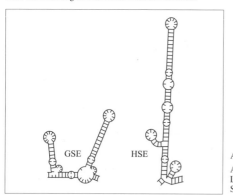

Abb. 3b: Faltstrukturen von COMT-mRNAs

Abb. 3a und 3b verändert nach: Chamary, Jean V./Hurst, Laurence D. „Die Macht der stummen Mutationen." Spektrum der Wissenschaft, Heft 9 2010, S. 43–47

3   Erklären Sie, wie die Faltung der mRNA zustande kommt und wie sich stumme Mutationen auf die Faltung auswirken können. Gehen Sie dabei auch auf die unterschiedlichen Faltungen der COMT-mRNAs ein (Abbildung 3b). 3

Wissenschaftler haben herausgefunden, dass die jeweilige mRNA-Struktur Einfluss auf die Translationsrate der COMT-mRNA hat, was zu einer unterschiedlichen Schmerzempfindlichkeit führt. Das Enzym COMT ist im Gehirn an der Beseitigung des Neurotransmitters Dopamin beteiligt. Solange Dopamin in größerer Menge vorhanden ist, werden nur wenige Endorphine gebildet. Endorphine sind Schmerzmittel, die der Körper bei Bedarf selbst herstellt.

4.1 Erläutern Sie den Zusammenhang zwischen den unterschiedlichen Translationsraten der GSE- und der HSE-Varianten von COMT und deren Auswirkung auf die Schmerzempfindlichkeit. 3

4.2 Erstellen Sie eine Hypothese, die erklärt, wie unterschiedliche mRNA-Faltungen die Translationsrate am Ribosom beeinflussen könnten. Berücksichtigen Sie dabei auch die in Abbildung 3b gezeigten COMT-mRNAs. 2

Unterschiedliche tRNAs, welche für die gleiche Aminosäure codieren, kommen in der Zelle nicht in gleicher Menge vor. Je häufiger ein bestimmtes Codon auf der mRNA vorkommt, desto größer ist die Anzahl der zugehörigen tRNAs.

5.1 Erstellen Sie eine schematische Zeichnung eines tRNA-Moleküls, das als Transportmolekül für die Aminosäure Lysin (Lys) dient. Beschriften Sie Ihre Zeichnung (Größe mindestens ½ Seite). 2

5.2 Erläutern Sie die biologische Bedeutung der unterschiedlichen tRNA-Konzentrationen (zwei Angaben). 2
———
20

Anlage: Code-Sonne

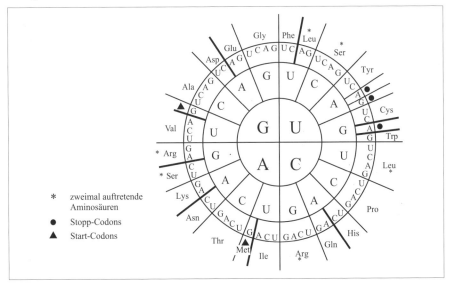

* zweimal auftretende Aminosäuren
● Stopp-Codons
▲ Start-Codons

Lösungen

1. Transkription: Umschreibung der DNA-Basensequenz eines Gens in eine transportable mRNA-Kopie.
   Ablauf:
   – Die DNA wird an der abzulesenden Stelle (Gen) in Einzelstränge geöffnet (RNA-Polymerase).
   – Freie RNA-Nukleotide lagern sich komplementär an den codogenen Strang an.
   – Die RNA-Nukleotide werden vom Enzym RNA-Polymerase zu einem „Botenstrang" = mRNA in 5'→3'-Richtung verknüpft (Startpunkt und Endpunkt für das Enzym sind bestimmte Basensequenzen, die man Promotor bzw. Terminator nennt).
   – Die mRNA löst sich vom codogenen Strang und wandert ins Zellplasma zu den Ribosomen.

   Die Vorgänge des Spleißens bei eukaryotischen Zellen werden nicht erwartet.

2.1 Basen- und Aminosäuresequenzen für MSE, GSE und HSE:

   MSE:
   DNA: 3' ...TCC GAG TAG TGG [...] CGA CCG TAC TTC... 5'
   mRNA: 5' ...AGG CUC AUC ACC [...] GCU GGC AUG AAG...3'
   AS-Sequenz: ...Arg – **Leu** – Ile – Thr – [...] – Ala – Gly – **Met** – Lys ...

   GSE:
   DNA: 3' ...TCC GAC TAG TGG [...] CGA CCG CAC TTC... 5'
   mRNA: 5' ...AGG CUG AUC ACC [...] GCU GGC GUG AAG...3'
   AS-Sequenz: ...Arg – **Leu** – Ile – Thr – [...] – Ala – Gly – **Val** – Lys ...

   HSE:
   DNA: 3' ...TCC GAG TAG TGG [...] CGA CCG CAC TTC... 5'
   mRNA: 5' ...AGG CUC AUC ACC [...] GCU GGC GUG AAG...3'
   AS-Sequenz: ...Arg – **Leu** – Ile – Thr – [...] – Ala – Gly – **Val** – Lys ...

   Unterschiede in der Basen- und Aminosäuresequenz

   GSE: Basenaustausch am 2. Triplett in der 3. Base (C statt G)
   ⇒ keine Änderung (stumme Mutation)
   Basenaustausch am 7. Triplett in der 1. Base (C statt T)
   ⇒ Austausch: Val statt Met
   HSE: Basenaustausch am 7. Triplett in der 1. Base (C statt T)
   ⇒ Austausch: Val statt Met

2.2 Der Basenaustausch am 2. Triplett, führt wegen der Degeneration des genetischen Codes nicht zum Einbau einer anderen Aminosäure. Die Aminosäuresequenz im Protein bleibt folglich gleich und die Funktionsfähigkeit des Enzyms ändert sich nicht.
   Der Basentausch in der 3. Base des 7. Tripletts von MSE und HSE bewirkt einen Aminosäureaustausch.
   Mögliche Folgen für die Funktionsfähigkeit des Enzyms:
   – Falls Met und Val chemisch sehr ähnlich sind, z. B. in ihrer Polarität, dann ist ihre Funktion nicht beeinträchtigt, da es zu keiner Änderung der Tertiärstruktur des Enzyms kommt.

- Die Funktion des Enzyms ist nicht/kaum beeinträchtigt, da durch die Mutation zwar die Tertiärstruktur verändert ist, jedoch nicht im Bereich des aktiven Zentrums.
- Die Funktionsfähigkeit des Enzyms ist blockiert, da die Tertiärstruktur im Bereich des aktiven Zentrums stark verändert wird.

3 *Die Faltstrukturen in Abb. 3b stellen offensichtlich nur Ausschnitte aus mRNA-Molekülen dar, da sonst **zwei** (unterschiedlich lange) Einzelstränge vorlägen, z. B. bei GSE der obere gefaltete Strang und der untere kurze Strang. Außerdem müsste es sich um den jeweils **gleichen** Ausschnitt der RNA handeln, um einen sinnvollen Vergleich vornehmen zu können.*

Der mRNA-Einzelstrang enthält Abschnitte, die zu einem anderen Abschnitt komplementär sind. Durch Faltenbildung lagern sich diese Regionen komplementär (und antiparallel) aneinander (H-Brücken) und bilden (wie tRNAs) kleeblattähnliche Raumstrukturen. Abschnitte, die nicht komplementär sind, bilden Schleifen.
Bei einer stummen Mutation wird zwar die gleiche Aminosäure codiert, d. h., die mRNA behält zwar die gleiche genetische Information, verändert aber ihre Raumstruktur.
Grund: Es kann passieren, dass sich die mRNA-Abschnitte durch den Basenaustausch anders falten, da z. B. alte Abschnitte nicht mehr komplementär sind und deshalb neue Schleifen entstehen oder sich neue komplementäre Abschnitte bilden.
Der Ausschnitt aus der mRNA der HSE-Mutante zeigt deutlich mehr komplementäre Abschnitte als bei der GSE-Form (bei vergleichbarer Nukleotidzahl).

4.1 Hohe Schmerzempfindlichkeit = HSE:
Die Translationsrate an den Ribosomen ist **gering**, sodass die Konzentration des Enzyms COMT ebenfalls gering ist. Infolgedessen wird der Transmitter Dopamin nur langsam abgebaut und das schmerzlindernde Endorphin kaum gebildet. Durch die geringe Schmerzhemmung werden Schmerzen stärker empfunden.

Geringe Schmerzempfindlichkeit = GSE:
Die **hohe** Translationsrate bewirkt eine hohe Konzentration des Enzyms COMT. Der Transmitter Dopamin wird schnell abgebaut und das schmerzlindernde Endorphin gebildet. Durch die starke Schmerzhemmung werden Schmerzen schwächer wahrgenommen.

4.2 Je mehr komplementäre Abschnitte im mRNA-Molekül vorliegen, desto stabiler ist ihre Raumstruktur. Dies hat zur Folge, dass sie sich vor/bei der „Einfädelung" ins Ribosom schwerer entfalten lässt und die Translation dadurch verzögert wird. Die Synthese des Proteins (z. B. des Enzyms COMT) wird verlangsamt, sodass es zur hohen Schmerzempfindlichkeit kommt.
Beweis: Die HSE-Form ist stärker gefaltet (Abb. 3b)
Oder: Je stärker die mRNA gefaltet ist, desto schlechter kann sie in Ribosomen einfädeln, desto seltener liegt sie in Ribosomenkomplexen vor. „Freie" mRNA wird aber außerhalb der Ribosomen sehr schnell abgebaut. Je stärker also die Faltung der mRNA ist, desto schneller wird sie von der Zelle wieder zerstört und desto geringer ist die Translationsrate. Die Synthese des Proteins (z. B. des Enzyms COMT) wird verlangsamt, sodass eine hohe Schmerzempfindlichkeit resultiert.

5.1

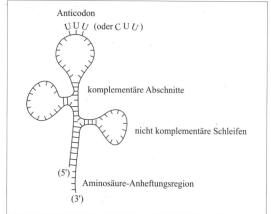

5.2 Bedeutung der unterschiedlichen tRNA-Konzentrationen:
- Wenn ein bestimmtes Codon in der mRNA häufig vorkommt, muss eine bestimmte Aminosäure häufiger zum Ribosom transportiert werden. Die passende tRNA wird folglich häufiger benötigt. Liegt sie höher konzentriert vor, wird die Translation beschleunigt und das Protein/ Enzym steht schneller zur Verfügung. Daraus resultiert ein **effizienterer Stoffwechsel**.
- Wenn auf der mRNA ein bestimmtes Codon selten/nicht vorhanden ist, wird die passende tRNA kaum/nicht benötigt. Die geringe Konzentration dieser tRNA-Variante spart Stoffwechselenergie und führt zu **Materialeinsparung** für den Syntheseaufwand.

Profil-/Neigungsfach Biologie (Baden-Württemberg): Abituraufgaben 2013
Aufgabe I: Zytologie, Enzyme, ELISA, Immunbiologie

BE

Im Mai 2011 infizierten sich in Deutschland viele Menschen mit EHEC (enterohämorrhagische *Escherichia coli*). EHEC ist eine lebensgefährliche Variante des normalerweise harmlosen Darmbakteriums *Escherichia coli*.
Nach einer Inkubationszeit von etwa drei bis vier Tagen setzen blutige Durchfälle ein, die von Bauchkrämpfen begleitet werden. Ursache dafür ist eine Schädigung der Darmwand durch Shiga-Toxine. Shiga-Toxine sind von EHEC produzierte zytotoxische (zellgiftige) Proteine. Die Shiga-Toxine werden in größeren Mengen in EHEC gespeichert.
Bei HUS (Hämolytisch-Urämisches Syndrom), der lebensbedrohlichen Verlaufsform der EHEC-Infektion, treten Shiga-Toxine über die geschädigte Darmwand in die Blutbahn über. In diesem Fall schädigen sie Zellen der Blutgefäße und der Nieren. Außerdem lassen sie die Blutplättchen verklumpen und zerstören rote Blutzellen. Typische Symptome von HUS sind daher Blutarmut, eine stark verringerte Anzahl an Blutplättchen und akutes Nierenversagen.

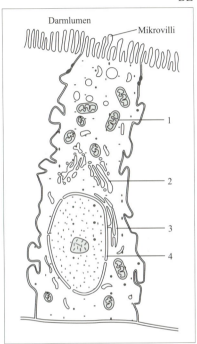

Abb. 1: Schema einer menschlichen Darmwandzelle

1.1 Benennen Sie die nummerierten Strukturen in Abbildung 1. Beschreiben Sie am Beispiel der Mikrovilli den Zusammenhang von Struktur und Funktion.   3

1.2 Entwickeln Sie anhand des Textes ein Verlaufsschema (Größe mindestens ½ Seite), das die Entstehung der Symptome von HUS zeigt. Beginnen Sie Ihr Schema mit der Infektion mit EHEC.   2

1.3 Geben Sie eine Erklärung dafür, dass eine bakterienzerstörende Antibiotikabehandlung bei dieser bakteriellen Infektion mit dem Krankheitsbild HUS die Symptome der Krankheit noch verstärkt.   2

Die Diagnose von HUS kann durch den Nachweis der Shiga-Toxine im Blutserum erfolgen. Dazu wird der zu untersuchenden Person Blut entnommen und mithilfe eines enzymatischen Nachweistests (ELISA-Test) untersucht.
In Abbildung 2 ist der Ablauf dieses Tests schematisch dargestellt.

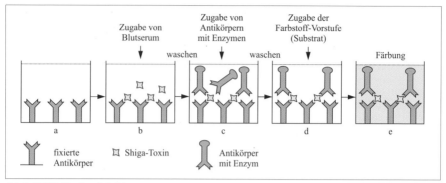

Abb. 2: ELISA-Test (vereinfacht)

2   Beschreiben Sie anhand der Abbildung 2 den ELISA-Test. Erklären Sie auch die Notwendigkeit der Waschvorgänge.
In der Praxis wird die Reaktion von d nach e zu einem bestimmten Zeitpunkt abgebrochen, um quantitative Aussagen über die Konzentration der Shiga-Toxine zu ermöglichen. Erklären Sie.   5

Die Nieren gehören zu den am stärksten durchbluteten Organen des Körpers. Unter anderem scheiden sie Stoffwechselprodukte und Giftstoffe aus. Patienten mit geschädigten Nieren können mittels einer mehrstündigen Dialyse (Blutwäsche) behandelt werden (Abbildung 3).

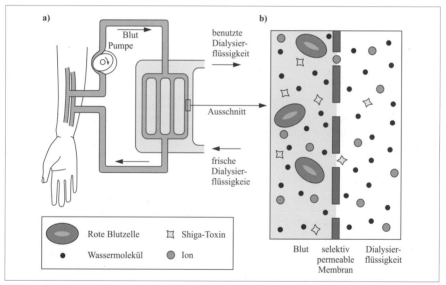

Abb. 3: Dialyse (schematisch)

3.1 Erläutern Sie anhand von Abbildung 3b, wie einem Patienten mit Shiga-Toxin im Blut durch eine Dialyse geholfen werden kann. Nennen Sie das der Dialyse zugrunde liegende Prinzip des Stofftransports.   3

3.2 Die Dialysierflüssigkeit darf kein destilliertes Wasser sein, da sonst rote Blutzellen platzen könnten. Erklären Sie diesen Sachverhalt. 2

Eine andere Möglichkeit, den Patienten mit Nierenversagen zu helfen, ist die Transplantation einer Niere. Da die Zellen der Spenderniere Oberflächenstrukturen tragen, die von Zellen des Immunsystems als fremd erkannt werden, kommt es zu einer Zerstörung von Zellen der Niere (Abstoßungsreaktion). Als medizinische Gegenmaßnahme werden die Immunantwort abschwächende Medikamente (Immunsuppressiva) gegeben.

4 Nennen Sie zwei mögliche Angriffsstellen von Immunsuppressiva und erläutern Sie die jeweilige Wirkungsweise. $\frac{3}{20}$

Lösungen

1.1 **Benennung** der Zellstrukturen:
1 = Mitochondrium
2 = Dictyosom (Golgi-Apparat)
3 = (glattes) Endoplasmatisches Reticulum
4 = Kernhülle (Kernmembran, Zellkern)

Der Operator „beschreiben" erfordert keine genaueren Erklärungen.

Beschreibung des Zusammenhangs von Struktur und Funktion:
Die **Funktion** der Mikrovilli besteht in der Aufnahme von Stoffen aus dem Dünndarm. Damit die Aufnahme mit möglichst großer Effizienz erfolgen, also eine möglichst große Menge in kurzer Zeit aufgenommen werden kann, benötigt die Darmzelle eine möglichst große Kontaktoberfläche mit dem Darminhalt. Dies wird durch die **Struktur** der Mikrovilli, die aus zahlreichen Ausstülpungen der Zellmembran bestehen, erreicht.

1.2 *Sammeln Sie zunächst auf Ihrem Konzeptpapier die drei genannten Symptome von HUS und entwickeln Sie erst dann mit Pfeilen den Verlauf zu deren Entstehung.*

Verlaufsschema zur Entstehung der HUS-Symptome:

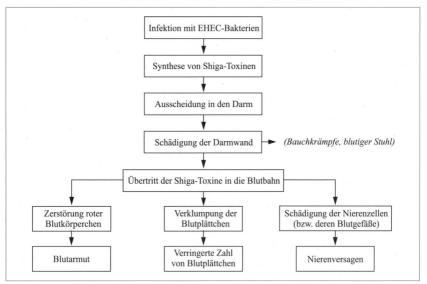

1.3 *Diese Frage erfordert, dass der Vortext aufmerksam gelesen wurde: Dort findet sich die Information, dass das Zellgift in größeren Mengen in den Bakterienzellen gespeichert wird.*

Erklärung der Antibiotikawirkung:
Antibiotika, die die Bakterienzellen zerstören, bewirken die zusätzliche Freisetzung des in den EHEC-Zellen gespeicherten Zellgiftes Shiga-Toxin. Die Folge ist eine Verstärkung der Krankheitssymptome.

2   *Für die Beschreibung ist keine immunologische bzw. enzymatische Deutung der Fachbegriffe nötig.*

Beschreibung des ELISA-Tests:
a) Shiga-Toxin-spezifische Antikörper (AK) sind auf dem Boden des Teststreifens/des Testgefäßes fixiert.
b) Wird das Blutserum der Testperson, das Shiga-Toxine enthält, zugegeben, binden die AK-Moleküle (spezifisch) an die Toxinmoleküle (AG-AK-Reaktion).
c) Nach dem ersten Waschvorgang erfolgt die Zugabe von AK-Molekülen, die ebenfalls Shiga-Toxin-spezifisch sind, aber zusätzlich an ein Enzym gekoppelt vorliegen. Diese AK binden an die Toxinmoleküle (und bilden ein „AK-Toxin-AK-Sandwich").
d) Nach einem weiteren Waschvorgang wird die Vorstufe des Nachweisfarbstoffs, der als Substrat des AK-gekoppelten Enzyms fungiert, hinzugefügt.
e) Als positiver Nachweis des Shiga-Toxins findet die Bildung des Farbstoffs statt.

Erklärung der Waschvorgänge:
1. Waschschritt: Überschüssiges Toxin und alle nicht gebundenen Begleitstoffe werden ausgewaschen, damit nachfolgend zugegebene AK-Moleküle nicht an freie, nicht fixierte Toxinmoleküle binden und ebenfalls eine Farbreaktion auslösen können. *Oder:* Begleitstoffe/Verunreinigungen könnten die nachfolgende spezifische AK-Bindung stören.
2. Waschschritt: Nicht ausgewaschene Enzym-gekoppelte AK-Moleküle könnten fälschlich – auch ohne Anwesenheit von Shiga-Toxinen – eine positive Farbreaktion auslösen.

Die Erklärung der Waschvorgänge kann in den Text der ELISA-Beschreibung integriert werden. Auch eine gemeinsame Begründung beider Waschvorgänge ist möglich.

Erklärung der quantitativen Aussagen zum ELISA-Test:
Eine quantitative Aussage zur Menge an Shiga-Toxinen im Blutserum des Patienten lässt sich nur treffen, indem man die enzymatische Reaktion jeweils nach einer bestimmten Zeit stoppt, noch ehe alle Substratmoleküle zu Farbstoff umgesetzt worden sind. Auf diese Weise wird der proportionale Zusammenhang zwischen Enzymkonzentration und Reaktionsgeschwindigkeit messbar: Je höher die Toxinkonzentration im Blutserum ist, desto mehr Shiga-Toxin-Moleküle werden von den AK-Molekülen auf dem Teststreifen fixiert, desto mehr Enzymmoleküle werden gebunden, desto mehr Substratmoleküle werden pro Zeiteinheit umgesetzt und desto schneller erhöht sich die Farbintensität (unter jeweils gleichen Bedingungen – Temperatur, pH-Wert, Substratkonzentration).
Ein Enzym wird durch die chemische Reaktion nicht verbraucht, sodass auch wenige Enzymmoleküle alle Substratmoleküle zu Farbstoff umsetzen. Lässt man die Nachweisreaktion lange genug laufen, tritt immer die maximale Farbintensität ein.

3.1 Das Prinzip der Dialyse ist die **Diffusion** durch selektiv durchlässige Membranen (passiver Stofftransport).
Erläuterung der Dialyse: Die Membran des Dialyseschlauchs ist selektiv permeabel für Shiga-Toxine, Wasser und Ionen, nicht jedoch für Blutzellen. Durch Diffusion können diese Stoffe deshalb in Richtung ihres jeweiligen Konzentrationsgefälles die Membran passieren. Shiga-Toxine diffundieren folglich vom Blutplasma (Ort der höheren Giftkonzentration) durch die selektiv durchlässige Membran in die Dialysierflüssigkeit (Ort der geringeren Giftkonzentration), sodass eine Entgiftung des Blutes stattfinden kann.

Zu einem Konzentrationsausgleich und damit zum Stillstand der Entgiftung kommt es nicht, da sowohl das Blut, als auch die Dialysierflüssigkeit in ständiger Bewegung sind. Die Konzentration der Ionen bzw. des Wassers ist so gewählt, dass kein Ein- oder Ausstrom stattfindet und somit auch keine osmotisch bedingten Volumenänderungen in der Blutader bzw. in den Blutzellen auftreten können.

3.2 **Erklärung** der Wirkung von reinem Wasser als Dialysierflüssigkeit:
Bei der Verwendung von destilliertem Wasser würde einerseits Wasser in das Blutplasma diffundieren (Konzentrationsgefälle für Wassermoleküle), andererseits würden Ionen aus dem Blutplasma in die Dialysierflüssigkeit (Konzentrationsgefälle für Ionen) austreten. Beide Effekte führen dazu, dass das Blutplasma, verglichen mit dem Zellplasma der roten Blutkörperchen, verdünnt wird. Es liegt dann eine höhere Wasserkonzentration bzw. niedrigere Ionen-/Stoffkonzentration im Blutplasma als im Zellplasma vor (hypotonische Lösung im Außenmilieu). Da die Zellmembran ebenfalls selektiv durchlässig für Wasser, aber **nicht beliebig durchlässig für Ionen und andere gelöste Stoffe** ist, kommt es überwiegend zu einem Wassereinstrom in die Blutzelle, während kein entsprechender Ausstrom von im Zellplasma gelösten Stoffen (Osmose) stattfindet. Durch die Volumenzunahme werden die Blutzellen ab einem bestimmten Innendruck platzen.

4 **Nennung** möglicher Angriffsstellen für Immunsuppressiva und **Erläuterung** der Wirkungsweise *(nur zwei Beispiele sind verlangt, auch andere Beispiele sind denkbar)*:
- Hemmung der T-Helferzellen:
  Durch die Hemmung der T-Helferzellen wird die Aktivierung von zytotoxischen T-Zellen (T-Killerzellen) verhindert, sodass kein Angriff auf Spenderzellen möglich ist und keine Abstoßung der Niere stattfindet.
- Blockierung der Aktivierung der T-Killerzellen:
  Beispielsweise können die Rezeptoren für Antigene oder für Signalstoffe gehemmt werden, sodass die T-Killerzellen ihre Funktion nicht ausüben können.
- Hemmung der Zytolyse durch T-Killerzellen:
  Wird die Zytolyse blockiert, kommt es nicht zur Zerstörung von Nierenzellen.
- Chemische Inaktivierung von Signalstoffen des Immunsystems:
  Wird die Produktion von Signalstoffen des Immunsystems gehemmt, findet keine Aktivierung von Immunzellen statt.
- Blockierung/Maskierung der Oberflächen-Antigene des Transplantats:
  Wird eine Maskierung der Oberflächen-AG erreicht, können die Antigene durch Zellen des Immunsystems nicht erkannt werden, sodass keine Abstoßungsreaktion ausgelöst werden kann.

Profil-/Neigungsfach Biologie (Baden-Württemberg): Abituraufgaben 2013
Aufgabe II: Zytologie, Evolution, Molekulargenetik

BE

Die Grüne Samtschnecke (*Elysia chlorotica*, Abbildung 1) ist eine im Meer lebende, kleine grüne Nacktschnecke. Sie gehört zu den sog. „Saftsaugern", da sie zur Nahrungsaufnahme ein Loch in Algenzellen ritzt und diese aussaugt. Das Eingesaugte wird verdaut, mit Ausnahme der Chloroplasten. Die eingesaugten Chloroplasten nimmt die Schnecke durch Endocytose in die Zellen des weitläufig verzweigten Verdauungstrakts nahe der Körperoberfläche auf. Dort funktionieren diese sogenannten Kleptoplasten (gr. *kléptein* = stehlen) noch mehrere Monate weiter. Je mehr Chloroplasten eingesaugt werden, desto grüner wird das Tier.

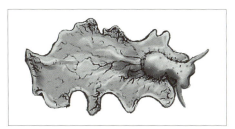

Abb. 1: *Elysia chlorotica*

1 Fertigen Sie eine beschriftete Schemazeichnung vom Bau eines Chloroplasten an. Benennen Sie die in Chloroplasten ablaufende Reaktion und formulieren Sie die zugehörige Reaktionsgleichung (mit Summenformeln). 3

Im Gegensatz zu den sonst eher zylindrischen Körpern bei Meeresschnecken weist die Grüne Samtschnecke einen an den Rändern gewellten, aber flach geformten Körper auf.

2 Erläutern Sie die Entstehung dieser besonderen Körperform der Grünen Samtschnecke im Hinblick auf die Lebensweise mit Kleptoplasten nach der synthetischen Evolutionstheorie. 4

Die Grüne Samtschnecke gilt als Modellsystem, um die Entstehung von eukaryotischen Zellen mit Chloroplasten und Mitochondrien vor etwa zwei Milliarden Jahren zu verstehen. Nach der Endosymbiontentheorie haben sich diese Zellorganellen aus ehemals freilebenden Bakterien entwickelt. Sie wurden von einer Wirtszelle durch Endocytose aufgenommen, anschließend jedoch nicht verdaut. Danach lebten sie als Endosymbionten in der Wirtszelle weiter.

3.1 Nennen Sie je einen Vorteil, der sich einerseits für die Mitochondrienvorläufer und andererseits für deren Wirtszellen durch die Endosymbiose ergibt. 2

3.2 Erläutern Sie, inwiefern die Angaben in Tabelle 1 die Endosymbiontentheorie unterstützen. 2

	Escherichia coli	Eukaryotenzelle	Mitochondrium
Membranlipide	Phospholipide Cardiolipin	Phospholipide Cholesterol	innere Mitochondrienmembran: Phospholipide und Cardiolipin; äußere Mitochondrienmembran: Phospholipide und Cholesterol
Ribosomentyp	70 S	80 S	70 S
Erbmaterial	ringförmiges DNA-Molekül frei im Zellplasma	lineare (nicht ringförmige) DNA-Moleküle im Zellkern	ringförmige DNA-Moleküle in der Matrix
Protein-Lipid-Verhältnis in der Membran	2,5:1	1,3:1	innere Mitochondrienmembran: 2,9:1 äußere Mitochondrienmembran: 1,0:1

Tab. 1: Vergleich von *Escherichia coli*, Eukaryotenzelle und Mitochondrium

Bei der Fotosynthese katalysiert das Enzym Rubisco (Ribulose-1,5-bisphosphat carboxylase/oxygenase) einen wichtigen Reaktionsschritt. Rubisco besteht aus insgesamt 16 Polypeptid-Untereinheiten, acht identischen großen und acht identischen kleinen. Die Erbinformation für die großen Untereinheiten befindet sich im Chloroplastengenom, die für die kleinen Untereinheiten jedoch im Zellkerngenom von grünen Pflanzen (hier Algen).

3.3 Erklären Sie, weshalb dieser Sachverhalt oft als Einwand gegen die Endosymbiontentheorie angeführt wurde. 2

Mittlerweile sind neue Wege der Übertragung von Erbinformationen zwischen verschiedenen Arten durch Transposons bekannt. Das sind DNA-Abschnitte, die ihre Position im Genom verändern können („springende Gene"). Damit ein Transposon funktioniert, muss es immer auch das Gen für eine Transposase enthalten. Dies ist ein sogenanntes Multifunktionsenzym, d. h., es besitzt verschiedene aktive Zentren. Abbildung 2 zeigt schematisch das „Springen von Genen".

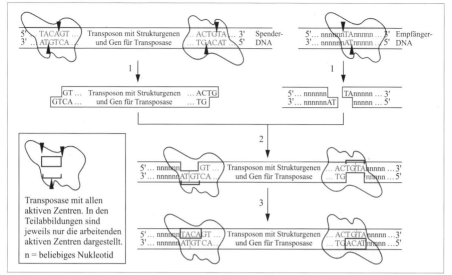

Abb. 2: Übertragungsmöglichkeit durch Transposons

4.1 Beschreiben Sie unter Zuhilfenahme von Abbildung 2 die Schritte (1–3) der Übertragung von Transposons mithilfe der Transposase.
Nennen Sie drei Enzyme, die in Zellen Funktionen ausführen, welche einzelnen Funktionen der Transposase vergleichbar sind.   5

4.2 Erläutern Sie mithilfe des in Abbildung 2 dargestellten Vorgangs, wie der in Aufgabe 3.3 beschriebene Einwand entkräftet werden kann. $\frac{2}{20}$

Lösungen

1 Bau eines Chloroplasten:

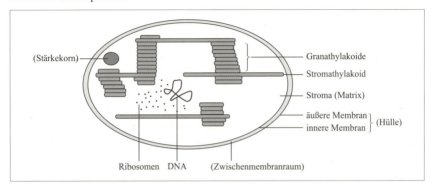

Benennung der Reaktion in den Chloroplasten: Fotosynthese

Summengleichung / Bruttogleichung:

$$6\,CO_2 + 6\,H_2O \xrightarrow{\text{Lichtenergie}} C_6H_{12}O_6 + 6\,O_2$$

2 Die Veränderlichkeit der Arten im Sinne einer Anpassung an neue ökologische Nischen wird in der Synthetischen Evolutionstheorie am einfachsten mit den Evolutionsfaktoren Mutation, Rekombination und Selektion erklärt. Um zusätzlich die Bildung einer neuen Art zu begründen, werden meist noch die Faktoren Isolation und Gendrift herangezogen. Letzteres ist hier nicht verlangt.

Erläuterung der Entstehung der besonderen Körperform:
Die Vorfahren der Samtschnecke besaßen einen zylindrischem Körperbau sowie einen „normalen" Darm und bauten enzymatisch alle Strukturen der Algenzellen vollständig ab. Aufgrund einer Mutation wurden Chloroplasten nicht mehr aufgelöst, sondern durch Endocytose in die Darmzellen aufgenommen. Unter der Bedingung, dass den Darmzellen eine ausreichende Menge an Licht zur Verfügung stand, war dies ein Selektionsvorteil, da eine zusätzliche Energie- und Sauerstoffquelle zur Verfügung stand.
Jede zufällige Mutation, die eine Vergrößerung der Licht absorbierenden Oberfläche oder die Verbesserung der Lichtdurchlässigkeit bewirkte, erhöhte die Fotosyntheserate und resultierte in größerem Fortpflanzungserfolg. Allmählich fand so die Entwicklung zu einem flachen, gewellten Körper und zur Annäherung der verzweigten Darmoberfläche an die Körperoberfläche statt. Durch Rekombination setzten sich die erfolgreichen Allele in der Population der Samtschnecken durch.

3.1 Die Endosymbiontentheorie steht nicht verpflichtend im Lehrplan, muss also aus dem Unterricht nicht bekannt sein. Alle notwendigen Informationen sind daher im Vortext enthalten. Dennoch wird Vorwissen aus der Zytologie verlangt: Bau und Funktion der Mitochondrien, Endocytose, Membranbau, eu-prokaryotische Zelle.

Nennung eines Vorteils der Endosymbiose für die Mitochondrienvorläuferzelle (*nur eine Nennung ist verlangt*):
– Schutz durch Wirtszelle
– Ernährung durch Wirtszelle

Vorteil der Endosymbiose für die Wirtszelle *(nur eine Nennung ist erforderlich)*:
- Bessere energetische Nutzung der Nährstoffe durch Zellatmung (aerobe Dissimilation) mit Verbesserung der ATP-Ausbeute
- Zusätzliche Energieversorgung

3.2 *Lassen Sie sich nicht durch die Fachbegriffe zur Benennung der Membranlipide bzw. zur Unterscheidung der Ribosomen abschrecken. Sie müssen sie nur zitieren, aber weder kennen noch erklären. Das folgende Schema dient der Verdeutlichung der Endosymbiontentheorie, es ist nicht verlangt.*

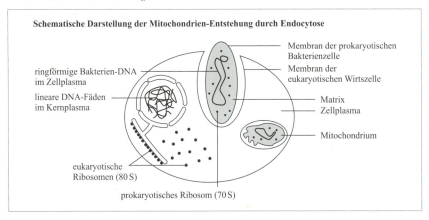

Erläuterung der Tabellendaten:
Bei der Endocytose entsteht ein „Nahrungsvesikel" mit einer Doppelmembran. Die äußere Membran entspricht dabei der Zellmembran der Wirtszelle (Eukaryotenzelle), die innere Membran ist die Bakterienmembran (Prokaryotenzelle).
Die Zeilen 1 und 4 der Tabelle belegen, dass die innere Membran der Mitochondrien bezüglich ihrer Bestandteile (Cardiolipin) und des Protein-Lipid-Verhältnisses (2,9:1) deutlich bakterienähnlich ist, während die äußere mitochondriale Membran die Eigenschaften einer Eukaryotenmembran aufweist.
Die Aussage der Endosymbiontentheorie, dass Mitochondrien ursprünglich eigenständige prokaryotische Lebewesen mit eigenem Stoffwechsel und eigener Fortpflanzung waren, wird durch die Informationen aus den Zeilen 2 und 3 der Tabelle unterstützt: Mitochondrien besitzen eine eigene (ringförmige) DNA und eigene Ribosomen (70 S), wie sie auch Bakterien *(E. coli)* aufweisen.

3.3 **Erklärung** des Einwands gegen die Endosymbiontentheorie:
Wenn Chloroplasten ursprünglich eigenständige Lebewesen waren, dann müssten **alle** Gene, die den Stoffwechsel der Fotosynthese steuern, in der DNA der Chloroplasten enthalten sein. Die Tatsache, dass die Erbinformation für die kleineren Rubisco-Untereinheiten im Zellkerngenom lokalisiert ist, scheint daher der Endosymbiontentheorie zu widersprechen.

4.1 Auch hier gilt: Transposons und „springende Gene" müssen Sie nicht kennen – sie sind im Lehrplan nicht vorgesehen. Alle notwendigen Informationen finden sich in den Vortexten. Aufgabe 4 ist dennoch sehr anspruchsvoll, da differenziertes Wissen aus den Bereichen Enzymatik und Molekulargenetik vorausgesetzt wird. Konkret wird jedoch weder die genaue Analyse der Basensequenzen an den Schnittstellen verlangt, noch eine Erklärung der aktiven Zentren der Transposase.

Beschreibung des Ablaufs der Genübertragung:
Schritt 1: Das Enzym Transposase schneidet aus der Spender-DNA einen bestimmten Abschnitt, das Transposon, heraus. Dieser Abschnitt enthält das zu übertragende Gen und das Gen für die Transposase. Die zwei Schnitte erfolgen jeweils versetzt an einer bestimmten Basensequenz, sodass mit jeweils zwei Basen (Nukleotiden) überhängende Einzelstrang-Enden entstehen.
Die Empfänger-DNA wird ebenfalls von der Transposase an einer bestimmten (anderen) Basensequenz geschnitten, der DNA-Doppelstrang wird dabei allerdings nur geöffnet.

*Zur Transposase-Darstellung in der Abbildung: An der Spender-DNA schneidet die Transposase an beiden Stellen mit identischen aktiven Zentren ¶, nur gegenläufig (das Enzym-Molekül ist an der rechten Schnittstelle gespiegelt und gekippt dargestellt). An der Empfänger-DNA wird der obere Strang an einem anderen aktiven Zentrum des Enzyms geschnitten. Es entstehen dabei **keine** komplementär passenden Enden, die sich „von selbst" zusammenfügen!*

Schritt 2: Das Transposon wird mithilfe der Transposase (erneut durch ein anderes aktives Zentrum: ⌐⌐) in die Lücke der Empfänger-DNA eingefügt. Die jeweils längeren, überhängenden Einzelstrang-Enden des Doppelstrangs (Spender: G, Empfänger: T) werden chemisch miteinander verknüpft (= ligiert).

Schritt 3: Die entstehenden Lücken zwischen den kürzeren Enden der Einzelstränge werden durch die komplementäre Anlagerung der passenden Nukleotide geschlossen. Durch die Transposase werden diese Nukleotide (wieder über ein anderes aktives Zentrum: ⌐⌐) untereinander chemisch verknüpft (polymerisiert) und mit den Strang-Enden verbunden (= ligiert).

Unklar ist, wieso die „Nahtstelle" nach erfolgter Ligation in Schritt 3 noch immer als Strich dargestellt ist, so wie vor der Ligation in Schritt 2. Möglicherweise übernimmt das aktive Zentrum ⌐⌐ auch diese Funktion.

Nennung der drei Enzymtypen *(weder Erklärung noch Beispiele sind verlangt)*:
– Restriktionsenzym
– Ligase
– (DNA)-Polymerase

4.2 **Erläuterung** der Entkräftigung des Einwands:
Das Gen für die acht identischen Polypeptid-Untereinheiten des Rubisco-Enzyms war vermutlich ursprünglich ebenfalls im Chloroplastengenom enthalten. Mithilfe eines Transposons könnte dieses Gen dann im Laufe der Evolution in das Zellkerngenom der Wirtszelle übertragen worden sein. Für den Einwand aus Aufgabe 3.3 gäbe es damit eine plausible Erklärung.

Profil-/Neigungsfach Biologie (Baden-Württemberg): Abituraufgaben 2013
Aufgabe III: Neurophysiologie, Zytologie

BE

Auf heute gelernt, morgen vergessen?
Lern- und Gedächtnisleistungen kommen u. a. dadurch zustande, dass die Erregungsübertragung zwischen den an einem Lernvorgang beteiligten Nervenzellen verbessert wird. Abbildung 1 zeigt schematisch den Bau einer Nervenzelle.

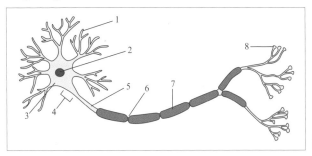

Abb. 1: Aufbau einer Nervenzelle (schematisch)

1.1 Benennen Sie die in Abbildung 1 mit Ziffern versehenen Strukturen.   2

1.2 Eine wichtige Voraussetzung für die Funktion einer Nervenzelle ist das Ruhepotenzial. Erläutern Sie die Entstehung und Aufrechterhaltung des Ruhepotenzials unter Berücksichtigung der beteiligten Ionen.   4

Mehrfaches Wiederholen führt dazu, dass Erlerntes langsamer vergessen wird. Heute ist bekannt, dass Lernvorgänge unter anderem auf einer verbesserten Erregungsübertragung an speziellen Synapsen („lernende Synapsen") beruhen. Diese besitzen in der postsynaptischen Membran zusätzlich zu normalen transmittergesteuerten Natriumionenkanälen besondere Calciumionenkanäle.

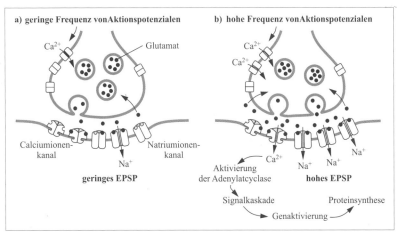

Abb. 2: Prozesse an „lernenden Synapsen" (stark vereinfacht)

2.1 Beschreiben Sie die in Abbildung 2 dargestellten Vorgänge, die zur Öffnung der besonderen Calciumionenkanäle führen. 4

An „lernenden Synapsen" beobachtet man nach wiederholter starker Aktivierung folgendes Phänomen: Schon bei geringer Frequenz von Aktionspotenzialen wird ein höheres erregendes postsynaptisches Potenzial (EPSP) erzeugt.

2.2 Erklären Sie, wie die Bildung zusätzlicher Proteine in der postsynaptischen Zelle (Abbildung 2b) ein höheres EPSP bewirken kann.
Formulieren Sie auf dieser Basis eine Hypothese, die den Vorgang des Vergessens erklärt. 4

Ein anderer Mechanismus des Vergessens liegt bei der Alzheimer-Erkrankung vor. Ursache des Gedächtnisverlusts ist das Absterben von Neuronen. Gehirne von Alzheimer-Patienten zeigen auffällige extrazelluläre Protein-Ablagerungen (Plaques) sowie intrazelluläre Ablagerungen von Tau-Proteinen (Tangles). Wissenschaftler haben an transgenen Mäusen untersucht, inwiefern diese Ablagerungen für den Gedächtnisverlust verantwortlich sind. Die Ergebnisse der Untersuchungen sind in Tabelle 1 dargestellt:

	Plaques	Tangles	Gedächtnisverlust
Maus Typ 1	viel	keine	normal ausgeprägt
Maus Typ 2	wenig	keine	normal ausgeprägt
Maus Typ 3	viel	viel	stark ausgeprägt
Maus Typ 4 (gentechnische Herstellung bisher nicht gelungen)	wenig	viel	???

Tab. 1: Untersuchungsergebnisse

3.1 Erläutern Sie anhand von Tabelle 1, welche Aussagen über den Zusammenhang von Plaques, Tangles und Gedächtnisverlust abgeleitet werden können.
Begründen Sie, weshalb Maus Typ 4 für die Erforschung der Ursachen des Gedächtnisverlustes so bedeutend wäre. 4

Tau-Proteine spielen eine wichtige Rolle bei Transportvorgängen von Proteinen innerhalb des Axons vom Soma in Richtung Endknöpfchen. Die Ablagerung von Tau-Proteinen (Tangles) verhindert diese Transportvorgänge und führt dadurch zum Absterben der Nervenzelle.

3.2 Begründen sie die Notwendigkeit des Proteintransports in Richtung Endknöpfchen. 2

20

Lösungen

1.1 **Benennung** der Strukturen:
1 = Dendrit
2 = Zellkern
3 = Zellplasma (Zellkörper = Soma)
4 = Axonhügel
5 = Axon
6 = Ranvierscher Schnürring
7 = Schwannsche Zelle (Myelinscheide)
8 = (synaptisches) Endknöpfchen

1.2 **Erläuterung** der Entstehung und Erhaltung des Ruhepotenzials (RP):
Entstehung des RP:
– **Ungleichverteilung bestimmter Ionen** innerhalb und außerhalb der Nervenzelle: Durch aktiven Ionentransport liegt innerhalb der Zelle ein großer Überschuss an K^+-Ionen (und großen Protein-Anionen = A^--Ionen), außerhalb der Zelle ein großer Überschuss an Na^+-Ionen und Cl^--Ionen vor.
– **Selektive Permeabilität** der Zellmembran für verschiedene Ionenspezies: Die Membran ist sehr gut für K^+-Ionen durchlässig, geringfügig durchlässig für Na^+-Ionen (und Cl^--Ionen) und undurchlässig für A^--Ionen.
Folge: Durch Ausstrom von Kaliumionen entlang des Konzentrationsgefälles (Kalium-Diffusionspotenzial) entsteht eine Spannung (= Potenzialdifferenz). Der positive Ladungsüberschuss durch K^+-Ionen außerhalb der Zelle bedingt, dass das Zellinnere gegenüber dem Außenmedium negativ geladen ist. Das Ruhepotenzial stellt sich als dynamisches Gleichgewicht zwischen der Tendenz zum Konzentrationsausgleich und der Tendenz zum Ladungsausgleich bei ca. –80 mV ein.

Erhaltung des RP: Der geringe Na^+-Ioneneinstrom (Diffusion gemäß Konzentrationsgefälle) würde das RP allmählich zerstören. Unter ATP-Verbrauch läuft ständig die Na^+/K^+-Pumpe, um die Konzentrationsunterschiede aufrechtzuerhalten.

2.1 *Bei dem Operator „beschreiben" ist eine Analyse/Begründung der Ursachen der Ca^{2+}-Kanalöffnung nicht verlangt. Ein kausaler Zusammenhang zwischen der Höhe des EPSPs und der Kanalöffnung ist anzunehmen (spannungsgesteuerte Kanäle), aber nicht zwingend. Es könnte auch eine entsprechend hohe Glutamatkonzentration notwendig sein, um alle Rezeptoren auf der sichtbaren Untereinheiten der Membrankanalproteine zu besetzen.*

Beschreibung der Vorgänge in Abb. 2:
Ist die Synapse nur schwach erregt (geringe AP-Frequenz), strömen nur wenige Ca^{2+}-Ionen in das Endknöpfchen ein und es wird nur wenig Glutamat aus Vesikeln in den synaptischen Spalt freigesetzt. Entsprechend öffnen sich nur wenige glutamatgesteuerte postsynaptische Na^+-Kanäle und nur ein geringes EPSP entsteht. Die besonderen Ca^{2+}-Kanäle in der postsynaptischen Membran bleiben geschlossen, obwohl auch Rezeptoren an den Ca^{2+}-Kanalproteinen mit Transmittermolekülen besetzt sind.
Bei starker Erregung (hohe AP-Frequenz) kommt es zu einem starken Ca^{2+}-Ioneneinstrom in das Endknöpfchen durch Öffnung vieler Ca^{2+}-Kanäle. Infolgedessen werden viele Vesikel entleert, was in einer hohen Glutamatkonzentration im synaptischen Spalt resultiert und einen starken Na^+-Ioneneinstrom in die postsynaptische Zelle durch Öffnung vieler glutamatgesteuerter Na^+-Kanäle auslöst. Es entsteht ein hohes EPSP. Auch die besonderen Ca^{2+}-Kanäle, die ebenfalls von mehr Transmittermolekülen besetzt sind, sind nun geöffnet.

2.2 **Erklärung** der „lernenden" Synapsen:

Der Ca^{2+}-Ioneneinstrom bewirkt über eine Signalkaskade die Aktivierung bestimmter Gene in der postsynaptischen Zelle. Die daraufhin neu synthetisierten Proteine könnten als zusätzliche Na^+-Kanäle in die postsynaptische Membran eingebaut werden. Infolgedessen würde diese Synapse „empfindlicher", d. h., bereits bei geringerer Erregung bzw. bei geringerer Glutamatkonzentration würde ein stärkerer Na^+-Ioneneinstrom in die postsynaptische Zelle erfolgen. Ein höheres EPSP würde ausgelöst und die Nervenzelle stärker erregt.

Hypothese für das Vergessen:
Wird eine Synapse selten „benutzt", werden die Gene zur Synthese von Kanalproteinen wieder inaktiviert. Gleichzeitig werden die bestehenden Kanalproteine ständig mit einer bestimmten Geschwindigkeit abgebaut. Die stärkere Erregbarkeit der Synapse nimmt allmählich wieder so weit ab, bis sie den Zustand vor dem Lernvorgang erreicht hat.

Alternative Erklärung:
Die Genaktivierung führt zur Synthese von Proteinen, die als (allosterische) Aktivatoren die Permeabilität der Ionenkanäle erhöhen oder für die Änderung der Spannungssensibilität der Na^+-/Ca^{2+}-Kanäle verantwortlich sind. Ursache für Lernen ist dann, dass bei gleicher Transmitterkonzentration und gleicher Zahl an Ionenkanälen die postsynaptische Zelle stärker erregt wird. Das Vergessen könnte in diesem Fall damit erklärt werden, dass die seltene Erregung der Synapse die Inaktivierung der entsprechenden Gene bewirkt, sodass die Permeabilität/Spannungssensibilität der Kationenkanäle wieder abnimmt und die stärkere Erregbarkeit nachlässt.

3.1 **Erläuterung** der Ursachen von Alzheimer nach Tab. 1:

Die transgenen Mäuse Typ 1, 2 und 3 lassen darauf schließen, dass nur bei Anwesenheit von (vielen) Tangles Gedächtnisverlust auftritt. Der normal ausgeprägte Gedächtnisverlust bei Maus Typ 1 deutet darauf hin, dass **Plaques allein** nicht direkt für den Gedächtnisverlust verantwortlich sind. Ihre Anzahl spielt dafür (bei fehlenden Tangles) keine Rolle.

Aus den Tabellendaten geht nicht hervor, ob **Tangles allein** den Gedächtnisverlust auslösen können, oder ob – wie Maus Typ 3 zeigt – das gleichzeitige Auftreten von Tangles **und** Plaques für die Ausprägung des Symptoms notwendig ist. Die Entscheidung darüber würde Maus Typ 4 ermöglichen: Normaler Gedächtnisverlust würde darauf hindeuten, dass Tangles nur zusammen mit Plaques Gedächtnisverlust auslösen können. Starker Gedächtnisverlust würde hingegen beweisen, dass Tangles allein für den Gedächtnisverlust verantwortlich sind.

3.2 Die Proteinbiosynthese erfolgt im Soma.

Im Soma befindet sich der Zellkern und die Organellen zur Proteinsynthese, -speicherung und -modifikation: raues ER („Nissl-Schollen"), Ribosomen und Dictyosomen.

Viele der dort hergestellten Proteine werden im Axon und in den Endknöpfchen benötigt, z. B. Enzyme, Membranproteine, Strukturproteine oder Transportproteine für Vesikel. Ein ständiger Proteintransport durch das Axon in Richtung Endknöpfchen ist daher essenziell, sonst stirbt die Nervenzelle (vom Endknöpfchen her) ab.

Profil-/Neigungsfach Biologie (Baden-Württemberg): Abituraufgaben 2013
Aufgabe IV: Biomembran, Genregulation, Molekulargenetik

BE

Eisen ist für unseren Körper ein essentielles Spurenelement und wird vor allem für den Aufbau des roten Blutfarbstoffes Hämoglobin benötigt. Eisenionen (Fe^{2+}) werden aus der Nahrung über die Membran der Darmschleimhautzellen ins Blut aufgenommen.

1. Fertigen Sie eine beschriftete Zeichnung des Feinbaus der Biomembran nach dem Flüssig-Mosaik-Modell an (Größe etwa ½ Seite). Begründen Sie, weshalb Ionen die Biomembran nicht direkt durch einfache Diffusion passieren können.   4

Um Mangelzeiten überbrücken zu können, muss der Körper einen Speichervorrat an Eisenionen verfügbar halten. Nach ihrer Aufnahme aus dem Darm werden viele Eisenionen mit dem Blutstrom zu den Leberzellen transportiert. Hierbei sind immer zwei Eisenionen an das Transportprotein Transferrin gebunden. Bei der Regulation der Eisenionenaufnahme sind die Proteine β2 und HFE beteiligt (Abbildung 1).

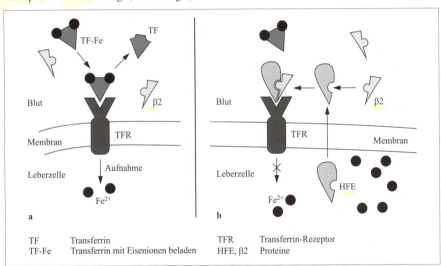

Abb. 1: Ausschnitt aus dem Regulationsmechanismus der Eisenionenaufnahme in eine Leberzelle (stark vereinfacht)

2.1 Beschreiben Sie die in Abbildung 1a und 1b dargestellten Vorgänge.   3

2.2 Erläutern Sie auf der Grundlage der in Abbildung 1 dargestellten Vorgänge, wie über eine Genregulation sichergestellt werden könnte, dass nicht zu viele Eisenionen in die Leberzelle aufgenommen werden.
Nennen Sie einen grundsätzlichen Nachteil der Genregulation gegenüber einer Regulation auf Enzymebene.   4

Störungen in der Aufnahme von Eisenionen bzw. der Regulation des Eisenvorrates können zu verschiedenen Krankheitsbildern wie z. B. der „Eisenspeicherkrankheit" führen. An der Typ-1-Eisenspeicherkrankheit leidenden Menschen weisen aufgrund eines mutierten HFE-Gens eine erhöhte Eisenionenkonzentration in den Leberzellen auf.

2.3 Erklären Sie den Zusammenhang zwischen der Mutation und den erhöhten Eisenwerten in den Leberzellen. 2

```
3'... C G A  C A T  G G G  ....  .... T G C  A C G  G T C  C A C  ...5'
5'... G C T  G T A  C C C  ....  .... A C G  T G C  C A G  G T G  ...3'
1 2... 41 42 43  44 45 46  47 48 49  ......  ...... 71 72 73  74 75 76  77 78 79  80 81 82 ......165
```

Abb. 2: Ausschnitt aus dem Triplettraster eines 165 Basenpaare langen DNA-Stücks des nicht mutierten HFE-Allels

Die Typ-1-Eisenspeicherkrankheit ist eine rezessiv vererbte Krankheit. Erkrankte leiden aufgrund der übermäßigen Eisenspeicherung in der Leber an Einschränkungen der Leberfunktion mit Auswirkungen auf den gesamten Körper. Teile des nicht mutierten Allels sind in Abbildung 2 gezeigt. Das mutierte Allel weist an Position 75 dieses Abschnitts im codogenen Strang statt „C" ein „T" und im nicht codogenen Strang statt „G" ein „A" auf.

3.1 Geben Sie mithilfe der Codesonne die Aminosäuresequenz des HFE-Proteins für den Bereich der Nukleotide 71 bis 82 im nicht mutierten und im mutierten Fall an. 2

Zur Frühdiagnose dieser rezessiv vererbten Krankheit wird mit diesem 165 Basenpaare (bp) langen DNA-Stück (Abbildung 2) eine genetische Analyse durchgeführt.
Im nachstehenden Fall wurde bei drei Personen (1, 2 und 3) DNA isoliert und das 165 bp lange DNA-Stück aus Abbildung 2 vervielfältigt. Diese DNA wurde anschließend jeweils mit einem Restriktionsenzym geschnitten, das in der Erkennungssequenz 3' CATG 5' zwischen A und T und komplementär 5' GTAC 3' zwischen T und A schneidet. Die nach der Behandlung mit diesem Restriktionsenzym erhaltenen Fragmente wurden mittels Gelelektrophorese aufgetrennt. Abbildung 3 zeigt das Untersuchungsergebnis für die drei Personen.

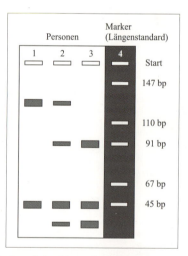

Abb. 3: Ergebnis der Gelelektrophorese (schematisch)

3.2 Bestimmen Sie die Fragmentlängen, die sich nach dem Schneiden mit dem Restriktionsenzym beim nichtmutierten und mutierten DNA-Stück ergeben.
Begründen Sie anhand des Bandenmusters (Abbildung 3), ob die Personen (1, 2 und 3) im Genotyp homozygot dominant, homozygot rezessiv oder heterozygot sind. 5/20

Anlage: Codesonne

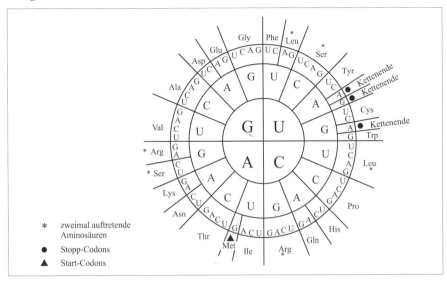

* zweimal auftretende Aminosäuren
● Stopp-Codons
▲ Start-Codons

Lösungen

1 Beschriftete Zeichnung einer Biomembran nach dem Flüssig-Mosaik-Modell:

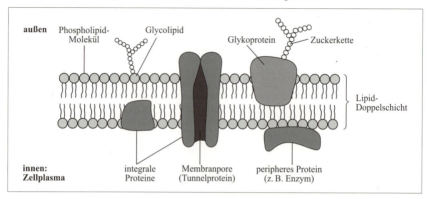

Begründung der Ionen-Permeabilität:
Der innere Bereich der Doppellipidschicht besteht aus den völlig unpolaren Molekülabschnitten der Phospholipidmoleküle, er wird als lipophil (hydrophob) bezeichnet. Ionen sind jedoch hydrophile (lipophobe) Teilchen (elektrisch geladene Atome/Moleküle, die von Wassermolekülen umhüllt sind). Damit Ionen die Membran passieren können, sind daher Proteinkanäle (mit hydrophiler „Innenauskleidung") notwendig.

2.1 **Beschreibung** der Eisenionenaufnahme in die Leberzellen:
   a) Das mit zwei Fe^{2+}-Ionen beladene Protein Transferrin (TF-Fe) bindet spezifisch an den Transferrin-Rezeptor TFR (integrales Membranprotein). Die beiden Fe^{2+}-Ionen werden in das Zellplasma der Leberzelle geschleust und TF löst sich wieder vom Rezeptor (zur Neubeladung).
   b) Bei hoher Eisenkonzentration in der Leberzelle wird das Protein HFE produziert und aus der Zelle ins Blut transportiert. Dort verbindet sich HFE mit dem Protein β2 zu einem spezifischen TFR-Blocker-Komplex, der an den TFR bindet. TF-Fe kann infolgedessen nicht mehr andocken und es kommt zur Blockade bzw. Drosselung der Fe^{2+}-Aufnahme.

Die Mechanismen für die Einschleusung der Fe^{2+}-Ionen über TFR sowie für den Transport von HFE ins Blut sind nicht erkennbar.

2.2 *Genregulation bedeutet, dass die Aktivität eines Gens und somit die Synthese eines bestimmten Proteins/Enzyms reguliert wird. Hier handelt es sich um die Regulation der Größe des Eisenspeichers durch Regulation der Konzentration des HFE-Proteins in Abhängigkeit von der intrazellulären Eisenkonzentration.*

Erläuterung der kontrollierten Fe^{2+}-Aufnahme durch Genregulation:
Die hohe Fe^{2+}-Konzentration in der Leberzelle löst, eventuell über eine Signalkette, die Aktivierung des HFE-Gens über Transkriptionsfaktoren (z. B. Aktivierung der RNA-Polymerase) aus. Es kommt zur Synthese des HFE-Proteins (Transkription, Translation an Ribosomen). Anschließend wird HFE aus der Leberzelle ausgeschleust und drosselt, wie in der Lösung zu Aufgabe 2.1 beschrieben, die Eisenaufnahme.

Nennung eines Nachteils der Genregulierung:
Die Genregulation ist langsamer als die Enzymregulation.

Die zu regulierenden Stoffe können bei der Enzymregulation auf die Enzymaktivität direkt einwirken, während bei der Genregulation erst eine zeitraubende Proteinbiosynthese ablaufen muss, bis die zu regulierenden Prozesse beeinflusst werden können.

2.3 **Erklärung** der Mutationsfolgen:
Die Mutation im HFE-Gen bewirkt, dass das HFE-Protein in seiner Primärstruktur verändert ist. Dadurch ergibt sich eine veränderte Raumstruktur, sodass die Bildung des HFE/β2-Komplexes blockiert oder die Raumstruktur des HFE/β2-Komplexes verändert ist. Die Bindung an den TF-Rezeptor kann unter diesen Umständen nicht stattfinden und die Regulation/Blockade der Fe^{2+}-Aufnahme ist nicht mehr möglich. Die Folge ist eine erhöhte Eisenkonzentration in der Leberzelle.

3.1 *Grundsätzlich könnte jeder der beiden Stränge der codogene Strang sein. In diesem Fall muss der obere Strang codogen sein, da im Text an Position 75 die Base C vorgegeben ist. Der obere Strang ist damit auch in der „richtigen" Orientierung (3'→5') angegeben und der gegenläufige mRNA-Strang liegt damit automatisch in der für die Codesonne korrekten Leserichtung (5'→3') vor.*

Angabe der Aminosäuresequenz:

nicht mutierte DNA:	3' ... TGC ACG GTC CAC ... 5'
mRNA:	5' ... ACG UGC CAG GUG ... 3'
Aminosäuresequenz:	– Thr – Cys – Gln – Val –

mutierte DNA:	3' ... TGC ATG GTC CAC ... 5'
mRNA:	5' ... ACG UAC CAG GUG ... 3'
Aminosäuresequenz:	– Thr – **Tyr** – Gln – Val –

3.2 **Bestimmung** der Fragmentlängen:
Im nicht mutierten DNA-Abschnitt befindet sich nur an Position 45 eine Schnittstelle, sodass sich zwei Fragmente mit 45 bp und 120 bp ergeben. Durch die Mutation entsteht eine zweite Schnittstelle, die das größere Fragment in zwei weitere Stücke teilt (29 bp und 91 bp). Der mutierte DNA-Abschnitt wird also in drei Teile mit den Fragmentlängen 45 bp, 29 bp und 91 bp geschnitten.

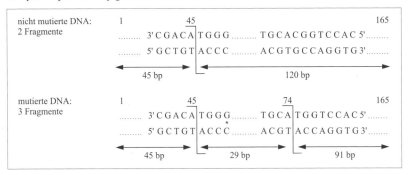

Zuordnung und **Begründung** des Genotyps der Personen 1–3:

Im Gelelektrophoreseschema befindet sich oben der Minuspol (Start), unten der Pluspol. Die kurzen Fragmente durchwandern das Gel schneller und sind daher näher am Pluspol lokalisiert. Auf „Bahn" 4 ist die Marker-DNA mit bekannten Fragmentlängen zur Identifizierung der untersuchten DNA dargestellt.

Person 1:
Es gibt nur zwei Fragmente mit den Längen 129 bp und 45 bp, die jeweils in einer breiten Bande auftreten. Es handelt sich dabei nur um nichtmutierte DNA. Die Person ist folglich homozygot für das dominante Allel, hat den Genotyp AA und ist gesund.

45	129
45	129

Person 2:
Es liegen insgesamt vier Fragmente vor. Bei den Fragmenten der Längen 129 bp (schmale Bande) und 45 bp (eine Hälfte der breiten Bande) handelt es sich um nichtmutierte DNA, also um das dominante Allel A.
Bei den Fragmenten mit 91 bp (schmale Bande), 29 bp (schmale Bande) und 45 bp (andere Hälfte der breiten Bande) handelt es sich um die mutierte DNA mit drei Fragmenten und folglich um das rezessive Allel a. Die Person ist im Genotyp heterozygot (Aa) und gesund.

45	129	
45	29	91

Person 3:
Hier liegen drei Fragmente mit den Längen 91 bp, 29 bp und 45 bp (alle mit breiter Bande) vor. Es handelt sich dabei nur um mutierte DNA. Person 3 ist homozygot für das rezessive Allel (aa) und folglich erkrankt.

45	29	91
45	29	91

Profil-/Neigungsfach Biologie (Baden-Württemberg): Abituraufgaben 2014
Aufgabe I: Nervenphysiologie, Immunbiologie, Evolution, Molekulargenetik

BE

Als giftigste Schlange der Welt gilt der australische Inland-Taipan *(Oxyuranus microlepidotus)*. Ein einziger Tropfen seines Giftes würde ausreichen, um etwa 100 Menschen zu töten. Das Gift besteht hauptsächlich aus zwei Proteinen, dem α- und β-Neurotoxin. Das α-Neurotoxin wirkt postsynaptisch durch Blockade des Rezeptors für Acetylcholin an neuromuskulären Synapsen, während das β-Neurotoxin präsynaptisch die Wiederherstellung der Transmittervesikel verhindert. Einige Zeit nach dem Biss kommt es zum tödlichen Atemstillstand.

Abb. 1: Inland-Taipan
Foto: XLerate; http://commons.wikimedia.org/wiki/File:
Fierce_Snake-Oxyuranus_microlepidotus.jpg
lizenziert unter CC BY-SA 3.0 Unported

1.1 Stellen Sie anhand einer beschrifteten Skizze (Größe mindestens ½ Seite) die wesentlichen Schritte der Erregungsübertragung an einer Synapse dar.   3

1.2 Erläutern Sie, wie α- und β-Neurotoxin jeweils den Atemstillstand bewirken.   3

Der Tod nach einem Taipan-Biss kann nur durch schnelles Verabreichen eines sogenannten Antiserums verhindert werden, das Antikörper gegen Taipan-Toxine enthält. Um dieses zu gewinnen, werden beispielsweise einem Pferd kleinste Dosierungen des Schlangengiftes verabreicht. Anschließend werden die Antikörper aus dem Blut des Pferdes gewonnen.

2   Beschreiben Sie die hierbei im Pferd ablaufenden immunbiologischen Vorgänge.   3

Neben dem Inland-Taipan gibt es in Australien zwei weitere Taipan-Arten, den Küsten-Taipan *(Oxyuranus scutellatus)* und die erst 2007 entdeckte Art *Oxyuranus temporalis*. Alle drei extrem giftigen Schlangenarten haben sich im Laufe der Evolution aus einer weniger giftigen Stammart entwickelt.
Evolutive Veränderungen wurden in den letzten 200 Jahren unterschiedlich erklärt. Ein erster Erklärungsansatz für die Veränderlichkeit der Arten stammte von JEAN-BAPTISTE LAMARCK. Er hätte die Veränderung der Giftigkeit der *Oxyuranus*-Schlangen beispielsweise wie folgt formuliert:

„Durch zunehmende Jagd verblieben im Lebensraum der Schlangen vorwiegend wehrhafte Beutetiere. Die Schlangen versuchten auch diese zu erbeuten, ohne dabei selbst verletzt zu werden. Durch häufigen Gebrauch ihres Giftapparates entwickelten sie die Fähigkeit, immer mehr und stärkeres Gift zu produzieren, das die Beutetiere schnell und effektiv tötete. Diese Fähigkeit vererbten sie an ihre Nachkommen."

3   Stellen Sie dar, was man LAMARCK aus heutiger evolutionsbiologischer Sicht entgegenhalten würde und erläutern Sie die Veränderung der Giftigkeit der *Oxyuranus*-Schlangen aus heutiger evolutionsbiologischer Sicht.   4

Die drei heute lebenden *Oxyuranus*-Arten müssen durch zwei aufeinanderfolgende Artaufspaltungen aus einer gemeinsamen Stammart entstanden sein. Dafür gibt es drei mögliche Verwandtschaftshypothesen (Abbildung 2). Um zwischen diesen Hypothesen zu entscheiden, werden ausgewählte homologe DNA-Sequenzen der drei Arten verglichen. Außerdem liegen entsprechende DNA-Sequenzen anderer Schlangenarten vor. Ein kleiner Ausschnitt von 15 Basen ist in Abbildung 3 angegeben.

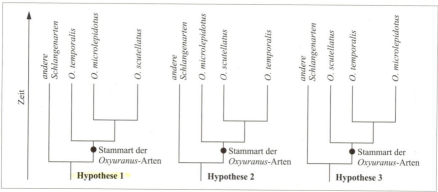

Abb. 2: Mögliche Hypothesen zur Verwandtschaft der drei *Oxyuranus*-Arten

Art	Basensequenzen														
	1	2	3	4	5	6	7	8	9	10	11	12	13	14	15
andere Schlangenarten	C	A	T	T	C	G	T	T	T	A	T	C	C	C	A
Oxyuranus scutellatus (Küsten-Taipan)	T	A	T	C	C	G	C	C	T	A	T	C	T	C	A
Oxyuranus temporalis	T	A	T	C	C	G	C	C	T	A	T	C	C	C	A
Oxyuranus microlepidotus (Inland-Taipan)	T	A	T	C	C	G	C	C	T	A	T	C	T	C	A

Abb. 3: Homologe Basensequenzen bei verschiedenen Schlangenarten

4 Vergleichen Sie die DNA-Sequenzen der drei *Oxyuranus*-Arten mit denen anderer Schlangen.
Begründen Sie anhand der Basensequenzen (Abbildung 3), warum Hypothese 1 zu bevorzugen ist und die Hypothesen 2 und 3 eher auszuschließen sind.   3

5 Beschreiben Sie ein molekular- oder immunbiologisches Verfahren zur Klärung von Verwandtschaftsverhältnissen. Erläutern Sie die zu erwartenden experimentellen Ergebnisse für die drei *Oxyuranus*-Arten nach Hypothese 1.   4
                                                                                                                                                                    ——
                                                                                                                                                                    20

Lösungen

1.1 *Je nach Fragestellung muss man zwei Typen von Skizzen unterscheiden: Anatomische Skizzen nach dem elektronenmikroskopischen Bild (z. B. von einer Bakterienzelle) oder Funktionsskizzen, die zusätzlich durch Symbole (z. B. Rezeptoren) und Pfeile den Ablauf eines Vorgangs (z. B. des Kniesehnenreflexes) Schritt für Schritt verdeutlichen sollen. Ihre Skizze kann in vielen Details von der hier angebotenen Darstellung abweichen, aber der molekulare Ablauf der Erregungsübertragung muss erkennbar sein (siehe auch S. 2010-3 und 2013-13). Im Idealfall ist keine zusätzliche Erklärung notwendig. Hilfreich für eine möglichst kurze Darstellung ist die Strukturierung durch Nummerierung.*

Schematische Skizze der Erregungsübertragung:

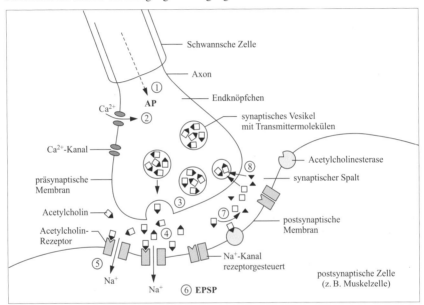

1.2 **Erläuterung** der Toxinwirkung:

α-Neurotoxin: Die Blockade der Acetylcholin-Rezeptoren verhindert die Bindung der Transmittermoleküle, sodass die rezeptorgesteuerten Na^+-Kanäle (in der postsynaptischen Membran) nicht geöffnet werden können. Infolgedessen strömen auch keine Na^+-Ionen (in die Muskelzelle) ein und die postsynaptische Membran kann nicht depolarisiert werden. Es entsteht kein (überschwelliges) postsynaptisches Potenzial (= PSP) bzw. erregendes postsynaptisches Potential (= EPSP), sodass die Muskelzelle unerregt bleibt und nicht kontrahiert. Es kommt daher zur Lähmung der Atemmuskeln und zum Tod durch Atemstillstand.

Alternativantwort: Da im Vortext nur von einer „Blockade der Rezeptoren" und nicht von einer „Blockade der Na^+-Kanäle" die Rede ist, könnte die Bindung der α-Neurotoxin-Moleküle an die Rezeptoren auch eine dauerhafte Öffnung der Na^+-Kanäle bewirken. Die daraus resultierende Dauererregung könnte zu einem anhaltenden Krampf der Atemmuskeln führen, sodass es zum Atemstillstand durch Erschöpfungslähmung kommt.

β-Neurotoxin: Die Spaltprodukte des Acetylcholin müssen nach ihrer Aufnahme und Resynthese im Endknöpfchen wieder in Vesikeln gespeichert werden. Erst dann steht der Transmitter für eine erneute Erregungsübertragung zur Verfügung. Ist die Vesikelzahl verringert, sinkt auch die Transmitterkonzentration im synaptischen Spalt und ein entstehendes EPSP reicht nicht aus, um die Muskelzelle zu erregen und zu kontrahieren. Die Lähmung der Atemmuskeln und der Tod durch Atemstillstand sind die Folge.

2   Im Pferd läuft eine aktive Immunantwort ab, die mit der Bildung Toxin-spezifischer Antikörper endet. Die Vorgänge entsprechen einer humoralen Immunantwort.

Beschreibung der humoralen Immunantwort:
A **Erkennungsphase:** Die injizierten Toxin-Moleküle werden von Makrophagen phagozytiert, in Bruchstücke zerlegt und mithilfe spezieller Membranproteine (= MHC II) auf der Membranoberfläche präsentiert. Spezifische T-Helferzellen werden durch den Zellkontakt mit den präsentierten Antigenen (und durch Signalstoffe der Makrophagen) aktiviert. B-Lymphozyten (B-Zellen) mit passenden Rezeptoren binden die Taipan-Toxine, phagozytieren sie, und präsentieren Fragmente auf ihrer Membranoberfläche. Diese B-Zellen nehmen ebenfalls Zellkontakt mit den zuvor aktivierten T-Helferzellen auf.
B **Differenzierungsphase:** Die T-Helferzellen schütten aufgrund des doppelten Antigenkontaktes Signalstoffe (Zytokine) aus, die diese B-Zellen zur Vermehrung und Differenzierung in Plasmazellen und B-Gedächtniszellen anregen.
C **Wirkungsphase:** Die Plasmazellen produzieren spezifische Antikörper gegen Taipan-Toxine und schütten diese in das Blut des Pferdes aus (Verklumpung der Taipan-Toxine = Antigen-Antikörper-Reaktion).

3   **Darstellung** der Gegenargumente:
– Der häufige Gebrauch des Giftapparats hat keine Auswirkung auf die Giftigkeit der Toxine. Es ist kein Einfluss der Gewohnheit auf die Gift-Gene nachweisbar, eine aktive Anpassung ist nicht möglich.
– Die Vererbung von erworbenen Eigenschaften bzw. Fähigkeiten findet nicht statt.

Epigenetische Forschungsergebnisse sind hier (noch) nicht berücksichtigt.

Erläuterung der Zunahme der Giftigkeit aus Sicht der Synthetischen Evolutionstheorie:
Durch Mutationen im Toxin-Gen kommt es im Genpool einer Schlangen-Population zu einer genetischen Variabilität der Giftigkeit. Durch Rekombination (Neukombination von Erbgut durch Meiose und Befruchtung) werden ständig Individuen mit unterschiedlich wirksamen Giften erzeugt. Individuen mit stärker wirkenden Giften besitzen bei Beutemangel einen Selektionsvorteil, da sie gebissene und flüchtende Beutetiere mit größerer Wahrscheinlichkeit wiederfinden. Durch ihre höhere Jagdausbeute steigen auch ihre Fitness und ihr Fortpflanzungserfolg. Dadurch werden sie mit jeder Generation den Anteil ihrer Gene im Genpool erhöhen und damit auch den Anteil an giftigeren Schlangen in der Population (transformierende Selektion).

4   **Vergleich** der Basensequenzen:
Küsten-Taipan und Inland-Taipan haben identische Basensequenzen. Von diesen Arten unterscheidet sich *O. temporalis* nur in einer Base (Base 13: C statt T), während sich die anderen Schlangenarten in 4 bzw. 5 Basen von der Gattung *Oxyuranus* unterscheiden.
Alternativantwort: Alle drei *Oxyuranus*-Arten unterscheiden sich an mindestens vier Positionen von den anderen Schlangenarten: Base 1 (T statt C), Base 4 (C statt T), Base 7 (C statt T), Base 8 (C statt T). Küsten-Taipan und Inland-Taipan unterscheiden sich zusätzlich an Position 13 (T statt C) von den anderen Schlangenarten.

Begründung für Hypothese 1:
Je größer die genetische Ähnlichkeit, desto näher ist die Verwandtschaft und desto später erfolgte die Artaufspaltung durch Mutationen. *O. scutellatus* und *O. microlepidotus* sind sich nach Abb. 3 genetisch am ähnlichsten. Nur der Stammbaum der Hypothese 1 bestätigt die engste Verwandtschaft bzw. die späteste Artaufspaltung dieser beiden Arten. Die Hypothesen 2 und 3 widersprechen der genetischen Ähnlichkeit von *O. scutellatus* und *O. microlepidotus*.

Vertiefte Argumentation: Eine Neumutation, die nach der Aufspaltung eines Genpools in zwei Arten aufgetreten ist, kann zwischen den Genpools nicht mehr durch Rekombination ausgetauscht werden und ist deshalb nach der Artaufspaltung nur in einer Art nachweisbar. Vor diesem Hintergrund ist der Stammbaum in Hypothese 1 am wahrscheinlichsten: *O. temporalis* hatte sich (aus unbekannten Gründen) schon von der Stammart der *Oxyuranus*-Arten abgespalten, bevor beim Vorfahren von *O. scutellatus* und *O. microlepidotus* die Mutation an Position 13 (T statt C) auftrat. Ein einziger Mutationsschritt wäre die wahrscheinlichste Ursache dafür, dass sich *O. scutellatus* und *O. microlepidotus* an Position 13 von *O. temporalis* unterscheiden.

Dieser Erklärung liegt das Prinzip der Ursachendeutung mit möglichst wenigen zusätzlichen Hypothesen zugrunde (Einfachheitsprinzip).

Hypothese 2 und 3 machen das Ergebnis von Abb. 3 nur durch mehrere Mutationsschritte erklärbar und sind deshalb weniger wahrscheinlich. Träfe Hypothese 2 zu, wäre bereits bei der Stammart für alle *Oxyuranus*-Arten die Mutation an Position 13 (C→T) erfolgt. Nach der Abspaltung von *O. microlepidotus* (aus unbekannten Gründen) wäre es dann beim gemeinsamen Ahnen von *O. scutellatus* und *O. temporalis* wieder zu einer Aufspaltung gekommen, wobei es nach der Abspaltung nur bei *O. temporalis* zu einer (Rück)-Mutation (T→C) gekommen sein müsste.

Hypothesen 1–3 mit möglichen Mutationsschritten, die den Befund an Position 13 erklären würden:

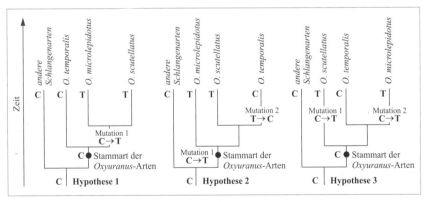

5 *Infrage kommen folgende molekularbiologischen Methoden: Serumpräzipitin-Test, DNA-Hybridisierungstest oder die Aminosäuresequenzanalyse wichtiger Proteine.*

Angenommene Fragestellung: Ist der Inland-Taipan näher mit *O. scutellatus* oder näher mit *O. temporalis* verwandt?

Beschreibung des Serumpräzipitin-Tests:
– *O. microlepidotus* wird Blut zur Isolierung des Blutserums entnommen.
– Einem möglichst weit entfernt verwandten Testtier (z. B. Kaninchen) wird dieses Serum injiziert, sodass eine aktive Immunantwort gegen die fremden Blutproteine erfolgt.
– Dem Testtier wird nach einigen Wochen Blut zur Gewinnung des Testserums entnommen. Es enthält spezifische Antikörper gegen Bluteiweiße von *O. microlepidotus*.
– 100 %-Eichung: Das Testserum wird mit dem Blutserum des Inland-Taipans vermischt, um den beobachteten maximalen Verklumpungsgrad als 100 %-Marke festzulegen.
– Das Testserum wird mit den Blutseren der Tiere vermischt, deren Verwandtschaftsgrad gemessen werden soll, in diesem Fall mit *O. scutellatus*-Serum und *O. temporalis*-Serum. Je stärker die Verklumpung (= Präzipitation), desto größer ist die Ähnlichkeit der Serumproteine mit denen des Inland-Taipans.

Erläuterung des zu erwartenden Ergebnisses gemäß Hypothese 1:
Der Grad der Verklumpung (Präzipitation) des Testserums (= Antikörper) mit Blutserum von *O. scutellatus* (= Antigen) müsste stärker sein als bei *O. temporalis*. Die nähere Verwandtschaft bedeutet, dass eine größere genetische Ähnlichkeit vorliegt. Dies gilt auch für die Gene, die Serumproteine codieren. Haben *O. microlepidotus* und *O. scutellatus* die ähnlichsten Proteine (= Antigene) im Blutserum, kommt es bei *O. scutellatus*-Serum zur stärksten Verklumpung mit den spezifischen Antikörpern im Testserum.

Profil-/Neigungsfach Biologie (Baden-Württemberg): Abituraufgaben 2014
Aufgabe II: Genregulation, Enzymatik, Membrantransport

BE

Der Bedarf an proteinreichen Nahrungsmitteln wächst mit den steigenden Ernährungsansprüchen einer stetig wachsenden Weltbevölkerung. Bei den in der Tiermast verwendeten pflanzlichen Futtermitteln sind einige der für Tiere essenziellen Aminosäuren in nur geringen Mengen enthalten. Durch Anreicherung des Futters mit essenziellen Aminosäuren kann die Wertigkeit der Nahrung für die Tiermast deutlich gesteigert werden.

Heute werden zum Beispiel mithilfe des Bakteriums *Corynebacterium glutamicum* jährlich über 600 000 Tonnen der essenziellen Aminosäure Lysin produziert.

1 Geben Sie eine Bedeutung von Aminosäuren für den Organismus an. Erklären Sie in diesem Zusammenhang den Begriff „essenziell". 2

Die Lysin-Synthese in *C. glutamicum* geht von Asparaginsäure aus, die in einem ersten Schritt von einem Enzym E1 umgesetzt wird. Abbildung 1 zeigt einen Ausschnitt aus der Basensequenz des codogenen Strangs für das Gen von Enzym 1. Abbildung 2 zeigt den weiteren Syntheseweg für die Aminosäure Lysin. Abbildung 3 zeigt, wie diese Synthese reguliert wird.

3' ... C G G G A C C A G C A T G T C ... 5'

Abb. 1: Ausschnitt aus dem codogenen Strang für das Gen von E1

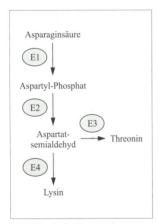

Abb. 2: Lysin-Syntheseweg in *C. glutamicum* (vereinfacht)

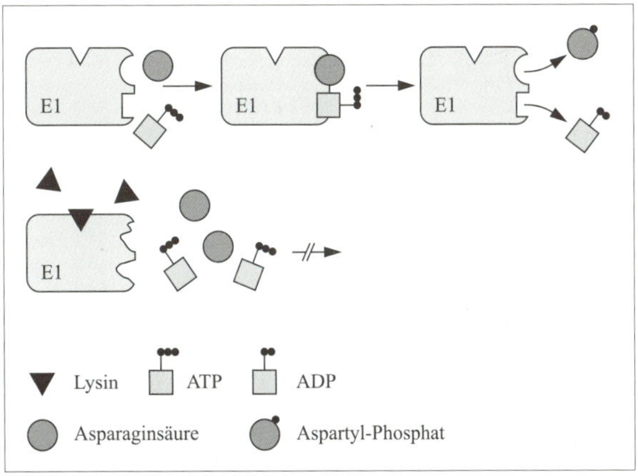

Abb. 3: Regulation der Lysin-Synthese (vereinfacht)

2.1 Ermitteln Sie mithilfe der Codesonne (siehe Anhang) die der Basensequenz zugehörige Aminosäuresequenz von E1.
Erklären Sie am Beispiel der Lysin-Synthese (Abbildung 2) den Begriff Genwirkkette. 3

2.2 Erklären Sie unter Zuhilfenahme der Abbildungen 2 und 3, wie die Produktion von Lysin in *C. glutamicum* auf Enzymebene reguliert wird. 3

Man kennt Mutanten von *C. glutamicum*, die eine verstärkte Lysin-Produktion aufweisen. Die Mutationen betreffen die Gene für die Enzyme E1 und E3.

3 Erläutern Sie jeweils eine Möglichkeit, wie durch Veränderungen an den Enzymen E1 und E3 die Lysin-Produktion gesteigert werden kann.
Geben Sie eine mögliche Erklärung für die Beobachtung, dass bestimmte Mutationen im Gen für E1 oder im Gen für E3 zu keiner Änderung der Lysin-Syntheserate führen. 3

Die Lysin-Produktion kann auch auf Genebene geregelt werden. Hierbei wirkt eine hohe Lysin-Konzentration hemmend auf die Genexpression.

4.1 Erklären Sie anhand einer beschrifteten Skizze ein Modell für die Genregulation der Lysin-Synthese. Berücksichtigen Sie hierbei nur das für das Enzym E4 codierende Gen. 3

4.2 Erläutern Sie je einen Vorteil der Regulation auf Enzym- bzw. auf Genebene für das Bakterium. 2

Das von *C. glutamicum* produzierte Lysin kann isoliert werden, nachdem es über die Zellmembran ins Kulturmedium abgegeben wurde. Um diese Abgabe von Lysin zu untersuchen, hat man neun verschiedene Stämme (Stamm A bis I) von *C. glutamicum* verglichen. Diese Stämme unterscheiden sich ausschließlich in ihrer intrazellulären Lysin-Konzentration. Abbildung 4 zeigt Messergebnisse des Lysin-Transports durch die Zellmembran für die verschiedenen Stämme von *C. glutamicum*.

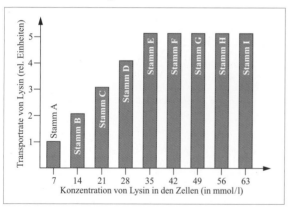

Abb. 4: Transportrate (transportierte Lysin-Menge pro Zeiteinheit) durch die Zellmembran bei den Stämmen A bis I

5 Beschreiben Sie die Ergebnisse (Abbildung 4) und interpretieren Sie diese hinsichtlich eines möglichen Transportmechanismus.
Bei anderen Stämmen von *C. glutamicum* beobachtet man höhere Geschwindigkeiten der Lysin-Abgabe unter gleichen Kulturbedingungen. Erläutern Sie zwei mögliche Ursachen. 4

20

Lösungen

1. **Benennung einer** Bedeutung der Aminosäuren für den Organismus:
   - Bausteine der Proteine (Peptide, Enzyme)
   - Ausgangsstoffe für Hormone (z. B. Thyroxin, Adrenalin)
   - Ausgangsstoffe für Neurotransmitter (z. B. Glutamat, Dopamin)
   - Bestandteil des Elektrolyt-Haushaltes (z. B. A^--Ionen im Axon)

   Begriffserklärung:
   Essenzielle (= lebensnotwendige) Aminosäuren müssen mit der Nahrung aufgenommen werden, da der Organismus sie nicht selbst herstellen kann.

2.1 **Ermittlung** der Aminosäuresequenz:

DNA (codogener Strang)	3' ... CGG GAC CAG CAT GTC ... 5'
mRNA	5' ... GCC CUG GUC GUA CAG ... 3'
Aminosäuresequenz	... Ala – Leu – Val – Val – Gln ...

Erklärung des Begriffs Genwirkkette am Beispiel der Lysin-Synthese:
Die Synthese von Lysin erfolgt in drei aufeinanderfolgenden und voneinander abhängigen Reaktionsschritten, die jeweils durch ein spezifisches Enzym (E1, E2 und E4) katalysiert werden. Jedes dieser Enzyme wird von einem eigenen Gen (G1, G2 und G4) codiert *(siehe auch Schema S. 2012-17)*.

Schema der Lysin-Genwirkkette inkl. Hemmung (siehe Abb. 3):

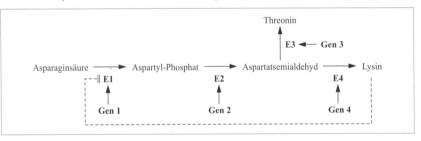

2.2 **Erklärung** der Enzymregulation:
Das Enzym E1 wird durch das Endprodukt Lysin allosterisch gehemmt (= Endprodukthemmung). Wenn durch die Genwirkkette genügend Lysin produziert wurde, „schaltet sich die Synthesekette selbst ab", da Lysin das Enzym des ersten Reaktionsschrittes (E1) hemmt. Umgekehrt wird bei Lysin-Mangel die Synthesekette wieder gestartet, da der „Hemmstoff" Lysin fehlt. Der Hemmungsmechanismus der Enzymaktivität von E1 läuft folgendermaßen ab: Lysin bindet an ein allosterisches Zentrum von E1 und verändert dadurch die Raumstruktur des Proteins so stark, dass das aktive Zentrum von E1 sein Substrat (Asparaginsäure) und ATP nicht mehr binden kann. Asparaginsäure kann daraufhin nicht mehr oder nur verlangsamt in Aspartyl-Phosphat umgesetzt werden, und E2 und E4 können aufgrund Substratmangels nicht mehr arbeiten. Lysin wird nicht oder nur noch in geringen Mengen gebildet.

3 **Erläuterung** der Möglichkeiten zur Produktionssteigerung:
- E1: Eine Mutation bewirkt eine Veränderung der Tertiärstruktur, sodass Lysin nicht mehr in das allosterische Zentrum passt. E1 kann daher nicht mehr gehemmt werden und die Lysin-Produktion wird verstärkt.
Oder: Eine Mutation bewirkt eine Veränderung der Tertiärstruktur, die zu einer Optimierung des aktiven Zentrums führt. Asparaginsäure kann schneller umgesetzt werden, die Lysin-Produktion wird gesteigert.
Oder: Wenn unter „Veränderungen an den Enzymen" auch die Enzymkonzentration verstanden wird, könnte eine Mutation im Gen für E1 auch dessen Expressionsrate erhöhen und somit über eine Erhöhung der E1-Konzentration die Lysin-Syntheserate steigern.
- E3: Durch eine Mutation wird die Aktivität von E3 gehemmt und dadurch die konkurrierende Reaktion zu Threonin blockiert. Die Konzentration von Aspartatsemialdehyd und damit die Substratkonzentration für E4 steigt, sodass Lysin verstärkt produziert wird.

Erklärung der Mutationen in G1 oder G3 ohne Einfluss auf die Lysin-Syntheserate:
- Die Mutation in G1 ändert zwar die Basensequenz des Gens, aber wegen der Degeneration des genetischen Codes wird die gleiche Aminosäure codiert (stumme Mutation).
- Die Mutation in G1 bewirkt zwar einen Aminosäuretausch, aber es erfolgt keine Änderung der Raumstruktur des Enzyms, da die neue Aminosäure eine ähnliche Stabilisierung der Tertiärstruktur bewirkt (z. B. gleiche Polarität, H-Brücken).
- Die Mutation bewirkt zwar einen Aminosäuretausch/-verlust und dies führt auch zu einer Änderung der Raumstruktur, aber das aktive bzw. allosterische Zentrum des Enzyms bleibt unverändert, und das Enzym trotz geänderter Raumstruktur intakt.
- Eine Mutation in E3 hemmt zwar die Threonin-Synthese, aber die erwartete erhöhte Lysin-Syntheserate bleibt wegen der verstärkten Endprodukthemmung aus.

4.1 **Skizze** mit **Erklärung** des Operon-Modells (nach JACOB-MONOD) am Beispiel der Genregulation der Lysin-Synthese:

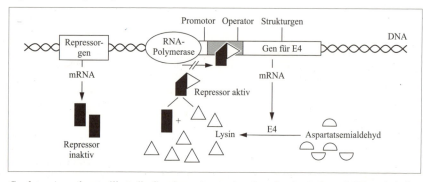

C. glutamicum kontrolliert die Synthese der Aminosäure Lysin, indem die Transkription des Gens 4 kontrolliert wird, das für das Enzym E4 codiert. Dies geschieht mithilfe eines „Gen-Schalters", der als Operator bezeichnet wird. Dieser spezielle Abschnitt auf der DNA kontrolliert den Zugang der RNA-Polymerase zum Strukturgen. Zusammen mit dem Promotor, der als Startregion für die Bindung der RNA-Polymerase dient, bildet der ganze DNA-Abschnitt ein sogenanntes Operon.

Bei der Endproduktrepression stellt ein Regulatorgen einen inaktiven Repressor her, der allosterisch durch das Endprodukt der Stoffwechselkette (Lysin) aktiviert wird:
- Ist die Lysin-Konzentration in der Bakterienzelle gering, findet die Bindung von Lysin an den vom Repressorgen hergestellten Repressor nicht statt und der Repressor bleibt inaktiv. Der Operator liegt frei, und die RNA-Polymerase kann zum Strukturgen gelangen und das Gen transkribieren. Das im Laufe der Proteinbiosynthese hergestellte Enzym 4 kann die Synthese von Lysin katalysieren, sodass dessen Konzentration ansteigt.
- Ist die Lysin-Konzentration in der Bakterienzelle hoch, bindet das gebildete Lysin an den Repressor und verändert dessen Struktur (allosterisch), sodass der Repressor aktiviert wird und spezifisch an den Operator bindet. Die RNA-Polymerase gelangt aufgrund dieser Bindung nicht zum Strukturgen für E4 und kann die DNA nicht in mRNA transkribieren. Da die Genexpression von E4 auf diese Weise gehemmt wird, kann E4 nicht hergestellt und die Synthese von Lysin aus Aspartatsemialdehyd nicht katalysiert werden. Damit sinkt die Lysin-Konzentration.

4.2 **Erläuterung** je eines Vorteils:
- Genregulation: Die Regelung eines Stoffwechselweges über die Genaktivität (der Enzyme) bedeutet eine Einsparung von Ressourcen und Energie, da die jeweiligen Enzyme nur hergestellt werden, wenn sie auch notwendig sind. Für eine Regelung auf Enzymebene müssen hingegen alle Stoffwechselenzyme ständig unter großem Energieaufwand (für Transkription und Translation) produziert und bereitgehalten werden, unabhängig davon, ob sie auch benötigt werden.
- Vorteil der Enzymregulation: Die Regulation auf Enzymebene ermöglicht eine schnelle Reaktion auf sich ändernde (Umwelt-)Bedingungen. Da die Enzyme bereits vorliegen, muss nur ihre Aktivität geregelt werden. Notwendige Korrekturen der Produktkonzentration (z. B. von Lysin) oder notwendige Richtungsänderungen des Synthesewegs (z. B. bei erhöhtem Bedarf an Threonin) können auf diese Weise schnell umgesetzt werden.

5 **Beschreibung** der Ergebnisse:
Das Balkendiagramm gibt die nach einer bestimmten Zeit ins Außenmedium abgegebene/transportierte Menge Lysin in Abhängigkeit von der intrazellulären Lysin-Konzentration an (Transportrate = Konzentrationsänderung pro Zeit). Von Stamm A bis Stamm I nimmt die intrazelluläre Lysin-Konzentration jeweils um 7 mmol/l zu. Von Stamm A bis Stamm E nimmt die Transportrate ebenfalls linear zu, d. h., eine Verdoppelung der intrazellulären Lysin-Konzentration bewirkt auch eine Verdoppelung der Transportrate. Von Stamm F bis I bleibt die Transportrate jedoch konstant bei fünf relativen Einheiten, trotz weiterer Zunahme der intrazellulären Lysin-Konzentration um jeweils 7 mmol/l.

Interpretation hinsichtlich des Transportmechanismus:
Unter der Annahme, dass die extrazelluläre Lysin-Konzentration (im Kulturmedium) geringer ist als in der Zelle, ist dieses Ergebnis ein deutlicher Hinweis auf einen passiven Transport entlang eines Konzentrationsgefälles. Der lineare Zusammenhang zwischen Konzentrationsunterschied und Transportrate lässt sich mit kanalvermittelter oder mit Carrier-vermittelter Diffusion erklären.
- Kanalvermittelte Diffusion: In der Zellmembran befindet sich eine bestimmte Zahl von Tunnelproteinen („Lysin-Kanäle"), die für Lysin-Moleküle durchlässig sind. In den Bakterienzellen liegt Lysin je nach Stamm in einer bestimmten Konzentration vor. Daher treffen aufgrund der statistischen Molekülbewegungen pro Zeiteinheit eine bestimmte Zahl von Lysin-Molekülen auf die Membranporen und gelangen so in das Kulturmedium. Je höher die Lysin-Konzentration, desto mehr Teilchen treffen pro Zeiteinheit auf die Kanäle und die Transportrate steigt proportional an (Stämme B bis

E). Bei sehr hoher Lysin-Konzentration (ab Stamm F) kann die Transportrate (bei gleicher Temperatur) nicht mehr gesteigert werden, da die limitierte Zahl der Lysin-Kanäle bei voller Auslastung nicht mehr Moleküle pro Zeiteinheit passieren lassen kann.
– Carrier-vermittelte Diffusion: Die Carrier-Moleküle binden die Lysin-Moleküle und schleusen ihr „Substrat" durch Änderung der Molekülstruktur durch die Membran. Im geringen Konzentrationsbereich steigt die Transportrate ebenfalls proportional (meist sogar überproportional) an, bis alle Carrier-Moleküle mit maximaler Auslastung arbeiten. Eine weitere Steigerung der Lysin-Konzentration kann dann die Transportrate nicht mehr erhöhen, da Sättigung eintritt.

Auch aktiver Transport ist nicht ganz auszuschließen. In diesem Fall wäre die Sättigung bei höherer intrazellulärer Lysin-Konzentration durch Sättigung der beteiligten Transportenzyme bzw. durch ATP-Limitierung zu erklären. Allerdings ist dieser Mechanismus aufgrund des entgegengesetzten Konzentrationsgefälles eher unwahrscheinlich.
Die freie Diffusion der Lysin-Moleküle durch die Membran (ohne Vermittlung durch Membranproteine) ist nicht möglich, da Lysin-Moleküle zu den polaren Aminosäuren gehören. Überdies ließe sich die Stagnation bei hoher Konzentration nicht erklären.

Erläuterung möglicher Ursachen für eine erhöhte Transportrate:
– Kanalvermittelte Diffusion: Die Anzahl der Tunnelmoleküle in der Membran ist erhöht oder eine optimalere Struktur der Tunnelproteine bewirkt einen schnelleren Transport.
– Carrier-vermittelte Diffusion: Die Anzahl der Carrier-Moleküle in der Membran ist erhöht oder eine Strukturänderung der Carrier-Proteine bewirkt einen schnelleren Transport.

Profil-/Neigungsfach Biologie (Baden-Württemberg): Abituraufgaben 2014
Aufgabe III: Molekulargenetik, Genregulation, Gentechnik

BE

Erythrozyten (rote Blutzellen) transportieren Sauerstoff. Einen Mangel an Erythrozyten bezeichnet man als Anämie. Typische Symptome einer Anämie sind erhöhte Herzfrequenz, leichte Ermüdbarkeit, Atemnot besonders bei körperlicher Belastung und häufig auch Kopfschmerzen. Anämie kann erworben (z. B. bei Blutverlust, Hormonstörungen, Nierenerkrankungen) oder angeboren sein.

Das körpereigene Hormon Erythropoetin (EPO) regt in Stammzellen des Knochenmarks die Bildung von Erythrozyten an.

Das EPO-Gen wurde auf dem 7. Chromosom lokalisiert und codiert für ein Protein, welches aus 165 Aminosäuren besteht.

1 Fertigen Sie eine beschriftete Schemazeichnung vom Aufbau eines DNA-Abschnitts an (Größe etwa eine ½ Seite).
  Nennen Sie drei Anforderungen, die ein Molekül erfüllen muss, damit es als Erbsubstanz infrage kommt und begründen Sie kurz, wie die DNA diese Anforderungen erfüllt. 5

Das EPO-Gen wird in Nierenzellen exprimiert. Abbildung 1 zeigt vereinfacht, wie die Expression des EPO-Gens reguliert wird.

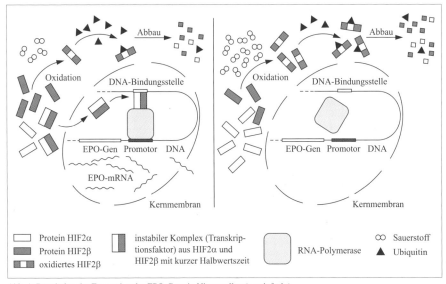

Abb. 1: Regulation der Expression des EPO-Gens in Nierenzellen (vereinfacht)

2 Erklären Sie mithilfe der Abbildung 1 den Regulationsmechanismus der Expression des EPO-Gens in Nierenzellen. 3

Eine leichte Anämie entsteht auch nach einer Blutspende. Innerhalb kurzer Zeit gleicht der Organismus den Verlust der roten Blutzellen wieder aus.

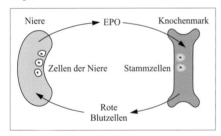

Abb. 2: Regulation der Anzahl der roten Blutzellen im Organismus

3 Erläutern Sie mithilfe der Abbildungen 1 und 2, wie die Anzahl der roten Blutzellen im Organismus nach einer Blutspende wieder auf den Normalwert reguliert wird.   3

Eine erbliche Form der Anämie beruht auf einem defekten EPO-Gen.
Eine Behandlungsmöglichkeit dieser Form der Anämie besteht in der Verabreichung gentechnisch hergestellten EPOs.

4 Nennen Sie die wesentlichen Schritte der gentechnischen Herstellung von EPO. Erläutern Sie ein mögliches Verfahren für die Selektion erfolgreich transformierter Zellen.   4

Ein anderer Therapieansatz könnte darauf beruhen, intakte EPO-Gene durch Gentherapie mithilfe von modifizierten Viren in Zellen einzuschleusen.

5 Nennen Sie einen Vorteil einer solchen Gentherapie im Vergleich zur Therapie, bei der EPO gespritzt wird. Beschreiben Sie ein Risiko der Gentherapie mithilfe von Viren.   2

„Repoxygen™" war das erste Arzneimittel, mit dem es im Tierversuch gelungen ist, das gentechnisch hergestellte EPO-Gen über Virenvektoren in Zellen einzubringen. Um den erfolgreichen Einbau des EPO-Gens zu überprüfen, entnimmt man diesen Zellen DNA und untersucht diese mithilfe von PCR und Gelelektrophorese. Dieser Nachweis nutzt die Tatsache, dass die genomische DNA zwischen den codierenden Bereichen (Exons) nicht codierende Bereiche (Introns) aufweist, welche nach der Transkription herausgeschnitten werden. Die von den Viren übertragene transgene DNA beinhaltet hingegen nur die Exons (Abbildung 3).

Abb. 3: Aufbau genomischer und transgener EPO-Gene

Die Nukleotidsequenzen beider Gene sind bekannt, sodass verschiedene Primer für diesen Nachweis hergestellt werden können.

6 Erläutern Sie zwei Möglichkeiten, wie mithilfe jeweils geeigneter Primer eindeutig nachgewiesen werden kann, ob das EPO-Gen eingebaut wurde.   3
                                                                                 20

Lösungen

1 *Die Symbolik in der Skizze muss nicht an die chemischen Strukturen angelehnt sein.*
Skizze der DNA:

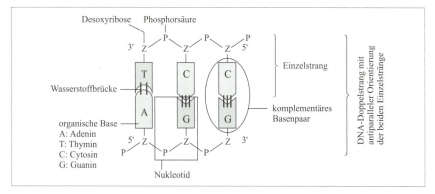

Nennung notwendiger Eigenschaften der Erbsubstanz *(drei sind gefordert)* und **Begründung**:
– Die Erbsubstanz muss die genetische Information speichern können (Informationsträger). Dazu dient die im genetischen Code verschlüsselte DNA-Basenabfolge.
– Die Erbsubstanz muss sich identisch replizieren (reproduzieren) können. Der Doppelstrang der DNA besteht aus komplementären Einzelsträngen und kann sich nach dem semikonservativen Mechanismus replizieren.
– Die Erbsubstanz muss den Zellstoffwechsel steuern können bzw. genetische Information in Merkmale umsetzen können. Dies wird durch die Transkription der DNA und die anschließende Translation der mRNA (Proteinbiosynthese) realisiert.
– Die Erbsubstanz muss die Fähigkeit zur Mutation (Fähigkeit zur Veränderbarkeit) haben. Die Basenabfolge in der DNA kann durch verschiedene Einflüsse verändert werden.
– Die Erbsubstanz muss eine hohe chemische Stabilität besitzen. Die DNA-Doppelhelix ist durch Wasserstoffbrückenbindungen stabilisiert.
– Die Erbsubstanz muss reparierbar sein. Durch die Komplementarität der Basenpaare im DNA-Doppelstrang liegt eine Matrize für Reparaturenzyme vor.

2 Erklärung der Regulation des EPO-Gens:
– Sauerstoffmangel (niedrige O_2-Konzentration in der Niere): Im Zellplasma wird das Protein HIF2β nur langsam oxidiert und mithilfe von Ubiquitin abgebaut. Dadurch steigt die Konzentration an HIF2β an. Es kommt vermehrt zur Bildung eines instabilen Komplexes von HIF2β mit dem Protein HIF2α. Dieser als Transkriptionsfaktor wirkende Komplex wandert in den Zellkern und bindet dort an eine bestimmte Stelle auf der DNA. Die RNA-Polymerase kann dann, indem sie an den Transkriptionsfaktor bindet, am Promotor andocken und mit der Transkription des EPO-Gens in EPO-mRNA beginnen. Dies hat die Bildung des Proteins Eythropoetin zur Folge.
– Sauerstoffüberschuss (hohe O_2-Konzentration in der Niere): Im Zellplasma wird das Protein HIF2β schnell oxidiert und mithilfe von Ubiquitin abgebaut, sodass die Konzentration an HIF2β sinkt und damit auch die Konzentration des Transkriptionsfaktors. Aufgrund der kurzen Halbwertszeit des Transkriptionsfaktors und des mangelnden

Nachschubs aus dem Zellplasma kann die RNA-Polymerase nicht mehr am Promotor andocken. Die Transkription in EPO-mRNA wird gehemmt und das EPO-Gen „abgeschaltet". Bei guter Sauerstoffversorgung wird daher kein Erythropoetin gebildet.

3 **Erläuterung** der Regulation der Zahl der Blutzellen:
Durch die Blutspende kommt es zu einem Verlust an roten Blutzellen. Dadurch wird der O_2-Transport reduziert und die Versorgung der Körperzellen mit O_2 verringert sich. Dieser Sauerstoffmangel wird in den Zellen der Niere registriert, indem der Komplex aus HIF2β und HIF2α, der als Transkriptionsfaktor wirkt, vermehrt gebildet wird und die Aktivität des EPO-Gens steigert. Das daraufhin gebildete Hormon EPO gelangt mit dem Blutstrom ins Knochenmark, wo es die blutbildenden Stammzellen anregt. Durch die verstärkte Bildung neuer roter Blutzellen verbessert sich die O_2-Versorgung im Körper wieder. In den Nierenzellen wird die Aktivität der EPO-Gene daraufhin wieder gedrosselt, bis sich schließlich die Anzahl an Blutzellen wieder auf den Normalwert einpendelt.

4 *Die Formulierung „wesentliche Schritte" bedeutet, dass es genügt, die wichtigsten Verfahrensschritte stichwortartig und ohne Erläuterung aufzuzählen.*

Nennung der Verfahrensschritte am Beispiel Plasmidtechnik:
– Gewinnung des EPO-Gens, z. B. durch Isolierung der EPO-mRNA aus Nierenzellen und Synthese von cDNA durch reverse Transkription

Die Gewinnung und direkte Weiterverwendung von EPO-Genen ist hier nicht möglich, da eukaryotische DNA zunächst gespleißt werden muss. Falls Sie ein Verfahren beschreiben, bei dem Hefezellen verwendet werden, kann jedoch auch mit EPO-Genen gearbeitet werden.

– Isolierung von Plasmid-DNA aus Bakterien und Einfügen der EPO-cDNA durch Restriktionsenzyme und Ligasen
– Einschleusen der rekombinanten Plasmide in die Bakterienzellen (Transformation)
– Aufzucht der Bakterien und Selektion erfolgreich transformierter Bakterienzellen
– Vermehrung der EPO-produzierenden Bakterien in Reinkultur und Isolierung des Proteins Erythropoetin

Erläuterung eines Selektionsverfahrens:

Hier sind, je nach Besprechung im Unterricht, mehrere Verfahren möglich, z. B. Markergene für Antibiotikumresistenz, Gensonden, Kopplung mit Reportergenen (z. B. Leucht-Gen aus Quallen), Nachweis der EPO-DNA mit PCR oder Nachweis des Genprodukts z. B. mit ELISA-Test.

Nachweis des EPO-Gens mit Gensonde:
Nach Isolierung der Bakterien-DNA wird die DNA durch Restriktionsenzyme in Teilstücke zerlegt. Die Fragmente werden in der Gelelektrophorese aufgetrennt. Nach der Denaturierung der Fragmente in Einzelstränge gibt man die Gensonde hinzu. Eine Gensonde ist eine künstlich hergestellte, einzelsträngige DNA, deren Basensequenz zu einem Abschnitt eines bestimmten Gens komplementär ist. Sie wird mit einem Fluoreszenzfarbstoff gekoppelt. Ist das EPO-Gen im Gel vorhanden, bindet die Gensonde spezifisch an den komplementären DNA-Abschnitt und lässt sich auch durch anschließendes Spülen nicht entfernen. Bei UV-Bestrahlung wird die entsprechende Bande sichtbar.

5 **Nennung eines** Vorteils:
– Da der Körper EPO nach der Gentherapie selbst herstellt, handelt es sich um eine „echte" Heilung, sodass keine Dauertherapie notwendig ist.

- Durch die zellinterne Regulation des EPO-Gens passt sich die Dosierung dem Sauerstoffgehalt an, während die EPO-Dosierung mit der Spritze ungenau ist.

Beschreibung eines Risikos:
- Das Reparatursystem der Zelle könnte die Viren-DNA eliminieren, die Gentherapie wäre damit wirkungslos.
- Es könnte zu gefährlichen Nebenwirkungen (Immunreaktionen) durch die Vireninjektion bzw. Einschleusung viraler Proteine kommen, z. B. zu allergischem Schock.
- Die Vireninfektion könnte typische Krankheitssymptome z. B. durch Rückmutation der viralen DNA auslösen.
- Es könnten gefährliche Mutationen durch falschen Einbau der Viren-DNA entstehen, die z. B. das Krebsrisiko steigern oder wichtige Gene zerstören.
- Die „reparierten" Zellen könnten aufgrund der Präsentation viraler Proteine in einer Autoimmunreaktion durch T-Killerzellen zerstört werden.

6 *Eine Darstellung des Ablaufs bzw. der Theorie von PCR-Methode und Gelelektrophorese ist nicht verlangt. Die entsprechenden Fachbegriffe dürfen Sie als bekannt voraussetzen.*

Erläuterung von zwei Nachweisverfahren über geeignete Primerauswahl:
- Die Bindungsstellen der begrenzenden Primersequenzen liegen im Übergangsbereich der Exons der transgenen DNA (z. B. zwischen E1/E2 und E4/E5). Wegen der Introns existieren diese Basensequenzen in der genomischen DNA nicht und die PCR liefert nur bei erfolgreich eingebauter transgener EPO-DNA ein PCR-Produkt.
- Die Bindungsstellen der begrenzenden Primersequenzen liegen nur in den Exons (z. B. Anfang in E1 und Ende in E3). Sowohl die Genabschnitte von genomischer als auch transgener EPO-DNA werden kopiert, aber der amplifizierte genomische EPO-Genabschnitt ist länger als das transgene PCR-Produkt, in dem die Introns I1 und I2 fehlen. Mittels Gelelektrophorese können die Produkte unterschieden werden, da der längere genomische EPO-DNA-Abschnitt langsamer durch das Gel wandert.

Da im Text nichts über den Ort des Einbaus des transgenen EPO-Gens vermerkt ist, müssten hier bei Zellen mit erfolgreichem Einbau zwei PCR-Produkte entstehen („kurz" und „lang"), da das genomische EPO-Gen ebenfalls noch vorhanden ist:

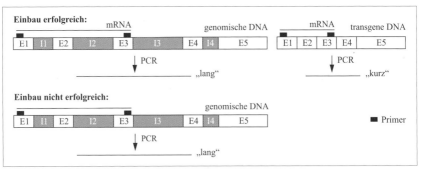

Die folgende Antwort wäre nicht eindeutig, da der alleinige Nachweis genomischer EPO-DNA den Einbau von transgener DNA nicht ausschließt:
Die Bindungsstellen der begrenzenden Primersequenzen liegen im Übergangsbereich von Exons und Introns der genomischen DNA (z. B. von E1/I1 und E3/I3). Da diese Sequenzen in der transgenen DNA nicht existieren, liefert die PCR nur genomische PCR-Produkte.

Profil-/Neigungsfach Biologie (Baden-Württemberg): Abituraufgaben 2014
Aufgabe IV: Zytologie, Enzymatik, Molekulargenetik

BE

Antibiotika-Einsatz im Hühnerstall

Zu Beginn des Jahres 2012 geriet die industrielle Massentierhaltung wiederholt in die Schlagzeilen. Stichprobenartige Überprüfungen in verschiedenen Supermärkten ergaben, dass die Hälfte der untersuchten Hühnerfleischproben mit *Escherichia coli*-Bakterien belastet war, die gegenüber bestimmten Antibiotika resistent waren. Wie gefährlich ist das, was da in die Küche kommt? Eines jedenfalls steht fest: Der häufige Einsatz von Antibiotika in der Massentierhaltung fördert die Verbreitung Antibiotika-resistenter Bakterien.

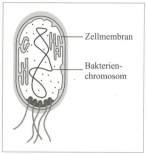

Abb. 1: Bau eines Bakteriums

1.1 Eine Bakterienzelle (Abbildung 1) weist im Vergleich zu einer menschlichen Zelle in ihrem Aufbau sowohl Gemeinsamkeiten als auch Unterschiede auf. Nennen Sie je zwei Beispiele.   2

Antibiotika haben bei Bakterienzellen unterschiedliche Angriffsorte. So verhindert beispielsweise das Antibiotikum Penicillin bei sich teilenden Bakterienzellen die Zellwandsynthese. Behandelt man Bakterien mit Penicillin, schwellen die sich teilenden Zellen stark an und platzen.

1.2 Erläutern Sie den Zusammenhang zwischen der Wirkung des Penicillins und dem zu beobachtenden osmotischen Vorgang.   3

Eine zweite Klasse von Antibiotika sind die Sulfonamide, welche die Synthese der für die Bakterien lebensnotwendigen Folsäure hemmen. Die Folsäure ist eine Vorstufe der DNA-Basen. Während Folsäure beim Menschen mit der Nahrung zugeführt werden muss, stellen Bakterien Folsäure mithilfe des Enzyms Folatsynthetase aus p-Aminobenzoesäure selbst her. Sulfonamide hemmen dieses Enzym.

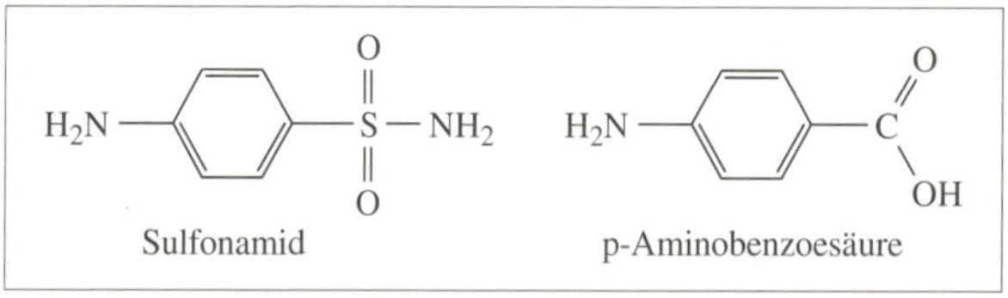

Abb. 2: Strukturformeln (vereinfacht)

2.1 Erläutern Sie die hemmende Wirkung der Sulfonamide unter Berücksichtigung von Abbildung 2.
Erklären Sie, wie man experimentell überprüfen kann, ob die Art der Hemmung reversibel ist.   3

2.2 Erklären Sie, weshalb die bei Bakterien zu beobachtende Wirkung von Penicillin und von Sulfonamiden bei menschlichen Zellen ausbleibt.   2

Ursache für Resistenzen ist das Vorhandensein spezieller Resistenzgene (R-Gene). Auch die Sulfonamid-Resistenz von Bakterien ist auf Resistenzgene und nicht auf eine Mutation im Folatsynthetase-Gen zurückzuführen.

3 Formulieren Sie zwei Hypothesen, wie durch R-Gene eine Resistenz gegen Sulfonamide hervorgerufen werden kann. 2

In Deutschland werden jährlich mehr als 1 700 Tonnen Antibiotika in der Massentierhaltung eingesetzt.

4.1 Erklären Sie, weshalb der häufige Einsatz von Antibiotika die Ausbreitung resistenter Bakterien fördert. 2

4.2 Die Resistenzgene sind häufig auf Plasmiden lokalisiert. Beschreiben Sie den in Abbildung 3 dargestellten Vorgang der Konjugation.
Erläutern Sie unter Berücksichtigung der Abbildung 3 A und 3 B mögliche Gefahren, die von Hühnerfleisch ausgehen, das mit Antibiotika-resistenten Bakterien belastet ist. 4

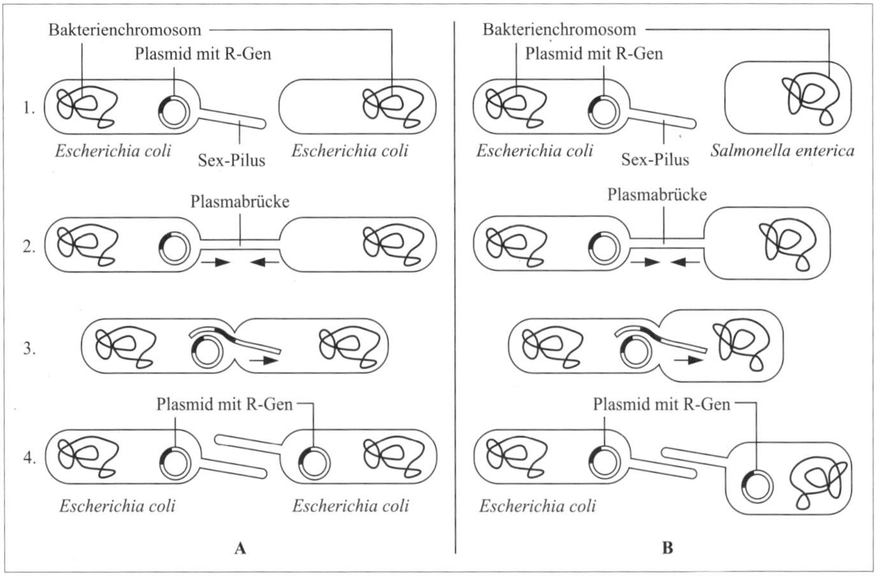

Abb. 3: Konjugation zwischen Bakterien (schematisch)

4.3 Bewerten Sie den Einsatz von Antibiotika in der Massentierhaltung. $\frac{2}{20}$

Anlage: Codesonne

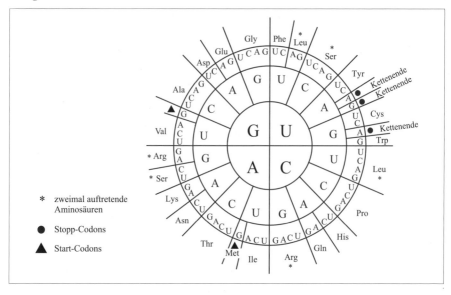

* zweimal auftretende Aminosäuren
● Stopp-Codons
▲ Start-Codons

Lösungen

1.1 **Nennung** von je zwei Beispielen *(Auswahl)*:

Merkmal	Bakterienzellen	Menschliche Zellen
Zellmembran	+	+
Zellplasma	+	+
DNA	+	+
Ribosomen	+ (70S-Ribosomen)	+ (80S-Ribosomen)
Zellkern	–	+
membranbegrenzte Organellen (z. B. Mitochondrien, Golgi-Apparat)	–	+
Zellwand	+	–
Ringchromosom	+	–
Plasmid	(+)	–
Schleimkapsel	(+)	–

1.2 **Erläuterung** der Penicillinwirkung:

Hier ist nicht eindeutig, wie detailliert die molekularen Vorgänge bei der Osmose erklärt werden sollen. Bei drei zu vergebenden Punkten ist eine etwas ausführlichere Darstellung zu empfehlen.

Durch das Penicillin wird die Zellwandsynthese bei der Teilung der Zellen blockiert. Die Folge ist, dass die Druckstabilität der angehenden Tochterzellen durch die unvollständige Zellwand geschwächt ist. Da die Konzentration gelöster Stoffe im Zellplasma höher ist (hypertonische Lösung) als im Außenmilieu, und da die Zellmembran selektiv durchlässig ist, kommt es zu einem osmotischen H_2O-Einstrom in die Zellen. Die Membran lässt dabei Wassermoleküle aufgrund des Konzentrationsgefälles in die Zelle diffundieren, während gelöste Stoffe im Plasma die Membran nicht passieren können. Durch die Volumenzunahme steigt der Innendruck. Eine intakte Zellwand bewirkt einen gleich großen Gegendruck und sorgt so für die Formstabilität der Zellen. Bei einer unvollständigen Zellwand kommt es jedoch durch den fehlenden Gegendruck zum Anschwellen und schließlich zum Platzen der Bakterienzellen.

2.1 **Erläuterung** der Sulfonamid-Wirkung:
Die Ähnlichkeit von Sulfonamid und p-Aminobenzoesäure in der Molekülstruktur lässt darauf schließen, dass Sulfonamide kompetitive Hemmstoffe sind, d. h., dass das Enzym Folatsynthetase das Sulfonamid-Molekül als „falsches" Substrat bindet, aber nicht umsetzen kann. Diese Konkurrenz von Sulfonamid und p-Aminobenzoesäure um das aktive Zentrum bewirkt eine geringere Umsatzrate des Enzyms. Es handelt sich also um eine kompetitive Hemmung der Folatsynthetase.

Bei Mangel an Folsäure kommt es zu einem Mangel an DNA-Basen, sodass die DNA-Replikation und die Bakterienvermehrung gehemmt wird.

Erklärung des Experiments:
Falls die Bildung des Enzym-Substrat-Komplexes, d. h. die Bindung sowohl des Sulfonamids als auch der p-Aminobenzoesäure an das aktive Zentrum der Folatsynthetase, ein reversibler Vorgang ist, müsste mit Erhöhung der Konzentration des „richtigen" Substrats (durch Verdrängung des Sulfonamids) die Wahrscheinlichkeit ansteigen, dass Folsäure gebildet wird.
Experimentell wird die Vermehrungsrate von Bakterien in einer Suspension mit Nährlösung, Substrat und Sulfonamid bestimmt. Anschließend erhöht man bei konstanter Sulfonamid-Dosis den Gehalt an p-Aminobenzoesäure. Ein Anstieg der Vermehrungsrate, im Vergleich zu einem Kontrollansatz, beweist, dass eine reversible Hemmung vorliegt.

2.2 **Erklärung** der Wirkungslosigkeit bei menschlichen Zellen:
– Penicillin: Menschliche Zellen besitzen keine Zellwand, somit ist kein Angriffsziel für Penicillin vorhanden.
– Sulfonamid: Menschlichen Zellen fehlt der Stoffwechselweg zur Herstellung von Folsäure – sie dürften also auch keine Folatsynthetase haben, die gehemmt werden könnte.

3 Mögliche **Hypothesen** *(zwei sind gefordert)*:
– R-Gen liefert Genprodukt, das als Enzym Sulfonamid abbauen kann.
– R-Gen liefert Genprodukt, das z. B. als Carrier Sulfonamid aus der Bakterienzelle schleust.
– R-Gen liefert Genprodukt, das Sulfonamid am Eindringen in die Bakterienzelle hindern kann.
– R-Gen liefert Genprodukt, das selbst als „Ersatz"-Enzym Folsäure herstellt.
– R-Gen liefert Genprodukt, das so mit Sulfonamid reagiert, dass es nicht mehr hemmend wirken kann.

4.1 **Erklärung** der Resistenzförderung:
Durch häufigen Antibiotika-Einsatz wird die Wahrscheinlichkeit erhöht, dass Bakterien selektiert werden, bei denen zufällig eine Mutation zur Resistenz aufgetreten ist.
Begründung: Der Dauereinsatz der Antibiotika vernichtet nicht resistente Bakterien und verschont die resistenten Mutanten, die sich aufgrund ihres Selektionsvorteils (R-Gen) bevorzugt vermehren. Die resistenten Stämme breiten sich schnell aus.

4.2 *Die Konjugation bei Bakterien muss nicht im Unterricht besprochen worden sein. Sie benötigen für die Beschreibung keine weiteren Fachbegriffe als diejenigen, die in Abb. 3A vorgegeben sind.*

Beschreibung der Konjugation:
1 Ein *E.-coli*-Bakterium, das ein Plasmid mit R-Gen und einen Sex-Pilus besitzt (= Spender) nimmt Zellkontakt mit einer Bakterienzelle ohne Plasmid und Pilus (Empfänger) auf.
2 Es bildet sich durch Membranverschmelzung eine Plasmabrücke, die die beiden Zellen verbindet.
3 Die DNA des Plasmidrings wird repliziert und wandert als DNA-Strang in die Empfängerzelle.
4 Die Zellen trennen sich wieder, aus der Empfängerzelle ist ebenfalls eine Spenderzelle mit R-Plasmid und Sex-Pilus geworden.

Erläuterung möglicher Gefahren:
Aus Abb. 3 B ist zu erkennen, dass Konjugation, d. h. der Genaustausch, auch über Artgrenzen hinweg möglich ist. Deshalb können harmlose Bakterienarten, die z. B. auf der Haut der Hühner angesiedelt sind, ihre Resistenz auf menschliche Darmbakterien und diese wiederum auf krankheitserregende Darmbakterien wie Salmonellen übertragen. Eine notwendige Behandlung dieser Darminfektion mit einem bestimmten Antibiotikum ist dann unmöglich.

4.3 **Bewertung** des Antibiotikaeinsatzes:
Pro:
– Die Massentierhaltung kann auf engstem Raum erfolgen, da ansteckende Krankheiten unterdrückt werden. So können Fleisch, Eier usw. preisgünstig hergestellt und verkauft werden.
– Dank gesünderer Tiere können bessere Lebensmittel angeboten werden.
– Antibiotika-Forschung wird notwendig, die auch den Menschen zugutekommt.

Contra:
– Durch Antibiotika ermöglichte Massentierhaltung ist ethisch und ökologisch bedenklich.
– Antibiotika-Rückstände in Lebensmitteln führen zu (Multi)-Resistenzen bei Krankheitserregern des Menschen.
– Antibiotika-Rückstände in Lebensmitteln können zu unerforschten Nebenwirkungen beim Menschen führen.

Nach Abwägung der von Ihnen aufgezählten Pro- und Contra-Argumente sollten Sie eine abschließende Bewertung anführen.

Profil-/Neigungsfach Biologie (Baden-Württemberg): Abituraufgaben 2015
Aufgabe I: Evolution, Signaltransduktion, Nervenphysiologie

BE

Viele Orchideen zeichnen sich durch außergewöhnliche Fortpflanzungsstrategien aus. Die Orchidee *Epipactis veratrifolia* zum Beispiel produziert den Duftstoff Pinen. Dieser wird üblicherweise von Blattläusen gebildet und als Alarmstoff abgegeben. Zudem hat die Orchidee auf der Blüte dunkle, warzenähnliche Gebilde, die Blattläusen täuschend ähnlich sehen. Schwebfliegenweibchen werden vom Pinenduft angelockt und legen ihre Eier neben den vermeintlichen Blattläusen ab, wobei sie die Orchideen bestäuben.
Üblicherweise dienen Blattläuse den schlüpfenden Schwebfliegenlarven als Nahrung. Ohne Blattlausnahrung können sich die Larven nicht entwickeln.

Abb. 1: *Epipactis veratrifolia* mit angelockter Schwebfliege
© MPI Chemical Ecology, Johannes Stökl

1   Erklären Sie das Entstehen der dunklen, warzenähnlichen Gebilde auf der Orchideenblüte nach der Synthetischen Evolutionstheorie.
Nennen Sie die Aspekte Ihrer Antwort, die über DARWINs Evolutionstheorie hinausgehen.   4

Neben der Geruchswahrnehmung ist auch die optische Wahrnehmung von Bedeutung bei der Wahl eines geeigneten Orts für die Eiablage. Schwebfliegen besitzen Komplexaugen. Diese bestehen aus Einzelaugen, an deren Grund Lichtsinneszellen, sogenannte Retinulazellen (Abbildung 2), sitzen. In der Membran der Retinulazellen befindet sich das lichtabsorbierende Rhodopsin. Im Gegensatz zu menschlichen Lichtsinneszellen haben Retinulazellen ein Axon und sind in der Lage bei Belichtung Aktionspotenziale auszubilden.

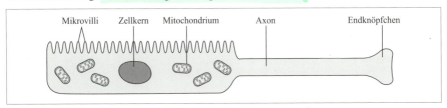

Abb. 2: Retinulazelle (Schema)

2.1   Erläutern Sie die biologische Bedeutung der Mikrovilli und der großen Anzahl von Mitochondrien für die Funktion der Retinulazelle.   2

2.2   Geben Sie eine mögliche Erklärung, wie es, ausgehend von der Belichtung einer Retinulazelle, zur Entstehung von Aktionspotenzialen kommen könnte.   2

Neben Lockstoffen produzieren manche Pflanzen auch Abwehrstoffe, die vor Insektenfraß schützen. So bilden bestimmte Chrysanthemenarten Pyrethrine, die auf Insekten tödlich wirken. Unter Pyrethrin-Einfluss bleiben die spannungsgesteuerten Natriumionenkanäle in Nervenzellen von Insekten nach einer überschwelligen Reizung dauerhaft geöffnet.

3.1 Zeichnen Sie ein Diagramm, das den Verlauf eines Aktionspotenzials zeigt (Größe ca. ½ Seite), und erläutern Sie die auf molekularer Ebene ablaufenden Vorgänge, die zu diesem Spannungsverlauf führen. 4

3.2 Erläutern Sie, wie sich der Spannungsverlauf am Axon nach einer überschwelligen Reizung unter Einfluss von Pyrethrinen verändert. 2

3.3 Erläutern Sie unter Berücksichtigung der Vorgänge an neuromuskulären Synapsen (motorischen Endplatten) die tödliche Wirkung von Pyrethrinen. 3

Duftstoffe spielen nicht nur für die Kommunikation zwischen Pflanzen und Insekten, sondern auch für die Partnerfindung bei Insekten eine große Rolle. So werden sogenannte Pheromone von weiblichen Tieren abgegeben, um Geschlechtspartner anzulocken. Diese Tatsache nutzt man z. B. im Weinbau zur Bekämpfung des Traubenwicklers, dessen Raupen Fraßschäden an Trauben verursachen. Im Frühjahr werden zur Bekämpfung dieses Schmetterlings viele kleine Duftkapseln in Weinbergen aufgehängt, die großflächig weibliche Pheromone des Traubenwicklers verteilen.

4 Erklären Sie, warum durch diese Methode Traubenwickler effektiv bekämpft werden können, und nennen Sie zwei Vorteile gegenüber dem Einsatz von Insektengift.
$\underline{3}$
20

Lösungen

1 **Erklärung** der Entstehung der dunklen, warzenähnlichen Gebilde nach der Synthetischen Evolutionstheorie:
 – Durch **Mutation** kommt es in einer bestimmten Population zu dunklen Flecken bzw. zu warzenähnlichen Erhebungen auf den Blütenblättern einzelner Pflanzen.
 – Durch **Rekombination** innerhalb der Population entstehen auch Phänotypen mit dunklen, warzenähnlichen Gebilden, die wie Blattläuse aussehen.
 – (Natürliche) **Selektion**: Aufgrund der erhöhten Bestäubungswahrscheinlichkeit ergibt sich ein größerer Fortpflanzungserfolg für die neuen Phänotypen. Durch die bevorzugte Vererbung der entsprechenden Allele setzen sich diese im Genpool der Population zunehmend durch.
 – Es entsteht eine (Teil-)Population mit verändertem Genpool bzw. mit neuem Merkmal.

Der Begriff „Population" wird nicht zwingend erwartet.

Nennung der Begriffe, die zur Zeit DARWINS nicht bekannt waren:
 – Mutation und Rekombination
 – Genpool (und Population)

2.1 **Erläuterung** des Struktur-Funktionsprinzips:
 – Mikrovilli: Die Membranfalten bewirken eine starke Oberflächenvergrößerung, die es ermöglicht, eine viel größere Anzahl an Rhodopsinmolekülen einzulagern als bei ungefalteter Membran. Die Lichtabsorption wird dadurch effektiver bzw. die Sehzellen besitzen eine größere Lichtempfindlichkeit.
 – Mitochondrienzahl: Die Erregungsprozesse in den Retinulazellen sind sehr energiebedürftig, z. B. für die Aufrechterhaltung der Ruhespannung (Na^+-K^+-Ionenpumpen), für die Regeneration des Rhodopsins oder für die synaptischen Vorgänge. Diesem erhöhten Energiebedarf wird durch die entsprechend erhöhte Zahl an Mitochondrien, die der ATP-Bildung dienen, Rechnung getragen.

2.2 *Im Lehrplan ist es dem Fachlehrer freigestellt, an welchem Beispiel die Signaltransduktion in Sinneszellen erarbeitet wird. Deshalb muss Ihnen weder das Beispiel der Retinulazellen noch die Anmerkung zur menschlichen Sehsinneszelle bekannt sein. Alle Informationen zur Beantwortung der Aufgabe lassen sich jedoch dem Text und der Abbildung entnehmen. Je nach Ihrem Vorwissen wird jede schlüssige Erklärung für die Entstehung eines Aktionspotenzials akzeptiert (mit oder ohne second-messenger-Konzept).*

Mögliche **Erklärung:**
 – Lichtenergie wird von den Rhodopsinmolekülen absorbiert.
 – Die Konformationsänderung der Rhodopsinmoleküle bewirkt die Öffnung von Na^+-Ionenkanälen in der Membran der Retinulazellen.
 – Der resultierende Na^+-Ioneneinstrom führt zu einer Depolarisierung der Membran.
 – Ab Erreichen des Schwellenwertes werden am Axon(ursprung) Aktionspotenziale ausgelöst.

Alternativantwort:
 – Lichtenergie wird von den Rhodopsinmolekülen absorbiert.
 – Konformationsänderung der Rhodopsinmoleküle (Opsin und trans-Retinal)
 – Aktivierung einer Signalkaskade mit Verstärkung durch Bildung von second-messenger-Molekülen.
 – Öffnung von rezeptorgesteuerten Na^+-Ionenkanälen in der Membran der Retinulazellen.

- Der resultierende Na$^+$-Ioneneinstrom führt zu einen Depolarisierung der Membran.
- Ab Erreichen des Schwellenwertes werden am Axon(ursprung) Aktionspotenziale ausgelöst.

3.1 **Diagramm** zum Verlauf eines Aktionspotenzials (APs):

Die Skalierung der Zeitachse wird nicht verlangt.

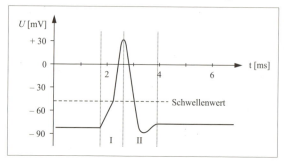

Erläuterung des Spannungsverlaufs:
I **Depolarisierungsphase:** Die Reizung (*z. B. durch ein AP, das am benachbarten Schnürring abläuft*) bewirkt, dass Na$^+$-Ionenkanäle geöffnet werden. Dadurch kommt es zu einem Na$^+$-Ioneneinstrom (gemäß Konzentrationsgefälle), der das Ruhepotenzial (RP) verringert (von ca. −80 mV bis ca. −50 mV). Wird die Schwellenspannung (der Schwellenwert) erreicht, läuft nach dem „Alles-oder-nichts-Prinzip" das AP ab: Schnell und selbstverstärkend öffnen sich zusätzliche spannungsgesteuerte Na$^+$-Ionenkanäle. Der folgende starke Na$^+$-Ioneneinstrom (*ebenfalls gemäß Konzentrationsgefälle*) führt zu einer kurzen Umpolung der betroffenen Membranstelle (von ca. −60 mV auf +30 mV, innen gegenüber außen). Die Na$^+$-Ionenkanäle schließen sich sofort wieder.
II **Repolarisierungsphase:** Durch die Umpolung öffnen sich spannungsgesteuerte K$^+$-Ionenkanäle. Es folgt ein schneller K$^+$-Ionenausstrom (*gemäß Konzentrationsgefälle*) bis die Ruhespannung wieder erreicht ist.
Kurzfristig kommt es sogar zu einer Hyperpolarisierung bis ca. −90mV durch überschießenden K$^+$-Ionenausstrom.

Damit ist zwar der ursprüngliche Ladungsunterschied zwischen innen und außen wieder erreicht, aber durch die Ionenströme wurde der Konzentrationsunterschied zwischen K$^+$-Ionen (innen/außen) bzw. Na$^+$-Ionen (außen/innen) verringert, der für die Erhaltung des RPs notwendig ist. Die K$^+$-Na$^+$-Pumpen müssen daher im Hintergrund permanent unter Energieaufwand K$^+$-Ionen zurück in die Zelle bzw. Na$^+$-Ionen aus der Zelle hinaus pumpen.
Direkt nach Ablauf des APs ist an der gleichen Membranstelle kein erneutes AP auslösbar, da die spannungsgesteuerten Na$^+$-Ionenkanäle nach ihrer Schließung für kurze Zeit inaktiviert sind (Refraktärzeit).

3.2 **Erläuterung** der Giftwirkung:
Pyrethrin bewirkt, dass die spannungsgesteuerten Na$^+$-Ionenkanäle nach dem Auslösen eines Aktionspotenzials irreversibel geöffnet bleiben. Dadurch kommt es zu anhaltendem Na$^+$-Ioneneinstrom (gemäß dem Konzentrationsgefälle).

Folgen:
- Dauerdepolarisation *(Auslösung neuer APs ("AP-Salven") an benachbarten Axonabschnitten)*
- Die Repolarisierung der Membran wird verhindert und letztlich kommt es durch den anhaltenden Na^+-Ioneneinstrom und K^+-Ionenausstrom zum Konzentrationsausgleich (der Na^+- und K^+-Ionen innen und außen), sodass das RP absinkt bzw. zusammenbricht. Weitere APs können nicht mehr ausgelöst werden.

Weitere mögliche Folgen:
- Größere AP-Amplitude durch stärkere Umpolarisierung
- Längere AP-Dauer durch verzögerte Repolarisierung

3.3 *In dieser Fragestellung verbergen sich zwei mögliche Missverständnisse: Zum einen ist mit der Formulierung „… unter Berücksichtigung der Vorgänge …" tatsächlich eine vollständige Beschreibung der Synapsenvorgänge gemeint, und zum anderen darf nicht angenommen werden, dass Pyrethrine Synapsengifte sind, da diese Gifte nur an spannungsgesteuerten Na^+-Ionenkanälen in der Axonmembran und nicht an rezeptorgesteuerten Na^+-Ionenkanälen in der postsynaptischen Membran wirken. Es sollen also nur die indirekten Auswirkungen aus Aufgabe 3.2 auf motorische Synapsen erläutert werden.*

Erläuterung der Synapsenvorgänge unter Pyrethrin-Einfluss:
- Dauerdepolarisierung der Axonmembran (auch) im Bereich der Endknöpfchen durch Pyrethrin.
- Ca^{2+}-Ionenkanäle werden spannungsgesteuert und anhaltend geöffnet, sodass ein starker Ca^{2+}-Ioneneinstrom erfolgt.
- Verstärkte Ausschüttung von Transmittermolekülen (Acetylcholin) in den synaptischen Spalt.
- Erhöhte Transmitterkonzentration im synaptischen Spalt bewirkt verstärkte Besetzung der Rezeptoren der transmittergesteuerten Na^+-Ionenkanäle in der postsynaptischen Membran.
- Erhöhter Na^+-Ioneneinstrom in die postsynaptische Zelle verursacht starke Depolarisation und damit ein hohes, anhaltendes EPSP (erregendes postsynaptisches Potenzial).
- Anhaltende, starke Muskelkontraktion bewirkt Krämpfe und schließlich den Tod durch Erschöpfungslähmung.
- Als weitere mögliche Folge *(falls in Aufgabe 3.2 der Zusammenbruch des Ruhepotenzials als Hauptwirkung erläutert wurde)* ist auch die Lähmung der Muskulatur durch Transmittermangel denkbar.

4 **Erklärung** der Effektivität:
Die flächendeckende Ausbringung des weiblichen Lockduftes verhindert, dass Männchen gezielt den Duft eines Weibchens orten können. Dadurch werden die Partnerfindung und damit eine erfolgreiche Fortpflanzung erschwert.

Nennung der Vorteile *(zwei sind verlangt)*:
- Unschädlichkeit für andere Lebewesen (z. B. Bienen)
- Spezifische Wirkung nur auf eine (Schädlings-)Art
- Keine Resistenzbildung
- Kostenersparnis, da winzige Mengen mit dem Wind verteilt werden und nicht flächendeckend gespritzt werden muss
- Unschädlichkeit für Rebenpflanzen, da keine Chemikalien auf Blätter gespritzt werden
- Keine Veränderung des Weingeschmacks durch Pryethrin

Profil-/Neigungsfach Biologie (Baden-Württemberg): Abituraufgaben 2015
Aufgabe II: HIV-Vermehrung, Genmutation, Gelelektrophorese

— ausgelassen

BE

Vor einigen Jahren gelang die spektakuläre Heilung des HIV-Infizierten T. R. Brown, der zusätzlich noch an Leukämie erkrankt war. Mitarbeiter der Berliner Charité und des Robert-Koch-Instituts hatten T. R. Brown aufgrund seiner Leukämieerkrankung fremdes Knochenmark und somit neue Blutstammzellen übertragen. Vor der Knochenmarktransplantation wurde das körpereigene Knochenmark des Patienten durch Chemotherapie komplett zerstört. Das transplantierte Knochenmark stammte von einem Spender, der resistent gegen das HI-Virus war. Diese Resistenz beruht auf einer Veränderung des Membranproteins CCR5, über welches das HI-Virus normalerweise an die Zielzelle andockt.
Die Hoffnungen der Ärzte, bei T. R. Brown mit dieser Transplantation neben der Therapie der Leukämie gleichzeitig auch die HIV-Infektion einzudämmen, wurden sogar noch übertroffen: Nach einiger Zeit ließen sich bei dem Patienten keinerlei HI-Virusspuren mehr nachweisen. T. R. Brown gilt als von beiden Erkrankungen geheilt.

1   Beschreiben Sie beginnend mit der Infektion einer menschlichen Zelle die Vermehrung des HI-Virus.   3

Tabelle 1 zeigt ausgewählte Werte von Blutuntersuchungen eines Patienten vor und nach einer HIV-Infektion.

	Vor der Infektion	Einige Wochen nach der Infektion	1 Jahr nach der Infektion	6 Jahre nach der Infektion	10 Jahre nach der Infektion
Konz. der HI-Viren (Mio. Viren/ml Blut)	0	9,8	3,0	4,8	10,2
Konz. der T-Helferzellen (Mio. Zellen/ml Blut)	1	1,3	0,8	0,4	0,1

Tab. 1: Werte von Blutuntersuchungen eines Patienten

2.1   Erläutern Sie die Konzentrationsänderungen von HI-Viren und T-Helferzellen (Tabelle 1).

2.2   Erklären Sie, weshalb ein AIDS-Kranker an normalerweise harmlosen Infektionen sterben kann.   4

3   Erklären Sie unter Berücksichtigung der beschriebenen Therapie, weshalb sechs Monate nach der Knochenmarktransplantation bei T. R. Brown keine HI-Viren mehr nachweisbar waren.   3

Die Resistenz gegen das HI-Virus liegt ein verändertes CCR5-Membranprotein zugrunde. Das zugehörige Gen besitzt 32 Basenpaare weniger als das Gen für das nicht veränderte CCR5-Membranprotein. Das veränderte CCR5-Membranprotein ist aber um 137 Aminosäuren kürzer als das intakte CCR5-Membranprotein.

4   Geben Sie hierfür eine mögliche Erklärung.   2

Das Gen für das CCR5-Membranprotein liegt auf dem Chromosom 3 und kommt in den beiden oben beschriebenen Ausprägungen (Allelen), d. h. mutiert und nicht mutiert, vor. Um den Genotyp des Patienten T. R. Brown zu ermitteln, wurde DNA aus verschiedenen Körperzellen isoliert, das ccr5-Gen vervielfältigt und anschließend eine Gelelektrophorese durchgeführt.

5.1 Erklären Sie das Funktionsprinzip der Gelelektrophorese. 3

Abbildung 1 zeigt schematisch das Ergebnis einer Gelelektrophorese der Proben des Patienten T. R. Brown vor der beschriebenen Knochenmarktransplantation.

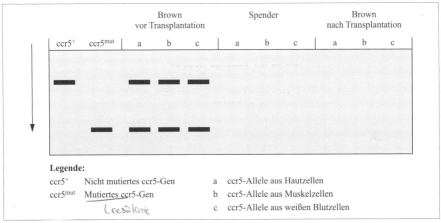

Abb. 1: Ergebnis der Gelelektrophorese

5.2 Übertragen Sie Abbildung 1 ohne Legende in Ihre Reinschrift und ergänzen Sie die zu erwartenden Banden für die Proben des Knochenmarkspenders (a bis c) sowie von T. R. Brown (a bis c) sechs Monate nach der erfolgreichen Knochenmarktransplantation.
Begründen Sie die von Ihnen eingezeichneten Ergebnisse. 3

In der Presse wurde diskutiert, ob diese beschriebene Knochenmarktransplantation zukünftig als HIV-Therapie eingesetzt werden kann.

6 Erläutern Sie, weshalb der Einsatz dieser Therapieform nur in seltenen Fällen möglich ist. 2
_____
20

Lösungen

1 **Beschreibung** der Vermehrung des HI-Virus:

Da die Beschreibung des HIV-Zyklus zu den häufig gestellten Aufgaben gehört, soll durch Strukturierung in vier Teilschritte (A bis D) die Lernarbeit erleichtert werden. Die Informationen in Kursivschrift werden nicht zwingend erwartet.

A **Andockung und Einschleusung:** Mithilfe von spezifischen Proteinen auf der Virushülle können HI-Viren an passende Rezeptoren in der Membran ihrer Wirtszellen (T-Helferzellen, Makrophagen) andocken. Dadurch kommt es *(durch Membranverschmelzung von Zellmembran und Hüllmembran des Virus)* zur Einschleusung der Viren-RNA und der Virenenzyme in das Zellplasma der Wirtszelle.

B **Reverse Transkription und Einbau** *(als Provirus)*: Die (einsträngige) Virus-RNA wird mithilfe des eingebrachten Enzyms Reverse Transkriptase in (doppelsträngige) DNA umgeschrieben. Diese DNA wird *(mithilfe des mitgebrachten Enzyms Integrase)* in das Genom der Wirtszelle *(als Provirus)* integriert und kann dort lange Zeit inaktiv bleiben.

C **Virensynthese durch Transkription und Translation:** Die virale DNA wird in Viren-RNA (das spätere Genom der Viren) und mRNA transkribiert. An den Ribosomen der Wirtszelle erfolgt die Translation der mRNA in Virus-Proteine, virale Hüllproteine und Virus-Enzyme *(nach Prozessierung durch virale Proteasen)*.

D **Zusammenbau und Ausschleusung (Knospung):** Die Virusbausteine setzen sich eigenständig zusammen und werden aus der Wirtszelle ausgeschleust *(unter Mitnahme einer Hüllmembran (siehe A) aus der Lipidmembran der Wirtszelle)*.

2.1 **Erläuterung** (Beschreibung und Begründung) der Tabellenwerte:
- **Vor der Infektion:** Im Blut befinden sich keine HI-Viren und die Konzentration der T-Helferzellen beim Gesunden beträgt 1 Mio. pro ml Blut.
- **Einige Wochen nach der Infektion:** Die HI-Viren haben sich stark vermehrt, ihre Konzentration beträgt 9,8 Mio. pro ml Blut. Die Menge der T-Zellen ist um 30 % angestiegen.
Die Viren hatten bis zur vollen Aktivierung des Immunsystems genügend Zeit, sich stark zu vermehren. Die aktive Immunantwort ist angelaufen, d. h., die Klonierung spezifischer T-Helferzellen führte zu einem Anstieg der Konzentration. (Dass der Anstieg so gering ist, könnte an die Rekrutierung vieler neuer T-Zellen als Wirtszellen und ihrer Zerstörung liegen.)
- **1 Jahr nach der Infektion:** Die Virenzahl ist stark gesunken, auf 3 Mio. pro ml Blut. Die Konzentration an T-Zellen hat ebenfalls abgenommen, auf 0,8 Mio. pro ml Blut.
Das Immunsystem arbeitet mit Hochdruck gegen die Infektion. Freie Viren werden vom humoralen Immunsystem mit spezifischen Antikörpern bekämpft und das zelluläre Immunsystem zerstört virusinfizierte T-Zellen mithilfe zytotoxischer T-Zellen (Killerzellen). Da jedoch mehr T-Helferzellen von Viren zerstört als neu gebildet werden, sinkt deren Konzentration. Die scheinbar stark gesunkene Viruskonzentration gibt außerdem lediglich Aufschluss über die frei im Blut zirkulierenden Viren und nicht über deren Gesamtzahl. Die Mehrzahl ist als „Proviren" in den Wirtszellen „versteckt".
- **6 bzw. 10 Jahre nach der Infektion:** Die Konzentration der freien Viren steigt kontinuierlich an, die Zahl der T-Helferzellen sinkt stark bis auf 10 % des Normalwerts.
Die abnehmende Zahl der T-Helferzellen bewirkt eine sich selbst verstärkende Immunschwäche. Je weniger Helferzellen, desto geringer ist die Aktivierung der humoralen

und zellulären Immunantwort. Dadurch kommt es zu einer verstärkten Virenvermehrung (verstärkte Aktivierung „schlafender" Proviren) und dadurch zu einer höheren Neuinfektion verbliebener und neu gebildeter T-Zellen.
(Zusätzlicher Aspekt: Es bilden sich neue Virusvarianten, gegen die das Immunsystem noch keine wirksamen Antikörper besitzt.)

2.2 **Erklärung** der Immunschwäche bei einem Mangel an T-Helferzellen:
T-Helferzellen spielen sowohl für die humorale als auch für die zelluläre Immunantwort eine zentrale Rolle: Ohne Helferzellen werden in der humoralen Immunantwort spezifische B-Lymphozyten (mit passenden Rezeptoren gegen ein Antigen) nicht aktiviert. Sie differenzieren sich dann nicht zu Plasmazellen, die passende Antikörper produzieren. Auch bei der zellulären Immunantwort können sich spezifische T-Lymphozyten nur nach Aktivierung durch Helferzellen zu zytotoxischen T-Zellen differenzieren. Bei einem Mangel an T-Helferzellen ist das Immunsystem so geschwächt, dass sich selbst harmlose Erreger (z. B. Pilze, Bakterien) so stark vermehren, dass die Infektion lebensgefährlich verläuft.

3 **Erklärung** des Therapie-Erfolgs:
Da das Knochenmark für die Bildung der Immunzellen zuständig ist, mussten bei T. R. Brown zunächst alle eigenen Blutbildungszellen zerstört werden, die das intakte CCR5-Membranprotein produzieren würden. Durch das Knochenmark des resistenten Spenders wurden nur Stammzellen mit dem defekten Rezeptor übertragen. Die neu gebildeten Immunzellen konnten vom HI-Virus nicht infiziert werden, da das Virus nicht in die Wirtszelle eindringen kann. So hatten die freien Viren keine Möglichkeit, sich zu vermehren bzw. zu „verstecken". Sie wurden innerhalb der sechs Monate nach der Transplantation im Zuge der neu ausgelösten aktiven (humoralen) Immunantwort zerstört.

4 Mögliche **Erklärungen** *(eine ist gefordert)*:
 – Die 32 Basenpaare fehlen nicht am Ende des Gens, sondern innerhalb des Gens. Dort kann der Basenverlust eine Leserasterverschiebung bewirken, die die Entstehung eines Stopp-Codons zur Folge hat. Bei der Translation führt dieses zum Kettenabbruch und zu einem stark verkürzten Protein.
 – Der Basenverlust bewirkt, dass ein codierender Genabschnitt (Exon) in einen nicht codierenden Abschnitt (Intron) verwandelt wird. Als Folge davon wird die mRNA falsch gespleißt und in ein viel zu kurzes Protein translatiert.
 – Die Mutation bewirkt, dass das bei der Proteinbiosynthese entstandene Vorläuferprotein nachträglich falsch geschnitten (prozessiert) wird (z. B. durch Abspaltung von Signalsequenzen oder das selektive Herausschneiden von Teilsequenzen).

5.1 **Erklärung** des Funktionsprinzips am Beispiel DNA:
 – Die DNA-Stränge sind (wegen der Phosphatgruppen) negativ geladen und können deshalb in einem Elektrolyt mithilfe eines elektrischen (Gleichspannungs-)Felds bewegt werden.
 – Die Wanderung zum Pluspol (Anode) wird durch eine netzartige Matrix aus Kohlenhydratketten (Gel) erschwert. Kurze bzw. kleine DNA-Fragmente durchwandern das Gel schneller als große bzw. lange DNA-Moleküle.
 – Von einem Startpunkt aus trennt sich daher das Fragmentgemisch zunehmend entsprechend der Moleküllänge (Anzahl der Basenpaare) auf und bildet ein Bandenmuster, das mit geeigneten Methoden (Färbung, Fluoreszenz u. a.) sichtbar gemacht und analysiert werden kann.

5.2 **Ergebnis** der Gelelektrophorese:

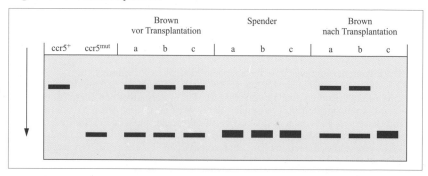

Da die Bandendicke auch von der DNA-Menge abhängt, kann man bei Homozygotie die doppelte DNA-Menge symbolisch mit einer doppelten Bandendicke darstellen. Einfache Strichsymbole werden jedoch ebenfalls als richtig bewertet.

Begründung der Ergebnisse:
Der Spender muss in allen Körperzellen reinerbig (homozygot) bezüglich des mutierten Rezeptorgens (ccr5^{mut}) sein. Wie im Vergleich mit Spalte 1 ersichtlich ist, befindet sich von a bis c jeweils auch nur eine Bande auf der Höhe von ccr5^{mut}. Aus dem Bandenmuster in Spalte 2 geht hervor, dass Brown vor der Transplantation in allen Körperzellen heterozygot bezüglich des Rezeptorgens war.
Durch die Transplantation des Knochenmarks wurden nur die (Vorstufen der) weißen Blutzellen (c) ausgetauscht. Sie entsprechen jetzt dem Spendertyp und sind homozygot bezüglich der mutierten ccr5-Allele (eine dicke Bande). Die anderen Zellarten (a, b) sind unverändert heterozygot bezüglich des Rezeptorgens, sodass sich jeweils 2 (dünne) Banden bei ccr5$^+$ und ccr5^{mut} ergeben.

6 **Erläuterung** der Therapie-Häufigkeit:
Der gesuchte Spender müsste die seltene erbliche HIV-Resistenz (homozygot CCR5^{mut}) aufweisen. Gleichzeitig müssten auch die immunologischen Gewebemerkmale (MHC-Gene) mit denen des Empfängers übereinstimmen. Die Wahrscheinlichkeit, einen Spender mit der Kombination beider Eigenschaften zu finden, ist sehr gering.

Profil-/Neigungsfach Biologie (Baden-Württemberg): Abituraufgaben 2015
Aufgabe III: Biomembran, Proteinaufbau, Artbildung

BE

Der Streifenleguan und der Taubleguan kommen in New Mexico jeweils in einer hellen und einer dunklen Farbvariante vor (Abbildung 1). In den Hautzellen der dunklen Farbvarianten wird mehr vom dunklen Farbstoff Melanin gebildet als bei der helleren Farbvariante.

Abb. 1: Farbvarianten von Leguanen

Die Bildung von Melanin wird durch das Melanocyten-stimulierende Hormon (MSH) ausgelöst. MSH setzt an einem Membranprotein, dem Melanocortin-Rezeptor (MCR) an. Dieser verändert daraufhin seine Konformation, wodurch im Zellinneren ATP in cyclisches AMP (cAMP) umgewandelt wird. Die erhöhte cAMP-Konzentration setzt die mehrstufige Melanin-Synthese in Gang. Melanin wird letztendlich durch ein Enzym aus einer farblosen Vorstufe gebildet.

1.1 Fertigen Sie unter Berücksichtigung der Informationen des Textes eine beschriftete Skizze (Größe mind. ½ Seite) einer Biomembran auf der Basis des Flüssig-Mosaik-Modells an, in der Melanocortin-Rezeptoren ohne und mit gebundenem MSH dargestellt sind.   3

1.2 Beschreiben Sie zwei prinzipiell unterschiedliche Möglichkeiten, wie eine erhöhte cAMP-Konzentration in einer Zelle die Melaninbildung in Gang bringen kann.   3

Die Melanocortin-Rezeptorproteine (MCR-Proteine) des Streifenleguans und Taubleguans bestehen aus 314 Aminosäuren. Das für die dunkle Färbung verantwortliche MCR ist bei beiden Arten identisch. Die MCR-Proteine der hellen Varianten der Leguane unterscheiden sich in den Positionen 168 bzw. 170 (Tabelle 1). Diese Positionen liegen nicht an der MSH-Bindungsstelle.

Rezeptorvariante	MCR 1	MCR 2	MCR 3
Vorkommen	Streifen- und Taubleguan	Streifenleguan	Taubleguan
Aminosäure an Position 168	Val	Val	Ile
Aminosäure an Position 170	Thr	Ile	Thr
Intrazellulär erzeugte cAMP-Konzentration	100 %	36 %	72 %
Färbung	dunkel	hell	hell

Tab. 1: Vergleich der drei MCR-Varianten

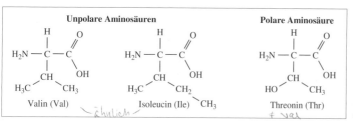

Abb. 2: Aminosäuren

2 Beschreiben und erklären Sie die unterschiedlichen cAMP-Konzentrationen in den Zellen mit den Rezeptorvarianten (MCR 1, 2 und 3) mithilfe der Angaben in Tabelle 1 und Abbildung 2. 3

In einem Nationalpark in New Mexico gibt es eine Wüstenlandschaft aus weißen Gipsdünen, die sogenannten White Sands, sowie Buschlandbereiche mit dunklerem Boden. In diesem Nationalpark wurde die Häufigkeit heller und dunkler Farbvarianten des Streifenleguans untersucht (Tabelle 2).

	White Sands	Buschland
Häufigkeit heller Tiere	89 %	1 %
Häufigkeit dunkler Tiere	11 %	99 %

Tab. 2: Häufigkeit heller und dunkler Streifenleguane an verschiedenen Standorten

3 Erklären Sie, weshalb an beiden Standorten jeweils eine Farbvariante wesentlich häufiger vorkommt.
Geben Sie eine mögliche Erklärung, warum die seltene Variante nicht vollständig verschwindet. 3

Im Nationalpark wurde untersucht, ob ein genetischer Austausch zwischen Taubleguanen unterschiedlicher Standorte stattfindet. Dazu wurden Individuen an fünf Standorten A bis E gefangen. Sieben Individuen stammen von Standorten in den White Sands (Standorte A und B mit den Individuen A_1 bis A_3, B_1 bis B_4) und acht aus dem Buschland (Standorte C, D, E; Individuen C_1, C_2; D_1, D_2; E_1 bis E_4). Mithilfe von DNA-Sequenzen wurde ein Verwandtschaftsdiagramm erstellt (Abbildung 3).

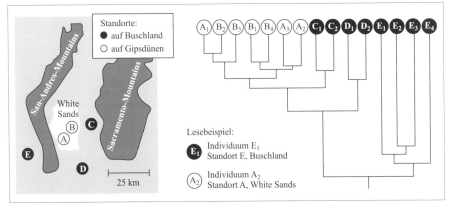

Abb. 3: Karte des Untersuchungsgebiets mit den Standorten A bis E und Ergebnis der Verwandtschaftsanalyse von 15 Individuen dieser Standorte

4.1 Begründen Sie, warum mithilfe von DNA-Sequenzen ein Verwandtschaftsdiagramm erstellt werden kann.   2

Wie das Verwandtschaftsdiagramm zeigt, sind Individuen von Standort A mit Individuen von Standort B näher verwandt als mit solchen des eigenen Standorts. A_1 ist z. B. enger verwandt mit B_2 als mit A_3. Im Gegensatz dazu sind die Individuen der anderen Standorte C, D und E untereinander immer enger verwandt.

4.2 Erläutern Sie mögliche Ursachen für den unterschiedlichen Verwandtschaftsgrad der Individuen an den Standorten A bis E.   3

4.3 Leiten Sie aus dem Ergebnis der Verwandtschaftsanalyse und der Verbreitung der Populationen (Abbildung 3) eine begründete Vorhersage zu möglichen zukünftigen Artbildungsprozessen beim Taubleguan ab. $\frac{3}{20}$

Lösungen

1.1 **Skizze** der Biomembran mit/ohne gebundenes MSH:

Die Darstellung der Kohlenhydratketten wird nicht zwingend verlangt, die Anordnung der peripheren Proteine ist nicht festgelegt.

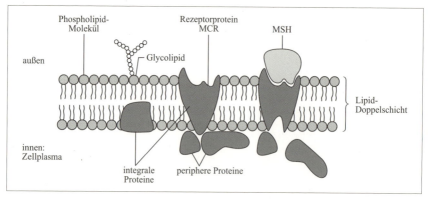

1.2 **Beschreibung** der Regulationsmöglichkeiten:
   - cAMP aktiviert (z. B. allosterisch) ein bestimmtes Enzym in der Synthesekette des Melanins. Dadurch kommt die Melaninsynthese in den Hautzellen in Gang.
   - cAMP aktiviert bestimmte Gene, die für Enzyme in der Synthesekette des Melanins codieren. Dies könnte dadurch erreicht werden, dass durch (z. B. allosterische) Aktivierung eines Transkriptionsfaktors das Ablesen eines Gens gestartet wird. Es folgt die Enzymsynthese und eine Aktivierung der Melaninsynthese in den Hautzellen.

   Begriffe der Genregulation bei Prokaryoten nach dem Jacob-Monod-Modell sind ebenfalls erlaubt (z. B. Repressor).

2 **Beschreibung** und **Erklärung** unterschiedlicher cAMP-Konzentrationen:
   - MCR 1: An Position 168 befindet sich Valin, an Position 170 Threonin, die intrazellulär erzeugte cAMP-Konzentration liegt bei 100 %. MRC 1 ist für die dunkle Körperfarbe bei beiden Leguanarten verantwortlich.
   Erklärung: Beide Leguanarten haben identische „Wildtyp"-Rezeptorproteine, die nach Bindung des MSH an den Rezeptor eine hohe cAMP-Bildung (100 %) bewirken. Die resultierende starke Melaninbildung führt zur dunklen Körperfarbe.
   - MCR 2: An Position 168 befindet sich Valin, an Position 170 Isoleucin, die cAMP-Konzentration liegt bei 36 %. Beim Streifenleguan resultiert daraus die helle Körperfarbe.
   Erklärung: Der Austausch der polaren Aminosäure Threonin durch die unpolare Aminosäure Isoleucin an Position 170 bewirkt eine so starke Veränderung der Tertiärstruktur (Konformation) des MCR-Proteins, dass die Signalweitergabe im Zellplasma stark gestört ist. Nur noch 36 % der „normalen" cAMP-Konzentration bewirken eine stark verringerte Melaninsynthese und damit eine helle Pigmentierung.
   - MCR 3: An Position 168 befindet sich Isoleucin, an Position 170 Threonin, die cAMP-Konzentration liegt bei 72 %. Beim Taubleguan resultiert daraus die helle Körperfarbe.
   Erklärung: Durch den Austausch der unpolaren Aminosäure Valin durch die ebenfalls unpolare Aminosäure Isoleucin an Position 168 wird die Tertiärstruktur (Konformati-

on) des MCR-Proteins nur wenig verändert, sodass die intrazelluläre cAMP-Synthese mit einer Reduktion auf 72 % der normalen cAMP-Konzentration nur in geringem Maße beeinträchtigt ist. Dennoch führt diese Abschwächung der cAMP-Konzentration zu einer verringerten Melaninsynthese und einer ebenfalls hellen Pigmentierung.

3 Aus der Fragestellung ist nicht zu entnehmen, ob auch erklärt werden soll, weshalb im Vergleich der Standorte die jeweils seltene Farbvariante mit unterschiedlicher Häufigkeit vorkommt. Es genügt zu erklären, weshalb eine Farbvariante wesentlich häufiger vorkommt.

Erklärung der unterschiedlichen Farbvarianten:
Die Häufigkeit heller Tiere beträgt in den White Sands 89 %, die Häufigkeit dunkler Tiere im Buschland beträgt 99 %. Nur jeweils eine Farbvariante bietet an den beiden Standorten einen Schutz vor Fressfeinden (z. B. Greifvögel). Auf weißen Gipsflächen fallen dunkle Tiere auf und auf dunklem Buschlandboden helle Tiere. Die jeweilige Tarnfarbe ist ein Selektionsvorteil, der zu einem größeren Fortpflanzungserfolg führt. Die Allelhäufigkeit der Pigmentgene in den jeweiligen Populationen verändert sich durch den Selektionsdruck daher in Richtung einer besseren Anpassung. In White Sands nimmt also die Häufigkeit der Melaninmangel-Allele zu, während im Buschland Melaninmangel-Allele stark negativ selektiert werden.

Mögliche **Erklärungen** seltener Varianten *(eine ist verlangt)*:
– Im Genpool der Population kommen die verantwortlichen Allele immer noch in geringer Frequenz vor, z. B. als rezessive Allele. Durch Rekombination entstehen zufallsgemäß weiterhin Nachkommen mit abweichenden Körperfärbungen.
– Je seltener eine Farbvariante wird, desto geringer ist der Selektionsdruck durch Fressfeinde, sodass nicht-angepasste Tiere nicht zwingend aussterben.
– Durch Neumutationen oder Rückmutationen entstehen immer wieder Farbvariationen.
– Durch Zuwanderung aus anderen Populationen mit verschiedenen Standortbedingungen kommen regelmäßig Farbvarianten hinzu.
– Möglicherweise weisen seltener vertretene Varianten einen anderen Selektionsvorteil auf (z. B. bessere Absorption von Strahlung bei dunkleren Tieren).

4.1 **Begründung:**
Verwandtschaft bedeutet genetische Ähnlichkeit, d. h., je ähnlicher die Basensequenz einander entsprechender (homologer) DNA-Abschnitte ist, desto größer ist die Verwandtschaft. Je größer der genetische Unterschied ist, d. h., je mehr Basenpaare abweichen, desto mehr Mutationen haben sich seit der Aufspaltung der Urpopulation in den verschiedenen genetisch isolierten Teilpopulationen ereignet und desto weiter zurück datiert der letzte gemeinsame Vorfahr.

4.2 Der Stammbaum ist im ersten Moment verwirrend, da es sich hier nicht um einen üblichen Stammbaum mit Arten oder Rassen handelt, sondern um einen Familienstammbaum mit Einzelindividuen der gleichen Art bzw. Population. Zur Veranschaulichung der Situation kann folgender Vergleich dienen: Es soll der Verwandtschaftsgrad zufällig ausgewählter Einwohner zweier benachbarter Dörfer untereinander bestimmt werden. Beim „Einfangen" von lediglich drei (!) Einwohnern im Dorf A (A1 bis A3) und vier Einwohnern im Dorf B (B1 bis B4) ergäbe sich dann in Analogie zum dargestellten Stammbaum, dass Person A1 näher mit Person B2 aus dem Nachbardorf verwandt ist als mit A2. Daraus schließen wir, dass Blutsverwandte von A1 nicht nur im Dorf A wohnen, da es keine geografischen Barrieren gibt. Es liegt also keine genetisch isolierte Population vor, sondern zwischen den Dörfern A und B ist „Genfluss" möglich.

Erläuterung möglicher Ursachen:
Bei Leguanen, die an den Standorten A und B gefangen wurden, fällt auf, dass Tiere vom Standort A teilweise näher mit Individuen von Standort B verwandt sind als mit Tieren der eigenen Population (und umgekehrt). Dies erklärt sich dadurch, dass die Standorte A und B in den White Sands räumlich nahe beieinander liegen, d. h., die dort gefangenen Individuen sind nicht geografisch voneinander isoliert und können sich untereinander fortpflanzen. Es besteht Genfluss und ein gemeinsamer Genpool. Als Beweis dafür kann angeführt werden, dass die Wahrscheinlichkeit, einen nahen Verwandten von A1 am Standort B zu fangen (B2), sehr groß ist.
Die an den Buschland-Standorten C, D und E gefangenen Leguane sind hingegen jeweils mit Tieren des eigenen Standorts am nächsten verwandt. Die Standorte C, D und besonders E werden von geografisch und genetisch voneinander isolierten Populationen bewohnt. Die Wahrscheinlichkeit, dass innerhalb dieser Populationen zwei oder vier zufällig gefangene Tiere enger miteinander verwandt sind als mit Tieren der übrigen Standorte, ist groß. Es gibt vermutlich keinen Genaustausch mit den Genpools der jeweils anderen Buschland-Standorte, da diese jeweils ca. 25 km voneinander entfernt liegen und die San-Andres-Mountains zwischen C und E bzw. D und E eine geografische Barriere darstellen. Es handelt sich bei den Populationen an diesen Standorten wahrscheinlich um Gründerpopulationen mit hohem Inzuchtanteil.

4.3 **Ableitung** einer möglichen Vorhersage:
– Aus der Verbreitung der Populationen (Abb. 3): Die Populationen an den Standorten A und B besitzen einen gemeinsamen Genpool. Durch das Fehlen geografischer Barrieren ist ungehinderter Genfluss möglich. Infolgedessen sind Aufspaltungen in Teilpopulationen mit anschließender Rasse-/Art-Bildung unwahrscheinlich.
Die Populationen C, D und insbesondere E sind wegen ihrer geografischen Isolation auch genetisch weitgehend isoliert. In den Teilpopulationen unterschiedlich auftretende Mutationen können nicht mehr ausgetauscht werden. Durch unterschiedliche Selektionsbedingungen (Klima, Fressfeinde) an den verschiedenen Standorten kann dies über lange Zeiträume die Genpools in unterschiedliche Richtungen verändern und zur Bildung einer neuen Unterart (Rasse) führen. Wenn im Laufe dieser Entwicklung zusätzlich eine reproduktive Isolation (keine gemeinsamen fruchtbaren Nachkommen) entsteht, handelt es sich um die Bildung einer neuen Art.
– Aus der DNA-Verwandtschaftsanalyse (Abb. 3): Beim Vergleich zwischen den Populationen A bis E zeigt sich deutlich, dass Population E die größte genetische Distanz zu den anderen Populationen aufweist. Die Wahrscheinlichkeit der Entstehung einer Unterart ist hier am höchsten.

Profil-/Neigungsfach Biologie (Baden-Württemberg): Abituraufgaben 2015
Aufgabe IV: Enzyme, Genmutation, ELISA

BE

Kaum auf der Welt, wird Neugeborenen bereits Blut abgenommen. Das mag keine schöne Begrüßung sein, ist aber sinnvoll, da das entnommene Blut beim Neugeborenen-Screening dazu verwendet wird, den Säugling auf die häufigsten angeborenen Stoffwechselerkrankungen zu untersuchen, um diese gegebenenfalls sofort behandeln zu können.
Eine dieser Stoffwechselerkrankungen ist das Adrenogenitale Syndrom (AGS). Ursächlich für diese Erkrankung ist ein genetisch bedingter Defekt des Enzyms Hydroxylase I. Das intakte Enzym wandelt Progesteron durch Anfügen einer OH-Gruppe (Hydroxylierung) in Desoxycorticosteron um.

1.1 Beschreiben Sie zwei charakteristische Eigenschaften von Enzymen. 2

1.2 Stellen Sie den Ablauf der durch Hydroxylase I katalysierten enzymatischen Reaktion in einer Abfolge beschrifteter Schemazeichnungen dar. 3

1.3 Das Enzym Hydroxylase I kann neben der Hydroxylierung von Progesteron zu Desoxycorticosteron auch die Hydroxylierung von OH-Progesteron zu Desoxycortisol katalysieren. Geben Sie eine mögliche Erklärung für diese Besonderheit. 2

Von AGS betroffene Mädchen weisen schon bei der Geburt leicht „vermännlichte" äußere Geschlechtsorgane auf. Außerdem kommt es in Stresssituationen zu Störungen des Wasser- und Salzhaushalts, weil Natriumchlorid (NaCl) vermehrt über den Urin ausgeschieden wird. Betroffene haben außerdem eine stark herabgesetzte Stressresistenz. Alle Symptome beruhen auf Störungen der Produktion der Nebennierenhormone.
Abbildung 1 zeigt den Syntheseweg für die Nebennierenhormone Aldosteron, Cortisol und Testosteron.

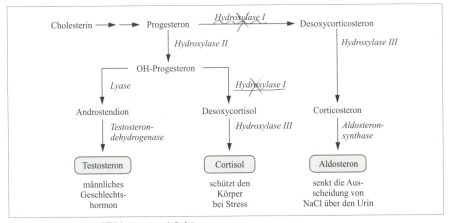

Abb. 1: Synthesewege und Wirkungen (vereinfacht)

2   Erklären Sie anhand der Abbildung 1, wie es zu den drei geschilderten Symptomen
    bei AGS-Patienten kommt.   3

Für das Hydroxylase-I-Gen sind verschiedene Mutationen bekannt, die zu unterschiedlich
schweren Ausprägungen von AGS führen.
Abbildung 2 zeigt einander entsprechende Ausschnitte aus dem Hydroxylase-I-Gen.

nicht mutiert:	3' ... GAC GCC GGG CAA CAC ... ... CCG ATG CTG TAG ... 5'
Mutation 1:	3' ... GAC ACC GGG CAA CAC ... ... CCG ATG CTG TAG ... 5'
Mutation 2:	3' ... GAC GCC GGG CAA CAC ... ... CCG ATC CTG TAG ... 5'

Abb. 2: Ausschnitt aus dem nicht mutierten Hydroxylase-I-Gen eines gesunden Menschen
und zwei homologe Ausschnitte mit AGS-auslösenden Mutationen

3   Ermitteln Sie mithilfe der Codesonne (siehe Anlage) die Aminosäuresequenzen zu
    den in Abbildung 2 dargestellten DNA-Abschnitten.
    Begründen Sie, welche der beiden Mutationen vermutlich zu einer schwereren
    Form von AGS führen wird.   3

Beim Neugeborenen-Screening wird das Blutserum des Säuglings mithilfe eines immunologischen Nachweistests auf einen erhöhten OH-Progesteron-Wert (OHP-Wert) getestet, der ein Indikator für AGS ist. Dabei werden parallel zum Blutserum synthetisch hergestellte OH-Progesteron-Moleküle eingesetzt, an die das Enzym HRP gebunden ist (OHP/HRP). Der Ablauf des Nachweisverfahrens ist in Abbildung 3 schematisch dargestellt.

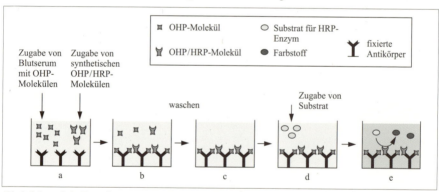

Abb. 3: Schematische Darstellung des Nachweisverfahrens für OHP

4.1 Beschreiben Sie die in Abbildung 3 dargestellten Prozesse.
    Begründen Sie, weshalb ein erhöhter OHP-Wert ein Indikator für die Erkrankung
    AGS ist.   3

4.2 Erläutern Sie, unter welchen Versuchsbedingungen der obige Test Aussagen über
    die Konzentration von OHP im Blutserum erlaubt.
    Erläutern Sie, welches Testergebnis bei einem Säugling mit AGS im Vergleich zu
    einem gesunden Säugling zu erwarten ist.   4
                                                                                             ──
                                                                                             20

Anlage: Codesonne

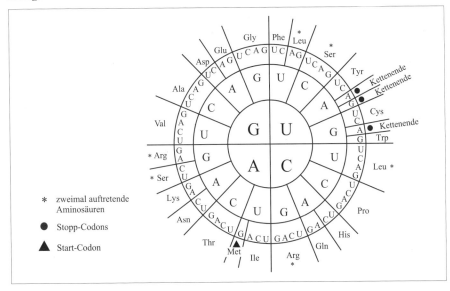

Lösungen

1.1 Beschreibung von Enzymeigenschaften *(zwei sind gefordert)*:
- Substratspezifität: Ein bestimmtes Enzym kann nur ein bestimmtes Substrat umsetzen.
- Wirkungsspezifität (Reaktionsspezifität): Ein bestimmtes Enzym kann sein Substrat nur nach einem bestimmten Reaktionstyp umsetzen (z. B. Hydroxylierung, Oxidation).
- Enzyme werden durch die Reaktion nicht verbraucht und wirken deshalb in winzigen Konzentrationen.
- Enzyme wirken temperaturabhängig, d. h., sie arbeiten nur bei einer bestimmten Temperatur optimal und werden durch Hitze zerstört.
- Enzyme sind stark pH-abhängig, d. h., sie arbeiten nur in einem bestimmten pH-Bereich optimal und werden durch starke Säuren und Laugen in der Regel zerstört.

1.2 Schematische **Darstellung** der Enzym-Reaktion:

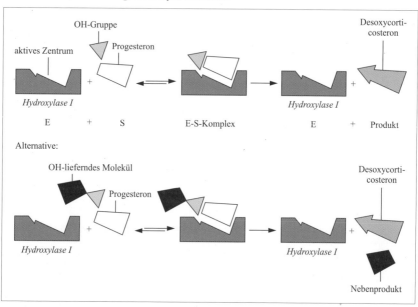

1.3 Mögliche Erklärungen *(eine ist gefordert)*:
- Progesteron und OH-Progesteron binden mit dem Molekülteil, der bei beiden identisch ist, an das aktive Zentrum.
- Das Enzym besitzt zwei aktive Zentren.
- Progesteron und OH-Progesteron besitzen nahezu die gleiche Raumstruktur (und Ladungsmuster) und das (nicht sehr spezifische) aktive Zentrum kann beide Moleküle binden und umsetzen.

2 Erklärung der drei Symptome:
Der Ausfall des Enzyms Hydroxylase I hat folgende Wirkungen:
- Die Umsetzung von Progesteron in Desoxycorticosteron ist blockiert. Infolgedessen kann das Hormon Aldosteron nicht mehr hergestellt werden, da das Substrat für die

Hydroxylase III fehlt. Durch den Hormonmangel wird vermehrt Natriumchlorid über den Urin ausgeschieden, sodass der Wasser- und Salzhaushalt gestört wird.
- Die Umsetzung von OH-Progesteron in Desoxycortisol ist ebenfalls blockiert, sodass das Stresshormon Cortisol (über Hydroxylase III) nicht hergestellt werden kann. Der Hormonmangel verursacht eine stark herabgesetzte Stressresistenz.
- Durch die Blockade der zwei genannten Stoffwechselwege kommt es zu einer Anhäufung der Zwischenprodukte Progesteron und OH-Progesteron. Die Erhöhung der Substratkonzentrationen bewirkt, dass die Enzyme Hydroxylase II und Lyase mit erhöhter Umsatzrate arbeiten. Infolgedessen wird (über das Enzym Testosterondehydrogenase aus Androstendion) verstärkt das Geschlechtshormon Testosteron synthetisiert und es kann zu einer „Vermännlichung" der äußeren Geschlechtsorgane bei Mädchen kommen.

3   **Ermittlung** der Aminosäuresequenzen:

Basensequenz der DNA (nicht mutiert):	3' ... GAC GCC GGG CAA CAC ... CCG ATG CTG TAG ... 5'
Basensequenz der RNA (nicht mutiert):	5' ... CUG CGG CCC GUU GUG ... GGC UAC GAC AUC ... 3'
Aminosäuresequenz (nicht mutiert):	Leu – Arg – Pro – Val – Val ... Gly – Tyr – Asp – Ile
Basensequenz der DNA (Mutation 1):	3' ... GAC **ACC** GGG CAA CAC ... CCG ATG CTG TAG ... 5'
Basensequenz der RNA (Mutation 1):	5' ... CUG **UGG** CCC GUU GUG ... GGC UAC GAC AUC ... 3'
Aminosäuresequenz (Mutation 1):	Leu – **Trp** – Pro – Val – Val ... Gly – Tyr – Asp – Ile
Basensequenz der DNA (Mutation 2):	3' ... GAC GCC GGG CAA CAC ... CCG AT**C** CTG TAG ... 5'
Basensequenz der RNA (Mutation 2)	5' ... CUG CGG CCC GUU GUG ... GGC UA**G** GAC AUC ... 3'
Aminosäuresequenz (Mutation 2):	Leu – Arg – Pro – Val – Val ... Gly – **Stopp**

Begründung der Mutationsfolgen:
Bei Mutation 1 wird durch den Basenaustausch nur eine Aminosäure verändert. Bei Mutation 2 bewirkt der Basentausch hingegen die Entstehung eines Stopp-Codons. Die Auswirkung von Mutation 2 auf die Tertiärstruktur und damit auf die Funktion des Hydroxylase-I-Moleküls ist vermutlich schwerwiegender, da ein Kettenabbruch zu einem (je nach Lage im Gen) stark verkürzten Protein führt.

Falls allerdings der Aminosäureaustausch bei Mutation 1 (unpolares Tryptophan gegen polares, stark positiv geladenes Arginin) im Bereich des aktiven Zentrums erfolgt oder das Stopp-Codon bei Mutation 2 ganz am Ende des Gens liegt, ist auch die gegensätzliche Wirkung möglich.

4.1 **Beschreibung** des Nachweisverfahrens:
- In ein Testgefäß mit fixierten Antikörpern gegen OHP-Moleküle werden gleichzeitig Patientenserum mit natürlichen OHP-Molekülen und synthetische, enzymgekoppelte OHP/HRP-Moleküle gegeben.
- Beide OHP-Varianten binden spezifisch an die Antikörper (gemäß dem Verhältnis ihrer Konzentrationen).
- Alle nicht gebundenen Moleküle werden durch Spülen entfernt.
- Es wird das Substrat (die Farbstoffvorstufe) für das Enzym HRP zugegeben.
- Das Enzym katalysiert die Umsetzung des Substrats in einen Farbstoff.

Begründung der Aussagekraft des OHP-Werts:

Vorsicht, diese Frage bezieht sich nicht auf den Testablauf, sondern auf Aufgabe 2 bzw. Abb. 1; dort ist die Begründung schon erfolgt.

Ein erhöhter OHP-Wert ist die Folge des Enzymdefekts im Cholesterin-Stoffwechselweg (Abb. 1). Der Ausfall der Hydroxylase I bewirkt, dass Progesteron nur noch zu OHP umgesetzt werden kann. Zusätzlich entsteht ein OHP-„Stau", da – ebenfalls durch den Enzymdefekt verursacht – nur noch ein Reaktionsweg als „Abfluss" zur Verfügung steht. (Das verantwortliche Enzym Lyase ist ausgelastet.) Beide Effekte führen bei AGS-Patienten zu einer signifikant erhöhten OHP-Konzentration im Blutserum.

4.2 **Erläuterung** der Versuchsbedingungen:
– Konzentrationen der zugegebenen Substanzen:
Um die Farbergebnisse zu vergleichen und zu standardisieren, müssen immer genau definierte Mengen (Volumina/Konzentration) von Patientenserum, synthetischem OHP/HRP und Substratlösung zugegeben werden.

Das Serumvolumen im Verhältnis zum OHP/HRP-Volumen legt fest, wie viele Enzymmoleküle gebunden werden, d.h., wie schnell die Farbreaktion abläuft. Die Substratkonzentration bestimmt ebenfalls die Reaktionsgeschwindigkeit der Farbentstehung.

– Messdauer: Die Farbintensität muss jeweils nach einer genau definierten, konstanten Zeitspanne gemessen werden.

Bei zu kurzer Inkubation ergäbe sich immer eine zu schwache Farbreaktion, bei zu langer Messdauer würden auch wenige HRP-Moleküle das Substrat vollständig umsetzen, sodass immer die maximale Farbtiefe erreicht wird.

– Weitere Versuchsbedingungen: Die Messungen müssen jeweils bei konstanter Temperatur und gleichem pH-Wert durchgeführt werden.

Die Aktivität der HRP-Enzym-Moleküle ist von diesen Parametern abhängig, daher muss die Farbintensität bei gleichen Versuchsbedingungen gemessen werden.

Erläuterung der Testergebnisse:
Bei gesunden Säuglingen mit geringer OHP-Konzentration wird die Farbintensität hoch sein, während bei Säuglingen mit AGS und deshalb hoher OHP-Konzentration nur eine schwache Färbung entstehen wird.
Begründung: Je höher die Konzentration der OH-Progesteron-Moleküle im Blutserum ist, desto wahrscheinlicher werden sie – in Konkurrenz zu der definierten Menge synthetischer enzymgekoppelter OHP-Moleküle – die begrenzte Zahl von Antikörpermolekülen am Boden des Testgefäßes besetzen. Je weniger Antikörper jedoch mit synthetischen OHP/HRP-Molekülen besetzt sind, desto geringer ist nach dem Waschvorgang die Enzymkonzentration in der anschließenden Farbreaktion und desto langsamer ist die Farbentwicklung. Nach der festgelegten Wartezeit ist also bei Säuglingen mit AGS nur eine geringe Farbtiefe zu erwarten.

Profil-/Neigungsfach Biologie (Baden-Württemberg): Abituraufgaben 2016
Aufgabe I: Neurophysiologie, Genmutation

BE

Bei einer örtlichen Betäubung werden Lokalanästhetika ins Gewebe gespritzt. Sie blockieren reversibel die Erregungsleitung entlang von Nervenfasern und ermöglichen so eine schmerzfreie Behandlung. Um wirksam zu werden, muss das Lokalanästhetikum Lidocain an die spannungsgesteuerten Natriumionenkanäle der Axonmembran von Nervenzellen gelangen.

1 Erstellen Sie eine beschriftete Skizze eines Zellmembranausschnittes auf der Basis des Fluid-Mosaik-Modells (Größe ca. ½ Seite) und kennzeichnen Sie die Innen- und Außenseite der Membran. 3

Spannungsgesteuerte Natriumionenkanäle nehmen im Verlauf des Aktionspotenzials verschiedene Konformationen an (Abbildung 1).

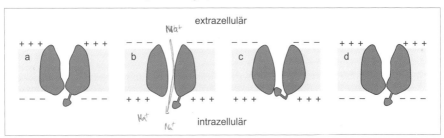

Abb. 1: Veränderung der Ladungsverteilung an der Membran und verschiedene aufeinanderfolgende Konformationen eines spannungsgesteuerten Natriumionenkanals im Verlauf eines Aktionspotenzials (stark vereinfacht)

2.1 Zeichnen Sie ein Diagramm, das den Verlauf eines Aktionspotenzials zeigt (Größe ca. ½ Seite), und erläutern Sie die auf molekularer Ebene ablaufenden Vorgänge, die zu diesem Spannungsverlauf führen. 4

2.2 Ordnen Sie die Teilabbildungen a–d aus Abbildung 1 jeweils einem Punkt im Kurvenverlauf des Aktionspotenzials zu und markieren Sie diese Punkte in Ihrer Skizze aus Teilaufgabe 2.1. Beschriften Sie die Punkte entsprechend mit a, b, c, d. Begründen Sie Ihre Zuordnung unter Berücksichtigung der jeweiligen Kanalkonformation sowie der Ladungsverteilung an der Membran. 4

Die Wirkung des Lokalanästhetikums Lidocain kann man experimentell überprüfen. In Abbildung 2 ist der Verlauf des Natriumioneneinstroms an einer Axonmembran nach einem künstlichen Reiz bei verschiedenen Lidocainkonzentrationen dargestellt.

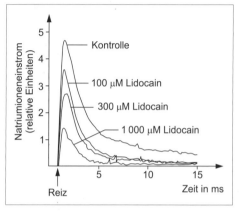

Abb. 2: Natriumioneneinstrom an der Axonmembran bei verschiedenen Konzentrationen von Lidocain und Kontrolle

3   Beschreiben Sie die Lidocainwirkung auf den Natriumioneneinstrom und geben Sie eine mögliche Erklärung für die Befunde.   2

Es gibt vereinzelt Menschen, deren Schmerzempfindlichkeit durch Punktmutationen im „Fakir-Gen" vermindert oder verstärkt ist. Dieses Gen codiert für den Natriumionenkanal in Axonen der Schmerzbahnen. Abbildung 3 zeigt zwei Abschnitte aus der DNA des „Fakir-Gens". Ein Austausch von Guanin (Position I) zu Adenin führt bei Menschen, die homozygot bezüglich des mutierten Gens sind, zum Verlust der Schmerzempfindung.
Eine andere Mutation des „Fakir-Gens", der Austausch von Thymin (Position II) zu Adenin, führt hingegen zu einer verstärkten Schmerzempfindung. Diese verstärkte Schmerzempfindung tritt auch dann auf, wenn Menschen heterozygot für dieses Gen sind, also neben dem mutierten Allel noch ein nicht mutiertes Allel besitzen.

Abb. 3: Zwei unterschiedliche Abschnitte aus der DNA des „Fakir-Gens"

4.1 Ermitteln Sie mithilfe der Codesonne (siehe Anlage) die jeweiligen Aminosäuresequenzen vor und nach der Mutation. Erklären Sie, welche Auswirkungen die Mutationen jeweils auf die Struktur des Kanalproteins und damit auf die Funktionsfähigkeit und die jeweils daraus resultierende Schmerzempfindlichkeit haben könnten.   4

4.2 Erklären Sie, warum die Schmerzunempfindlichkeit nur im homozygoten Fall, die erhöhte Schmerzempfindlichkeit aber bereits bei heterozygotem Auftreten der Mutation zu beobachten ist. $\frac{3}{20}$

Lösungen

1 **Skizze** der Biomembran nach dem Flüssig-Mosaik-Modell mit **Beschriftung**:

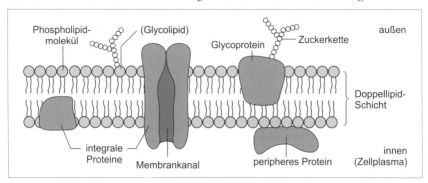

2.1 *Beachten Sie, dass sich Abb. 1 nur auf die Beantwortung der Frage 2.2 bezieht.*
Unerlässlich bei der Anfertigung eines Diagramms des AP-Verlaufs ist die Beschriftung der Achsen mit den Einheiten Spannung (in mV) und Zeit (in ms); ohne sie ist das Diagramm wissenschaftlich aussagelos. Ebenfalls unverzichtbar ist die Unterteilung (Skalierung) der Spannungsachse, während die Skalierung der Zeitachse entfallen kann. Auch die Markierung des Schwellenwerts als gestrichelte Linie ist nicht zwingend verlangt. Nicht geforderte Details sind in der Skizze grau dargestellt. Die Gliederung des Ablaufs in Phasen von I bis V erleichtert die Erläuterung.

Diagramm eines Aktionspotenzials (APs):

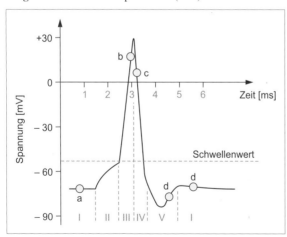

Erläuterung des Ablaufs eines Aktionspotenzials:
– **Phase I** entspricht dem Ruhepotenzial (RP).

- **Phase II:** Die Axonmembran wird bis zum Schwellenwert depolarisiert. (Ursache dafür ist z. B. die Öffnung einer genügend großen Zahl von Na^+-Ionenkanälen durch eine überschwellige Reizung.)
- **Phase III, Depolarisationsphase:** Nach Überschreitung des Schwellenwerts öffnen sich spannungsgesteuerte Na^+-Ionenkanäle (Alles-oder-Nichts-Ereignis). Es kommt zu einem schnellen Na^+-Ioneneinstrom (Diffusion gemäß Konzentrationsgefälle), der zu einer Umpolung der Membranspannung (von ca. -70 mV bis $+30$ mV) führt. Dann folgen die Schließung der spannungsgesteuerten Na^+-Ionenkanäle und die Öffnung spannungsgesteuerter K^+-Ionenkanäle.
- **Phase IV, Repolarisierungsphase:** Die Öffnung der K^+-Ionenkanäle bewirkt einen schnellen K^+-Ionenausstrom (Diffusion gemäß Konzentrationsgefälle). Die Membran wird repolarisiert. Die spannungsgesteuerten K^+-Ionenkanäle schließen sich wieder.
- **Phase V, Hyperpolarisationsphase** (hyperpolarisierendes Nachpotenzial): Durch kurzzeitig überschießenden K^+-Ionenausstrom kommt es zu einer Hyperpolarisation der Membran.
- Phase I: Das Ruhepotenzial ist wieder erreicht.

Der ursprüngliche Ladungsunterschied zwischen innen und außen ist damit wieder erreicht, nicht jedoch der ursprüngliche Konzentrationsunterschied, der für K^+- bzw. Na^+-Ionen innen gegenüber außen vorlag und für die Erhaltung des RPs notwendig ist. Die K^+-Na^+-Ionenpumpen müssen daher permanent unter Energieaufwand K^+-Ionen zurück in die Zelle bzw. Na^+-Ionen aus der Zelle hinausbefördern.

Während der Repolarisierungsphase ist an der gleichen Membranstelle kein erneutes AP auslösbar, da die spannungsgesteuerten Na^+-Ionenkanäle für kurze Zeit inaktiviert sind (Refraktärzeit).

2.2 *Bei dieser Aufgabe muss in Abb. 1 sehr genau Konformation und Ladungsverteilung beachtet werden. Aus dem Unterricht ist wahrscheinlich nur bekannt, dass die spannungsgesteuerten Na^+-Ionenkanäle entweder „offen" oder „geschlossen" sind. Abb. 1 beschreibt die Na^+-Ionenkanalkonformationen mit einem anspruchsvolleren Modell, demzufolge die spannungsgesteuerten Na^+-Ionenänäle durch zwei „Tore" gesteuert werden („Aktivierungstor = Innentor" und „Inaktivierungstor = Außentor"). Der Na^+-Ionenkanal kann dann in drei Zuständen vorliegen: Kanal geschlossen/aktivierbar (Innentor zu/Außentor offen), Kanal offen (beide Tore offen) und Kanal geschlossen/nicht aktivierbar (Innentor auf/Außentor zu).*

Auch ohne dieses Vorwissen ist die Zuordnung zum AP-Verlauf mithilfe der Membranspannung bzw. der Ladungsverteilung und der chronologischen Abfolge der Bilder leicht möglich. Eine Analyse des „Zwei-Tor"-Modells wird nicht erwartet.

Die Formulierung „Zuordnung zu einem Punkt des AP-Verlaufs" könnte insofern irreführend sein, als die dargestellten Öffnungszustände der Na^+-Ionenkanäle jeweils bestimmte Phasen des AP-Verlaufs wiedergeben. Jeder Punkt, der begründet innerhalb der zutreffenden Phase gezeichnet wird, ist daher korrekt.

Zuordnung der Teilabbildungen/Kanalkonformationen:
a Phase I (Ruhepotenzial)
Begründung:
 - Kanalkonformation: Der Na^+-Ionenkanal ist von innen geschlossen (Innentor zu, Außentor offen) $\Rightarrow$ aktivierbar).
 - Die Ladungsverteilung (innen negativ/außen positiv) entspricht der Ruhespannung.
b Späte Depolarisationsphase III (im Umpolungsbereich zwischen 0 mV und +30 mV)
Begründung:
 - Kanalkonformation: Der Na^+-Ionenkanal ist geöffnet (beide Tore geöffnet).

- Die Ladungsverteilung (innen positiv / außen negativ) entspricht der Depolarisationsphase nach der Umpolung der Membran durch den Na^+-Ioneneinstrom.
c Frühe Repolarisationsphase IV (im Umpolungsbereich zwischen +30 mV und 0 mV)
   Begründung:
   - Kanalkonformation: Der Na^+-Ionenkanal ist von außen geschlossen (Innentor offen / Außentor zu $\Rightarrow$ nicht aktivierbar = refraktär).
   - Die Ladungsverteilung (innen positiv / außen negativ) entspricht der frühen Repolarisationsphase durch den K^+-Ionenausstrom nach der Öffnung der K^+-Ionenkanäle.
d Hyperpolarisationsphase V oder Phase I, d. h. wieder erreichtes Ruhepotenzial
   Begründung:
   - Kanalkonformation: Der Na^+-Ionenkanal ist von innen geschlossen (Innentor zu / Außentor offen $\Rightarrow$ [wieder] aktivierbar).
   - Die Ladungsverteilung (innen negativ / außen positiv) entspricht der Hyperpolarisation bzw. dem Ruhepotenzial.

3 **Beschreibung** der Lidocainwirkung:
Gegenüber der Kontrolle ist der Na^+-Ioneneinstrom bei Gabe von 100 µM Lidocain um etwa ein Viertel verringert. Je höher die Lidocainkonzentration gewählt wird, desto geringer fällt der Na^+-Ioneneinstrom aus.
Und/oder: Mit zunehmender Lidocainkonzentration vermindert sich auch die Dauer des Na^+-Ioneneinstroms.

Erklärung der Befunde:
Lidocain blockiert möglicherweise die Na^+-Ionenkanäle, sodass keine Na^+-Ionen mehr einströmen können. Mit steigender Lidocainkonzentration wird dann ein immer größerer Teil der Na^+-Ionenkanäle blockiert, ein zunehmend geringer Anteil der Kanäle ist geöffnet. Die Folge ist ein geringerer Na^+-Ioneneinstrom.
Und/oder: Lidocain verringert die Öffnungsdauer der Na^+-Ionenkanäle.

4.1 *Obwohl dazu keine Angaben gemacht werden, dürfen Sie davon ausgehen, dass es sich bei dem DNA-Ausschnitt um den codogenen Strang in 3'→5'-Polarität handelt.*

DNA-Ausschnitt 1 aus dem „Fakir-Gen":

nicht mutierte DNA (codogener Strang):	mutierte DNA (codogener Strang):
3' ... GGT GCC GCT GTG ... 5'	3' ... GGT GCC **ACT** GTG ... 5'
mRNA: 5' ... CCA CGG CGA CAC ... 3'	5' ... CCA CGG **UGA** CAC ... 3'
Aminosäuresequenz: ... Pro – Arg – Arg – His ...	... Pro – Arg – STOPP

DNA-Ausschnitt 2 aus dem „Fakir-Gen":

nicht mutierte DNA (codogener Strang):	mutierte DNA (codogener Strang):
3' ... GAT CCA TTG GTG TGG ... 5'	3' ... GAT CCA TTG G**A**G TGG ... 5'
mRNA: 5' ... CUA GGU AAC CAC ACC ... 3'	5' ... CUA GGU AAC C**U**C ACC ... 3'
Aminosäuresequenz: ... Leu – Gly – Asn – His – Thr ...	... Leu – Gly – Asn – **Leu** – Thr ...

Erklärung der Auswirkungen der Mutationen auf Proteinstruktur und Funktion:
- Die Mutation 1 an Position I bewirkt die Entstehung eines Stopp-Codons. Die Folge ist ein Kettenabbruch im Membranprotein des Na^+-Ionenkanals. Das verkürzte Membranprotein kann seine Funktion als Ionenkanal nicht mehr oder nur noch unzureichend erfüllen.
- Die Mutation 2 an Position II bewirkt den Austausch der Aminosäure Histidin gegen Leucin. Die Folge ist eine veränderte Raumstruktur (Konformation) des Membranproteins.

Erklärung der Auswirkung auf die Schmerzempfindlichkeit:
Da durch Mutation 1 der Na^+-Ioneneinstrom blockiert / erschwert ist, ist das Auslösen eines APs nicht / kaum mehr möglich. Infolgedessen kann das Axon nicht mehr erregt werden bzw. die Erregung nicht zum Gehirn weitergeleitet werden. Dies bewirkt eine verringerte oder völlig gehemmte Schmerzempfindlichkeit *(Analgesie)*.
Durch Mutation 2 verändert sich die Funktionsweise der Na^+-Ionenkanäle. Das Membranprotein könnte so verändert worden sein, dass der Schwellenwert, der zur Auslösung von APs erreicht werden muss, herabgesetzt wird. Dies bewirkt, dass schon bei geringerem Schmerzreiz eine Erregung ausgelöst wird. Die Folge wäre eine erhöhte Schmerzempfindlichkeit.

4.2 **Erklärung** der Schmerzunempfindlichkeit nur bei homozygoten Merkmalsträgern:
Heterozygote Merkmalsträger besitzen (theoretisch 50 %) funktionsfähige Na^+-Ionenkanäle und (theoretisch 50 %) defekte Na^+-Ionenkanäle. Diese funktionsfähigen Kanäle scheinen auszureichen, um eine normale bzw. etwas geringere Schmerzempfindung zu ermöglichen. Nur wenn beide Allele mutiert sind (Homozygotie), werden ausschließlich defekte Na^+-Ionenkanäle gebildet. Die Folge ist eine völlige Schmerzunempfindlichkeit.

Das mutierte Defektallel ist rezessiv.

Erklärung der Schmerzüberempfindlichkeit bei heterozygoten Merkmalsträgern:
Bei heterozygoten Merkmalsträgern ist ein Teil der Na^+-Ionenkanäle (theoretisch 50 %) „überempfindlich". Dies scheint bereits auszureichen, um insgesamt eine größere Schmerzempfindlichkeit zu bewirken.

Das mutierte Defektallel ist dominant.

Profil-/Neigungsfach Biologie (Baden-Württemberg): Abituraufgaben 2016
Aufgabe II: Signaltransduktion, Gentechnik

BE

Auf Flavour-Tripping-Partys wird mit Miraculin-Tabletten die Geschmacksempfindung gezielt verändert. Wird eine solche Tablette gelutscht, so empfindet man für kurze Zeit Saures als süß.
Miraculin ist ein Protein, das aus der Frucht der in Westafrika heimischen Wunderbeere *(Synsepalum dulcificum)* gewonnen wird. Dort wird die Beere schon lange genutzt, um den Geschmack saurer Speisen zu versüßen.

1 Miraculin liegt in einer für Proteine typischen dreidimensionalen Struktur vor. Benennen Sie die verschiedenen Strukturebenen eines Proteins und nennen Sie die Bindungen bzw. Kräfte, die diese jeweils stabilisieren.   3

Im Normalfall entsteht der Sinneseindruck süß im Gehirn als Folge der Bindung eines Geschmacksstoffes an den Rezeptor einer Geschmackssinneszelle für Süß.

2 Beschreiben Sie mithilfe der Abbildung 1, wie eine Geschmackssinneszelle für Süß die Signaltransduktion von der Bindung eines Geschmacksstoffes an den Rezeptor bis zur Erregung der nachgeschalteten Nervenzelle erfolgt.   4

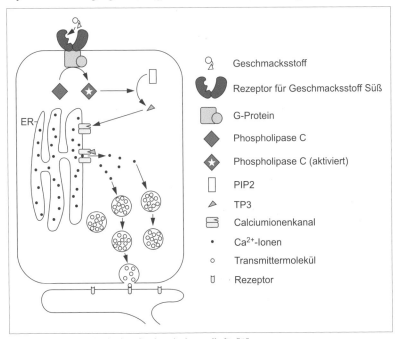

Abb. 1: Signaltransduktion in einer Geschmackssinneszelle für Süß

Der Geschmacksrezeptor für Süß (Abbildung 2) ist ein Membranprotein, das nicht sehr selektiv ist. Daher kann die Geschmacksempfindung süß durch verschiedene Zucker, aber auch durch künstliche Süßstoffe (z. B. Aspartam) und Aminosäuren (z. B. D-Tryptophan) ausgelöst werden.
Bei Zellen, die in einer Zellkultur gezüchtet werden und die den Geschmacksrezeptor für Süß besitzen, kann man die Aktivierung dieser Geschmacksrezeptoren über eine Messung der intrazellulären Calciumionenkonzentration nachweisen und damit Rückschlüsse auf die Süßkraft eines Stoffes ziehen. In Abbildung 3 ist das Ergebnis einer solchen Messung bei Aktivierung der Rezeptoren mit den Geschmacksstoffen Aspartam und D-Tryptophan dargestellt.

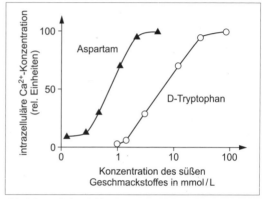

Abb. 2: Rezeptor mit den Geschmacksstoffen Aspartam (links) und D-Tryptophan (rechts) (vereinfacht)

Abb. 3: Intrazelluläre Calciumionenkonzentration in Abhängigkeit von der Aspartam- und D-Tryptophan-Konzentration

3   Interpretieren Sie die Messergebnisse in Abbildung 3 im Hinblick auf die Süßkraft der getesteten Geschmacksstoffe. Geben Sie mithilfe von Abbildung 2 eine mögliche Erklärung für die unterschiedlichen Messergebnisse.   4

Auch Miraculin wirkt auf die intrazelluläre Calciumionenkonzentration von Geschmackssinneszellen für Süß. Abbildung 4 zeigt diese Wirkung von Miraculin bei unterschiedlichen pH-Werten.

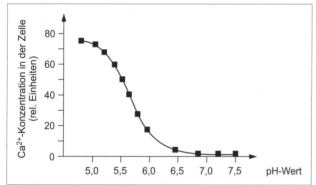

Abb. 4: Intrazelluläre Calciumionenkonzentration bei Miraculingabe in Abhängigkeit vom pH-Wert

4　Beschreiben Sie die Grafik.
Begründen Sie, warum eine saure Zitrone den Geschmackseindruck süß hervorruft, wenn man gleichzeitig eine Miraculin-Tablette lutscht.
Geben Sie eine mögliche Erklärung für die pH-abhängige Wirkung von Miraculin auf molekularer Ebene.　5

Miraculin könnte als kalorienarmer, für Diabetiker geeigneter Süßstoff genutzt werden. Man versucht deshalb Miraculin mithilfe von *E.-coli*-Bakterien genetisch zu erzeugen. Dazu werden rekombinante Plasmide hergestellt, die das Miraculin-Gen enthalten.

5　Beschreiben Sie, wie rekombinante Plasmide hergestellt werden können, wenn Miraculin-Gene und Plasmide bereits vervielfältigt vorliegen.
Beschreiben Sie, wie das rekombinante Plasmid aufgebaut sein muss, um damit eine Selektion der rekombinanten Bakterien zu ermöglichen. Erläutern Sie ein entsprechendes Selektionsverfahren.　4
　　　　　　　　　　　　　　　　　　　　　　　　　　　　　　　　　　20

Lösungen

1 **Nennung** der Strukturebenen und der jeweiligen Bindungen bzw. stabilisierenden Kräfte:

Strukturebene	Bindung/stabilisierende Kräfte	Ort
Primärstruktur	Peptidbindungen (Atombindung)	zwischen den Aminosäure-Bausteinen
Sekundärstruktur	Wasserstoffbrückenbindungen	zwischen den Peptidgruppen
Tertiärstruktur	– Disulfidbrücken (Atombindung) – Ionenbindungen – H-Brücken – Van-der-Waals-Kräfte	Bindungen bzw. stabilisierende Kräfte zwischen den Aminosäureresten der Eiweißkette

2 **Beschreibung** der Signaltransduktion:

Gefordert ist nur eine stichwortartige Abfolge der Vorgänge in Abb. 2. Die Fachbegriffe, die Sie benötigen, können Sie der Legende entnehmen.

– Der Geschmacksstoff bindet (spezifisch) an den Rezeptor in der Membran der Geschmackssinneszelle (nach dem Schlüssel-Schloss-Prinzip).
– Über ein (aktiviertes) G-Protein wird (das Enzym) Phospholipase C aktiviert.
– PIP2 wird enzymatisch über Phospholipase C zu TP3 abgebaut.
– TP3 (= second messenger/Signalstoff) bindet an (rezeptorgesteuerte) Ca^{2+}-Ionenkanäle in der ER-Membran und bewirkt ihre Öffnung.
– Ca^{2+}-Ionen strömen in das Zellplasma aus (Konzentrationsgefälle erkennbar).
– Vesikel mit Transmittermolekülen wandern zur Zellmembran und entleeren den Transmitter (in den synaptischen Spalt).
– Die Transmittermoleküle binden an (mit Ionenkanälen gekoppelte) Rezeptoren in der Membran der nachgeschalteten Zelle.
– Öffnung der Ionenkanäle und Ioneneinstrom (z. B. Na^+-Ionen).
– Änderung des (postsynaptischen) Membranpotenzials (Depolarisierung).
– Erregung der nachgeschalteten Nervenzelle.

Die Ionen an der Postsynapse sind nicht dargestellt. Die Annahme, dass es sich um eine „normale" Synapse handelt, ist deshalb erlaubt.

3 **Interpretation** der Messergebnisse:
Der Süßstoff Aspartam hat die stärkere Süßkraft.
Begründung: Schon bei viel geringerer Konzentration des Geschmacksstoffes wird die maximale intrazelluläre Ca^{2+}-Ionenkonzentration erreicht, d. h. die maximale Aktivierung der Sinneszelle ausgelöst. Um die gleiche Süßempfindung mit D-Tryptophan zu erreichen, benötigt man eine ca. 10-fach höhere Konzentration.
(Die Aspartam-Kurve ist zusätzlich auch steiler, d. h., eine Steigerung der Süßempfindung erfolgt schon bei geringerer Konzentrationserhöhung als bei D-Tryptophan.)

Erklärung der Messergebnisse mithilfe von Abb. 2:
Das Aspartam-Molekül passt aufgrund seiner Struktur besser in das Rezeptormolekül (Schlüssel-Schloss-Prinzip) als das D-Tryptophan-Molekül. Die Folge ist eine stärkere Aktivierung des G-Proteins und damit eine stärkere Ca^{2+}-Ionenausschüttung. (Bei gleichen Konzentrationen werden durch Aspartam mehr Rezeptoren aktiviert als durch D-Tryptophan.)

Oder: Aspartam weist eine längere Bindungsdauer an den Rezeptor auf, z. B. durch stärkere Anziehungskräfte. Die Folge ist eine längere Aktivierung des G-Proteins und damit ebenfalls eine stärkere Ca^{2+}-Ionenausschüttung.

4   **Beschreibung** der Grafik:
Im Neutralbereich ist Miraculin wirkungslos. Mit abnehmendem pH-Wert, d. h. in zunehmend saurem Milieu, steigt die intrazelluläre Ca^{2+}-Ionenkonzentration. Bei pH = 5 erreicht Miraculin seine maximale Wirkung auf die Ca^{2+}-Ionenkonzentration. Der stark saure Zitronensaft erzeugt daher den für Miraculin optimalen pH-Wert im Mundraum, sodass bei gleichzeitigem Lutschen einer Miraculin-Tablette die Süßrezeptoren stark erregt werden. Die Folge ist eine Süßempfindung.

Es wird vermutet, dass Miraculin gleichzeitig die Empfindung für Saures hemmt.

Mögliche **Erklärung** der pH-abhängigen Wirkung:
Miraculin ist ein Protein mit spezifischer Raumstruktur. Die Bindungskräfte, die diese Tertiärstruktur stabilisieren, sind sehr pH-empfindlich (z. B. H-Brücken und Ionenbindungen). Die Absenkung des pH-Werts bewirkt eine Veränderung der Raumstruktur, sodass Miraculin an den Geschmacksrezeptor (oder einen anderen Rezeptor) binden kann.
Oder: Da auch der Süßrezeptor ein Protein ist, könnte sich auch dessen Raumstruktur ändern, sodass er Miraculin binden kann.
Oder: Miraculin könnte, statt der Aktivierung der Signalkaskade über Rezeptoren, durch die Säurezugabe auch selbst in das Zellinnere gelangen und die Signalkaskade aktivieren.
Oder: Miraculin verändert einen Inhaltsstoff im Zitronensaft so, dass dieser an den Süßrezeptor binden kann.

5   **Beschreibung** der Herstellung rekombinanter Plasmide:
– Die Plasmidringe werden mit einem geeigneten Restriktionsenzym aufgeschnitten. Mit dem gleichen Enzym werden auch die Enden des Miraculin-Gens geschnitten (Entstehung gleicher „sticky ends").
– Plasmide und Miraculin-Gene werden vermischt, sodass sich die Miraculin-Gene mit den überstehenden Enden in die Schnittstellen der Plasmide einfügen.
– Durch das hinzugefügte Enzym Ligase werden die Enden zu einem rekombinanten Plasmid mit Fremdgen verknüpft.

Beschreibung des Plasmidaufbaus in Bezug zum Selektionsverfahren:
Um den erfolgreichen Einbau des Fremdgens in das Plasmid und in das Bakterium zu überprüfen, muss in das Plasmid zusätzlich ein Markergen eingebaut werden, das gleichzeitig mit dem Fremdgen exprimiert wird. Es soll in den rekombinanten Bakterien leicht nachgewiesen werden können. Beispiele für Markergene sind Resistenzgene, Leuchtgene (z. B. grün fluoreszierendes Protein = GFP) oder das β-Galactosidase-Gen (Blau-Weiß-Selektion).

Erläuterung eines Selektionsverfahrens:
Beispiel Blau-Weiß-Verfahren *(stark vereinfacht)*: Die Plasmide, in die das Fremdgen eingebaut werden soll, enthalten ein Antibiotikum-Resistenzgen und das Gen für β-Galactosidase (lacZ-Gen). Dessen Genprodukt, das Enzym β-Galactosidase, katalysiert die Umsetzung einer farblosen Vorstufe in einen blauen Farbstoff. Das Fremdgen wird so in das Plasmid eingebaut, dass es das lacZ-Gen zerschneidet und so zerstört. Die transformierten Bakterien werden auf Nährböden mit Antibiotikum kultiviert. Hier überleben nur Bakterien mit Resistenzgen, d. h. solche mit Plasmid. Wird anschließend das Substrat des Enzyms β-Galactosidase zugegeben, verfärben sich alle Kolonien, die keine rekombinanten Bakterien enthalten, blau, da sie ein intaktes lacZ-Gen aufweisen. Die weißen Kolonien enthalten das Fremdgen, da bei ihnen das lacZ-Gen zerschnitten wurde.

Profil-/Neigungsfach Biologie (Baden-Württemberg): Abituraufgaben 2016
Aufgabe III: Neurophysiologie, Immunbiologie, Virenvermehrung, HIV

BE

Polio (Kinderlähmung) ist eine hochansteckende Infektionskrankheit, die bis in die 50er-Jahre des vergangenen Jahrhunderts weltweit gefürchtet war. Der Erreger der Kinderlähmung ist das Polio-Virus. Gelangt dieses ins Rückenmark, befällt und zerstört es dort Nervenzellen, deren Axone zur Skelettmuskulatur ziehen (sogenannte Motoneurone). Dies führt in den betroffenen Bereichen zu Lähmungserscheinungen.

1 Benennen Sie in Abbildung 1 die mit Ziffern gekennzeichneten Strukturen eines Motoneurons und erläutern Sie an einem Beispiel einen Struktur-Funktions-Zusammenhang beim Motoneuron.

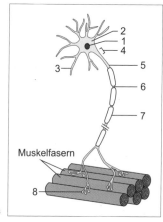

Abb. 1: Schema eines Motoneurons

3

Polio-Viren besitzen eine Hülle aus Proteinen, das sogenannte Capsid. Das Erbgut besteht aus einer einsträngigen RNA. Um in eine menschliche Zelle eindringen zu können, benötigt das Polio-Virus an der Zelloberfläche den spezifischen Rezeptor CD155, an den es bindet. Dieser Rezeptor kommt nur bei wenigen menschlichen Zelltypen, zum Beispiel bei Nervenzellen, vor.

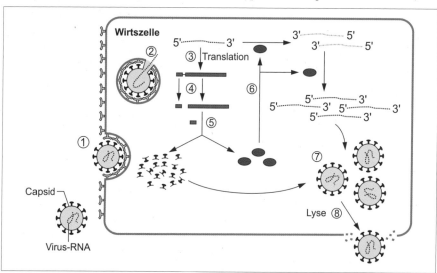

Abb. 2: Schema der Vermehrung der Polio-Viren in einer Wirtzelle (vereinfacht)

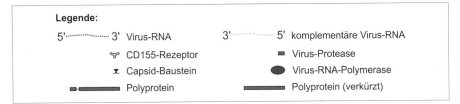

2.1 Beschreiben Sie die Vermehrung von Polio-Viren in der Wirtszelle anhand der Schritte 1 bis 8 in Abbildung 2.   4

Nach einer Infektion mit Polio-Viren läuft im Körper die spezifische Immunantwort ab.

2.2 Stellen Sie die humorale Immunantwort nach einer Infektion mit dem Polio-Virus in Form eines Verlaufsschemas dar.   4

Impfungen haben dazu geführt, dass in Deutschland seit 1992 keine weiteren Polioerkrankungen aufgetreten sind. Als Impfstoff wurde lange Zeit „Sabin" verwendet. Hierbei wurden der Person abgeschwächte Viren, d. h. Viren, die eine geringere Vermehrungsrate aufweisen, verabreicht.

3.1 Nennen Sie mithilfe von Abbildung 2 zwei mögliche Veränderungen des Virus im Impfstoff „Sabin" und erläutern Sie, wie diese zu einer verringerten Vermehrungsrate führen können.   3

3.2 Geben Sie eine mögliche Erklärung, weshalb „Sabin" in Europa nicht mehr empfohlen und stattdessen der Impfstoff „Salk" verwendet wird, der nur aus Virus-Bruchstücken besteht.   2

Polio-Viren haben wie HI-Viren RNA als Erbsubstanz. Im Gegensatz zu Polio-Viren gehören die HI-Viren zur Gruppe der Retroviren, d. h. sie verfügen über das Enzym reverse Transkriptase.

4 Beschreiben Sie die Funktion der reversen Transkriptase und erläutern Sie zwei Vorteile, die Retroviren durch das Vorhandensein dieses Enzyms haben könnten. Begründen Sie in diesem Zusammenhang, weshalb das Krankheitsbild AIDS im Gegensatz zur Kinderlähmung oft erst nach vielen, fast symptomfreien Jahren auftreten kann. $\frac{4}{20}$

Lösungen

1 **Benennung** der Strukturen:
   1 Zellkern
   2 Zellplasma (Zellkörper / Soma)
   3 Dendrit
   4 Axonhügel
   5 Axon (Neurit)
   6 (Ranvierscher) Schnürring
   7 Schwannsche Zelle (Myelin-/Markscheide)
   8 Endknöpfchen (Synapse, motorische Endplatte)

   Erläuterung eines Struktur-Funktions-Zusammenhangs *(ein Beispiel ist gefordert)*:
   – Dendritenverzweigung: Die Oberflächenvergrößerung durch zahlreiche Zellausläufer erlaubt der Nervenzelle die Verknüpfung mit anderen Nervenzellen über viele Synapsen, um möglichst viele Informationen aufnehmen und verrechnen zu können.
   – Umhüllung des Axons durch Schwannsche Zellen: Bildung einer elektrisch isolierenden Myelinscheide zur Beschleunigung der Erregungsleitung, Ausbildung von Aktionspotenzialen nur an Ranvierschen Schnürringen (Energie-/Materialersparnis durch geringere Axonquerschnitte).
   – Endverzweigungen des Axons: Verknüpfung der Nervenzelle über Vielzahl von synaptischen Endknöpfchen mit mehreren Muskelfasern (zu einer motorischen Einheit).
   – Axonlänge: Lang ausgezogene Neuriten zur schnellen und materialsparenden Übertragung elektrischer Signale über längere Distanzen.

2.1 **Beschreibung** der Virusvermehrung:
   1 Das Polio-Virus bindet an den Membranrezeptor CD155 und löst eine Endocytose aus: Das Virus wird durch Membraneinstülpung als „Nahrungsvesikel" in das Zellplasma der Wirtszelle aufgenommen.
   2 Die Virus-RNA wird durch Vesikelöffnung in das Zellplasma entlassen.
   3 Die einzelsträngige Virus-RNA wird (an den Ribosomen der Wirtszelle) in ein Polyprotein translatiert.
   4 Das Polyprotein wird in eine Virus-Protease und ein verkürztes Polyprotein gespalten.
   5 Das Polyprotein wird enzymatisch durch die Virus-Protease in Capsid-Bausteine und die Virus-RNA-Polymerasen gespalten.
   6 Das Enzym Virus-RNA-Polymerase transkribiert die Virus-RNA vielfach in komplementäre RNA-Stränge. Aus diesen wird mithilfe des gleichen Enzyms die (wiederum komplementäre) originale Polio-Viren-RNA in vielen Kopien hergestellt.
   7 Neue Polio-Viren setzen sich aus Virus-RNA und Capsid-Bausteinen selbst zusammen.
   8 Polio-Viren werden durch Lyse der Wirtszelle freigesetzt.

2.2 **Darstellung** der humoralen Immunantwort als **Verlaufsschema:**

   Ein Verlaufsschema ist ein einfaches Pfeilschema, das die wichtigsten Teilschritte (hier: der Immunreaktion) ohne Erläuterung wiedergibt.

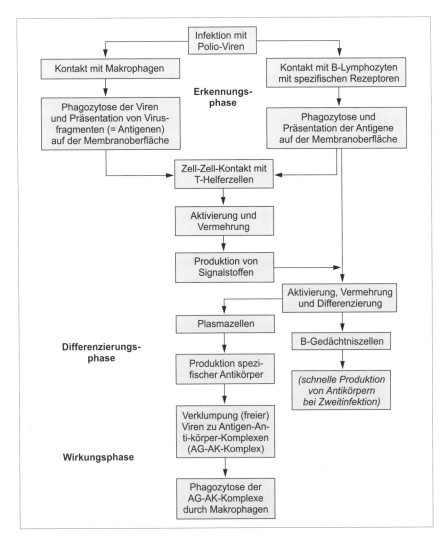

3.1 **Nennung** von Veränderungen und **Erläuterung** der Folgen *(zwei sind gefordert)*:

Die Veränderungen der Virusbausteine beruhen auf Mutationen in der Virus-RNA.

- Eine Veränderung der Capsid-Proteine an der Virusoberfläche kann zu schlechterer Erkennung durch die CD155-Rezeptoren und damit zu einer erschwerten Virusaufnahme führen; daraus resultiert eine geringere Vermehrungsrate.
- Eine Veränderung der Virus-RNA-Polymerase kann zu geringerer Transkriptionsrate und damit geringerer Vermehrungsrate führen.

- Eine Veränderung der Virus-Protease kann eine geringere Enzymaktivität bewirken. Die Folge ist eine geringere Konzentration an Capsid-Bausteinen und RNA-Polymerase-Molekülen; die Vermehrungsrate wird verringert.
- Eine Veränderung der Hüllbausteine kann den Selbstzusammenbau der Viren erschweren und so eine geringere Vermehrungsrate bedingen.

3.2 **Erklärung** der Bevorzugung des neuen Impfstoffs:
Auch bei abgeschwächten Polio-Erregern (Lebendimpfstoff) kann es in seltenen Fällen zum Ausbruch von Kinderlähmung kommen, wenn der Geimpfte an Immunschwäche leidet oder wenn der Erreger durch Rückmutationen wieder pathogen wird. Beim Impfstoff „Salk" besteht dieses Risiko nicht, da Virusbruchstücke (Totimpfstoff) keine Infektion auslösen können.

4   **Beschreibung** der Funktion der reversen Transkriptase:
Das Enzym reverse Transkriptase dient dazu, (Viren-)RNA in DNA umzuschreiben.

Erläuterung der Vorteile von Retroviren *(zwei sind gefordert)*:
Die reverse Transkriptase ermöglicht es den HI-Viren, sich als Proviren in die Wirts-DNA zu integrieren und dort lange Zeit inaktiv zu bleiben.
Folgende Vorteile bestehen dadurch für das Virus:
- Schutz vor dem Immunsystem des Wirts.
- Zusätzliche Virusvermehrung, da die Proviren bei Zellteilungen mitkopiert werden.
- Da die reverse Transkriptase sehr ungenau arbeitet, zeigen HI-Viren eine große Variabilität in der Virushülle. Dies ermöglicht es den Viren, sich ständig der Immunabwehr zu entziehen, da die spezifischen Antikörper gegen neue Varianten wirkungslos sind.

Begründung der symptomlosen Zeit:
Solange das Virusgenom im Wirtsgenom integriert und inaktiviert ist, schädigt es die Wirtszellen und die Gesundheit des Wirts nicht.

Befallene T-Helferzellen können sich z. B. normal vermehren und erfüllen ihre Funktion als Immunzellen.

Deshalb treten oft jahrelang keine AIDS-Symptome auf. Erst wenn das Provirus aktiv wird und sich aus der Wirts-DNA ausgliedert, kommt es zum Funktionsverlust und Tod der Wirtszellen. Bei Polio-Viren treten die Krankheitssymptome sehr früh auf, da die Wirtszellen (z. B. Nervenzellen) sehr schnell durch Lyse sterben.

Profil-/Neigungsfach Biologie (Baden-Württemberg): Abituraufgaben 2016
Aufgabe IV: Neurophysiologie, Resistenz, Artbildung

BE

Die Honigbiene *(Apis mellifera)* gehört zu den wichtigsten Blütenbestäubern. Honigbienen und andere Bestäuberinsekten sind jedoch weltweit gefährdet. Als Ursachen für den Rückgang der Bienenpopulationen werden Insektizideinsatz und Parasitenbefall diskutiert. Ein in der Landwirtschaft häufig verwendetes Insektizid ist das Imidacloprid, das spezifisch Insekten, aber keine Säugetiere schädigt.

1 Nennen Sie vier grundsätzliche Unterschiede zwischen Insekten und Säugetieren. 2

Im Dezember 2013 hat die EU-Kommission die Anwendung für Imidacloprid für mindestens zwei Jahre weitgehend untersagt. Die Wirkung dieses Insektizids wird in mehreren Studien neu untersucht. Imidacloprid wird gut über die Wurzeln aufgenommen und verteilt sich in der gesamten Pflanze. Es schützt somit z. B. Raps vor Fraßschäden durch Insekten. Durch diese werden jährlich beträchtliche Ernteeinbußen verursacht. Das Insektizid schädigt aber auch nektarsuchende Bestäuberinsekten wie die Honigbienen. Imidacloprid wirkt auf Acetylcholinrezeptoren in den Synapsen des zentralen Nervensystems von Insekten (Abbildung 1).

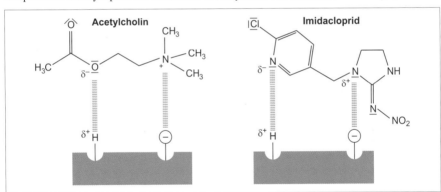

Abb. 1: Interaktion des Acetylcholinrezeptors mit Acetylcholin und Imidacloprid

2.1 Beschreiben Sie die Prozesse, die bei der Erregungsübertragung an einer Synapse ablaufen vom Eintreffen eines Aktionspotenzials bis zur Erregung der nachgeschalteten Zelle. 4

2.2 Erläutern Sie mithilfe von Abbildung 1 eine mögliche insektizide Wirkung von Imidacloprid. 2

In einer der Studien wurde die Auswirkung von subletalen (also nicht tödlich wirkenden) Dosen von Imidacloprid auf das Nektarsammelverhalten von Honigbienen untersucht. Abbildung 2 stellt die Versuchsergebnisse dar. Abbildung 3 gibt den Zuckergehalt im Nektar verschiedener Pflanzenarten an.

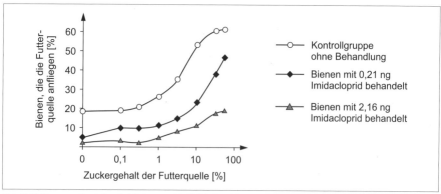

Abb. 2: Nektarsammelverhalten bei drei unterschiedlich behandelten Bienengruppen in Abhängigkeit vom Zuckergehalt der Fruchtquelle

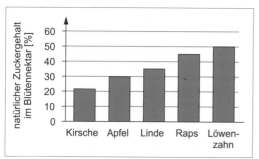

Abb. 3: Zuckergehalt im Nektar bei fünf Pflanzenarten

3 Formulieren Sie zwei Kernaussagen der in Abbildung 2 dargestellten Versuchsergebnisse. Diskutieren Sie mögliche wirtschaftliche Folgen des Einsatzes des Insektizids Imidacloprid für die Landwirtschaft und für die Imkerei sowie mögliche ökologische Folgen. Berücksichtigen Sie dabei die Versuchsergebnisse aus Abbildung 2 und die Daten aus Abbildung 3. 5

Neben den Insektiziden stellt die parasitische Varroamilbe eine Bedrohung für die Bienenvölker dar. Die Varroamilbe vermehrt sich in den Brutzellen und schwächt die schlüpfenden Bienen durch Aussaugen der Körperflüssigkeit. Die Milbe stellt für die bei uns vorkommende Westliche Honigbiene eine tödliche Bedrohung dar. Die in Asien verbreitete Östliche Honigbiene hingegen schützt sich, indem sie mit Varroa befallene Brut durch gezieltes Putzverhalten aus dem Stock entfernt. Ziel von Imkern ist es, das spezifische Putzverhalten der Östlichen Honigbiene mit der höheren Honigproduktion der Westlichen Honigbiene zu vereinigen. Tabelle 1 zeigt die Ergebnisse von Kreuzungsversuchen.

	Kreuzung 1: Westliche Honigbiene × Westliche Honigbiene	Kreuzung 2: Westliche Honigbiene × Östliche Honigbiene	Kreuzung 3: Östliche Honigbiene × Östliche Honigbiene
Begattung	+	+	+
Befruchtung	+	+	+
Larvalentwicklung	+	–	+
Metamorphose zum adulten Tier	+	–	+

Tab. 1: Kreuzungsversuche mit Honigbienen
Legende: + Prozess ist erfolgt; – Prozess ist nicht erfolgt

4.1 Bewerten Sie die Erfolgschancen des oben genannten Vorhabens. Erläutern Sie in diesem Zusammenhang auch den biologischen Artbegriff.   2

Die Westliche und Östliche Honigbiene gehen vermutlich auf eine gemeinsame Stammart zurück, die in mehreren Populationen in Europa, Afrika und Asien weit verbreitet war. Aus dieser Stammart soll nach Vordringen von Eismassen während der Eiszeiten des Pleistozäns (vor 1 Million bis 25 000 Jahren) die Westliche und Östliche Honigbiene entstanden sein.

4.2 Erläutern Sie den Artbildungsprozess, der dieser Entwicklung zugrunde liegen könnte.   3

Von Milben befallene Bienenstöcke wurden unter anderem mit chemischen Anti-Milbenmitteln behandelt. Diese Pestizide haben kurzfristig Abhilfe geschaffen, nach wiederholter Anwendung jedoch vielerorts zu resistenten Varroamilben geführt.

4.3 Erläutern Sie an diesem Beispiel die Entstehung von Pestizidresistenz. $\frac{2}{20}$

Anlage: Codesonne

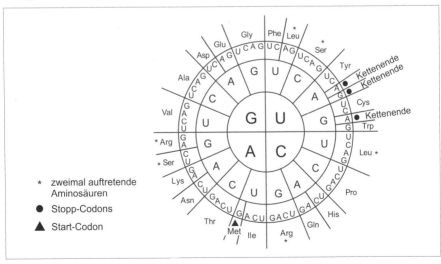

Lösungen

1 **Nennung** von Unterschieden *(vier Unterschiede sind gefordert)*:

	Insekten	Säugetiere
Skelett	Außenskelett (Chitin)	Innenskelett (Knochen)
Blutkreislauf	offener Blutkreislauf	geschlossener Blutkreislauf
Zentralnervensystem	Bauchmark	Rückenmark
Körpertemperatur	wechselwarm	gleichwarm
Sehsinnesorgan/Auge	Facettenaugen	Linsenaugen
Atmung	Tracheenatmung	Lungenatmung
Extremitäten	i. d. R. sechs Beine	i. d. R. vier Extremitäten

2.1 **Beschreibung** der Synapsenvorgänge:
- Eintreffen eines Aktionspotenzials am Endknöpfchen.
- (Durch die Depolarisation) Öffnung spannungsabhängiger Ca^{2+}-Ionenkanäle, Ca^{2+}-Ioneneinstrom.
- (Durch Ca^{2+}-Ioneneinstrom) Wanderung der synaptischen Bläschen zur präsynaptischen Membran.
- Entleerung der Vesikel (Exocytose) und Freisetzung des Transmitters (z. B. Acetylcholin) in den synaptischen Spalt.
- Diffusion der Transmittermoleküle zur postsynaptischen Membran.
- Andocken des Transmitters an Rezeptoren, die mit Na^+-Ionenkanälen gekoppelt sind (ligandenabhängige/rezeptorgesteuerte Ionenkanäle).
- Öffnung der Na^+-Ionenkanäle und Na^+-Ioneneinstrom in die postsynaptische Zelle (z. B. Muskelzelle).
- Depolarisation der postsynaptischen Membran = EPSP (exzitatorisches postsynaptisches Potenzial).
- Erregung der postsynaptischen Zelle (AP oder Muskel-AP).

Bei dieser speziellen Aufgabenformulierung ist nicht gefordert, den enzymatischen Abbau des Transmitters bzw. dessen Rückführung und Resynthese im Endknöpfchen zu beschreiben. Da im Text auch nur allgemein von „Erregungsübertragung an einer Synapse" gesprochen wird, ist kein Bezug zu den „zentralen" Synapsen im Vortext verlangt. Es sind daher auch Beschreibungen anderer Synapsentypen, z. B. motorischer Synapsen oder hemmender Synapsen möglich.

2.2 **Erläuterung** einer möglichen Imidacloprid-Wirkung:
Acetylcholin (ACh) und Imidacloprid weisen ein ähnliches Ladungsmuster auf ihrer Moleküloberfläche auf. Es bewirkt, dass auch Imidacloprid an die ACh-Rezeptoren binden kann. Dadurch werden ebenfalls Na^+-Ionenkanäle geöffnet und es kommt zu einer schädlichen Erregung des Nervensystems (Verhaltens-, Wahrnehmungs-, Orientierungsstörungen) bzw. des Muskelsystems (Muskelkrämpfe).
Eine insektizide, also tödliche Wirkung kann entweder durch eine entsprechend hohe Dosis (**Über**erregung) erklärt werden oder/und durch Dauererregung, da Imidacloprid nicht abgebaut werden kann und so eine tödliche Dauerdepolarisation verursacht.
Oder: Imidacloprid bindet zwar an die Rezeptoren, aber öffnet die Na^+-Ionenkanäle nicht. Die Folge davon ist eine Hemmung der Synapsen, die zu tödlichen Lähmungserscheinungen führt.

3 **Formulierung** von Kernaussagen *(zwei sind gefordert)*:
- Je höher der Zuckergehalt der Futterquelle ist, desto größer ist der Anteil an Bienen, der sie anfliegt (unabhängig von der Giftdosis).
- Je höher die Giftdosis ist, desto geringer ist der Anteil an Bienen, die zuckerhaltige Futterquellen anfliegen.
- Unbehandelte Bienen fliegen auch zu zuckerfreien Objekten (20 %). Imidacloprid hemmt grundsätzlich die Bereitschaft, überhaupt Futterquellen – und speziell zuckerfreie – aufzusuchen.

Diskussion der Folgen des Insektizideinsatzes:
Wirtschaftliche Folgen für die …
- **Landwirtschaft:** Eine positive Folge ist hier der höhere Ernteertrag durch geringeren Schädlingsfraß. Eine negative Folge ist der geringere Ernteertrag speziell bei bestimmten Samen und Früchten (z. B. Kirschen), deren zuckerarme Blüten wegen der vergifteten Bienen kaum mehr bestäubt werden.
- **Imkerei:** Hier ergeben sich nur negative Folgen, z. B.:
  - Weniger Honigertrag durch vergiftete Bienen (s. Abb. 2)
  - Sinkende Honigqualität durch Giftrückstände
  - Mögliches Absterben von Bienenvölkern, wenn die Königin vergiftet wird
  - Veränderte Honigzusammensetzung, z. B. mehr Löwenzahn (s. Abb. 3)

Ökologische Folgen: Die Vermehrung von Pflanzenarten mit zuckerarmen Blüten ist gefährdet, da nach den Daten aus Abb. 2 bevorzugt zuckerreiche Futterquellen angeflogen werden. Als Folge könnte sich die Zusammensetzung der Pflanzenarten im Ökosystem verändern, mit unvorhersehbaren Konsequenzen für z. B. tierische Nahrungsketten.

4.1 **Bewertung** der Kreuzungsergebnisse:
Tab. 1 zeigt, dass die Versuche, die Westliche mit der Östlichen Honigbiene zu kreuzen, gescheitert sind. Trotz erfolgreicher Begattung und Befruchtung (Verschmelzung der Keimzellen zur Zygote) kommt es zu keiner Larvenentwicklung und damit auch nicht zur Entwicklung erwachsener, geschlechtsreifer Bienen.

Erläuterung des biologischen Artbegriffs:
Definition: Zu einer Art gehören alle Individuen, die sich untereinander und unter ihren Nachkommen fruchtbar fortpflanzen können.
Da es zwischen den Östlichen und Westlichen Honigbienen keine gemeinsamen Nachkommen gibt, handelt es sich gemäß der Definition um zwei getrennte Arten.

4.2 **Erläuterung** der Artbildung gemäß der synthetischen Evolutionstheorie:
- Ursprünglich gab es **Teilpopulationen** einer Stammart, die einen gemeinsamen **Genpool** besaßen, d. h., Genaustausch zwischen den Teilpopulationen war möglich.
- Durch die Eisbarriere wurde die Urpopulation in die Teilpopulation „Ost" und „West" getrennt, es kam zur geografischen **Isolation** (Separation). Es entstanden zwei getrennte Genpools, da zwischen den Ost- und West-Individuen kein Genaustausch mehr möglich war.
- Während der langen Trennungszeit traten in den Teilpopulationen unterschiedliche **Mutationen** auf.
Durch **Rekombination** der neuen Allele (durch sexuelle Fortpflanzung) entstanden in den Teilpopulationen jeweils unterschiedliche neue Merkmalskombinationen.
- Da in den Teilpopulationen unterschiedliche **Selektionsbedingungen** herrschten (z. B. durch unterschiedliches Klima), führte dies je nach Anpassungswert zu unterschiedlichem Fortpflanzungserfolg der Individuen bei verschiedenen Merkmalskombinationen. Die Genpools veränderten sich so in unterschiedliche Richtungen. (Dabei könnten au-

ßerdem Zufallsereignisse in kleinen isolierten Populationen die Veränderung der Genpools [Gendrift] und damit die Artaufspaltung beschleunigt haben.)
- Nach der Wiedervereinigung der Teilpopulationen durch Verschwinden der Eisbarriere waren die genetischen Unterschiede so groß, dass eine fruchtbare Fortpflanzung unmöglich war (genetische Isolation, reproduktive Isolation). Es waren zwei getrennte Arten entstanden.

4.3 **Erläuterung** der Resistenzentstehung:
Spontane Resistenzmutationen, die z. B. den Abbau des Giftes ermöglichen, verhelfen den Genträgern und ihren Nachkommen zu einem viel größeren Fortpflanzungserfolg. Dieser Selektionsvorteil bewirkt, dass sich das Resistenzgen schnell in der Milbenpopulation durchsetzt (gerichtete/dynamische Selektion). Bei anhaltendem Insektizideinsatz werden daher bald nur noch resistente Varroamilben auftreten.

Profil-/Neigungsfach Biologie (Baden-Württemberg): Abituraufgaben 2017
Aufgabe I: Zytologie, Translation, Neurophysiologie

BE

Am 7. September 1978 stand der bulgarische Schriftsteller Georgi Markow auf der Waterloo-Bridge in London und wartete auf den Bus, als er einen Stich im Oberschenkel verspürte. Ein Fremder habe ihn mit einem Regenschirm gestochen, erzählte er einem Freund. Wenige Tage später starb Markow. Bei der Obduktion fanden die Ärzte in seinem Oberschenkel ein Platinkügelchen von 1,7 Millimeter Durchmesser mit zwei winzigen Öffnungen, welches das pflanzliche Gift Rizin enthielt.
(Quelle: Der Spiegel 7/1992)

Rizin ist in den Samen der Rizinusstaude *(Ricinus communis)* enthalten und gehört zur Gruppe der A/B-Toxine, das heißt, dass das Toxin aus einer A- und einer B-Polypeptidkette aufgebaut ist. Über das Blut wird Rizin im Körper verteilt und von Körperzellen durch Endocytose aufgenommen. Dieser Vorgang wird durch die passgenaue Bindung der B-Kette des Rizins an den Kohlenhydratanteil von Glykoproteinen der Zellmembranen ermöglicht. Als Giftstoff aktiv ist nur die A-Kette.

1 Fertigen Sie eine beschriftete Skizze eines Ausschnitts der Zellmembran nach dem Flüssig-Mosaik-Modell an, welche die Bindung des Rizins und die beginnende Endocytose zeigt (Größe ca. ½ Seite). 4

Nach Attentaten mit Rizin können heute bereits geringe Mengen des Toxins mit einem Schnelltest nachgewiesen werden. Abbildung 1 zeigt das Nachweisverfahren.

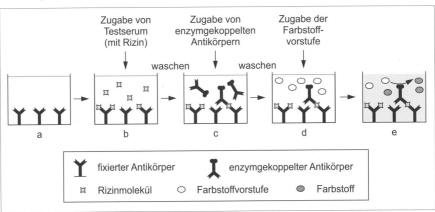

Abb. 1: Schnelltest für Rizin (vereinfacht)

2 Beschreiben Sie anhand der Abbildung 1 wie Rizin durch den Schnelltest nachgewiesen wird. Erklären Sie auch die hohe Empfindlichkeit und Spezifität des Tests. 4

Nach der Endocytose werden A- und B-Kette des Rizins getrennt. Die A-Kette gelangt in das Zellplasma und verhindert die Translation.

3   Erläutern Sie drei Möglichkeiten, wie die A-Kette die Translation verhindern könnte.   3

Rizin zählt zu den giftigsten Proteinen, die die Natur hervorgebracht hat. Bereits eine geringe Menge von 22 μg/kg Körpergewicht kann einen Erwachsenen töten. Die ersten Symptome treten oft erst nach Stunden auf. Nach wenigen Tagen tritt der Tod ein.

4   Erklären Sie, warum Rizin tödlich wirkt und warum die ersten Symptome einer Rizinvergiftung erst nach Stunden auftreten.   2

Im Gegensatz zu Rizin wirken viele Gifte im Nervensystem auf die Erregungsübertragung an Synapsen. Um deren Giftwirkung aufzuklären, untersuchte man verschiedene Vorgänge an funktionsfähigen Nervenzellen. In Abbildung 2 sind Ergebnisse der Messungen mit und ohne Zugabe des jeweiligen Gifts nach Reizung von Nervenzellen dargestellt.

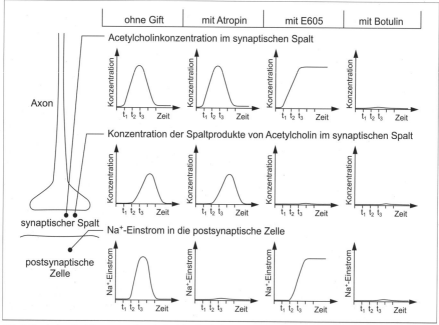

Abb. 2: Ergebnisse der Messungen mit und ohne Zugabe des jeweiligen Gifts nach Reizung von Nervenzellen

5.1 Erläutern Sie unter Berücksichtigung der Kurvenverläufe die jeweilige Wirkung der verschiedenen Giftstoffe auf molekularer Ebene.   5

5.2 Begründen Sie, weshalb man Atropin als Gegenmittel bei einer E605-Vergiftung geben kann.   2

                                                                                            20

Lösungen

1 **Skizze** der Zellmembran mit Rizin-Kontakt:

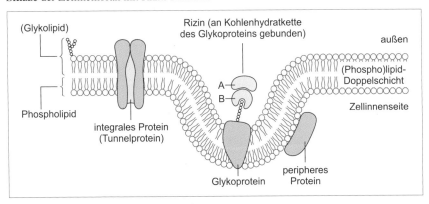

Die Darstellungsform der Proteine A und B ist nicht vorgegeben. Deshalb sind sowohl symbolisch skizzierte Proteinketten als auch Tertiärstrukturen (geometrische Figuren wie oben) möglich. Für die ebenfalls rein symbolische Darstellung der (verzweigten) Kohlenhydratketten sind Ketten aus Kreisen oder Sechsecken gängig. Die Einstülpung der Lipiddoppelschicht sowie die Spezifität der Rizin-Bindungsstelle sollten erkennbar sein.

2 **Beschreibung** des Rizin-Schnelltests:
  a Am Boden eines Testgefäßes oder auf einem Teststreifen sind Antikörper fixiert, die spezifisch Rizin binden können.
  b In das Testgefäß wird Testserum mit Rizin zugegeben. Durch anschließende Spülung wird freies Rizin (neben anderen störenden Inhaltsstoffen) ausgewaschen. Nur an die Antikörper gebundenes Rizin bleibt zurück.
  c In das Testgefäß werden Antikörper hinzugefügt, die ebenfalls an Rizin binden können und zusätzlich an ein Enzym gekoppelt sind. Eine erneuter Waschvorgang entfernt alle nicht gebundenen enzymgekoppelten Antikörper.
  d Nach Zugabe einer Farbstoffvorstufe katalysiert das Enzym die Umwandlung der Vorstufe (= Substrat) in einen Farbstoff. Die Farbreaktion ist der Nachweis, dass Rizin im Testserum enthalten war.

Generelle Anmerkung zur Fachsprache: Es ist empfehlenswert, innerhalb einer Aufgabe einheitlich entweder auf der Teilchen- oder der Stoffebene zu argumentieren. Im ersten Fall werden alle Teilchen exakt benannt (z. B. Rizin-Molekül, Enzym-Molekül, Schwefel-Atom, Natrium-Ion). Auf der Stoffebene verwenden Sie vereinfacht nur die jeweiligen Stoffnamen (z. B. Rizin, Wasser, Enzym).

Erklärung der hohen Empfindlichkeit:
Da Enzyme durch die von ihnen katalysierte Reaktion nicht verbraucht werden, können bereits wenige im Testgefäß gebundene (an Antikörper gekoppelte) Enzymmoleküle sehr schnell viele Vorstufenmoleküle (katalytisch) in Farbstoffmoleküle umsetzen (bei optimaler Temperatur und entsprechender Reaktionsdauer).

Erklärung der Spezifität: Die Antikörper zeichnen sich durch hohe Spezifität für ein bestimmtes Antigen (hier: Rizin) aus, das nach dem Schlüssel-Schloss-Prinzip gebunden wird.

3   **Erläuterung** möglicher Ursachen der Translationshemmung *(drei sind gefordert)*:
    – Die A-Kette verhindert die Verbindung der beiden Ribosomen-Untereinheiten, indem sie sich an eine Untereinheit anlagert. Da das Ribosom dadurch funktionsunfähig wird, wird die Translation unterbunden.
    – Die A-Kette wirkt als Abbauenzym (Nuklease) und zerstört einen Teil des Ribosoms oder der mRNA, sodass keine Translation möglich ist.
    – Die A-Kette bindet an die mRNA und blockiert das Weiterrücken des Ribosoms, sodass die Translation gestoppt wird.
    – Die A-Kette blockiert das Enzym, das die Beladung der tRNA mit spezifischen Aminosäuren bewirkt (Synthetase), sodass keine Translation erfolgen kann.
    – Die A-Kette lagert sich so an das Ribosom an, dass der Zutritt der beladenen tRNA behindert wird oder dass entladene tRNA-Moleküle das Ribosom nicht verlassen können. Es findet keine Translation statt oder sie wird unterbrochen.

4   **Erklärung** der tödlichen Wirkung:
    Aufgenommenes Rizin bewirkt, dass die gesamte Proteinbiosynthese in den Zellen zum Stillstand kommt. Die Folge des Proteinmangels ist eine schwere Stoffwechselstörung. Der Mangel an lebenswichtigen Enzymen, Baustoffen und Regulationsproteinen führt zum Zelltod.
    Erklärung der verzögerten Wirkung:
    Zunächst reichen die Proteinvorräte der Zellen noch aus, um alle Funktionen zu erfüllen. Erst wenn die Proteinreserven aufgebraucht sind, treten die Symptome auf.
    Der biologische Abbau erfolgt je nach Proteinfunktion und Zelltyp unterschiedlich schnell.

5.1 *Bei keinem der Gifte muss die genaue molekulare Wirkung aus dem Unterricht bekannt sein. Deshalb dürfen die Kurvenverläufe bei Atropin und Botulin auch auf alle prinzipiell denkbaren Ursachen zurückgeführt werden. Ebenfalls nicht erwartbar sind die körperlichen Symptome bei einer Vergiftung.*

   Erläuterung der Atropin-Wirkung:
   Kurvenverläufe:
   – Nach Reizung der Nervenzellen steigt und sinkt die Acetylcholinkonzentration im synaptischen Spalt (wie unter Normalbedingungen ohne Gifteinwirkung).
   – Mit Verzögerung kommt es zum Anstieg und zur Abnahme der Spaltproduktekonzentration im synaptischen Spalt (wie unter Normalbedingungen).
   – Es erfolgt fast kein Na^+-Ioneneinstrom in die postsynaptische Zelle.
   Folgerung: Atropin blockiert (kompetitiv, reversibel) die Acetylcholinrezeptoren an den ligandengesteuerten Na^+-Ionenkanälen. Die Na^+-Ionenkanäle bleiben geschlossen, sodass keine Na^+-Ionen einströmen.
   Oder: Atropin blockiert direkt die Na^+-Ionenkanäle und verhindert dadurch den Na^+-Ioneneinstrom.

   Erläuterung der E605-Wirkung:
   Kurvenverläufe:
   – Nach Reizung der Nervenzellen steigt die Acetylcholinkonzentration auf denselben Wert wie unter Normalbedingungen, dann nimmt die Konzentration jedoch nicht ab.
   – Es sind fast keine Spaltprodukte im synaptischen Spalt.
   – Die Folge ist ein anhaltender Na^+-Ioneneinstrom in die postsynaptische Zelle.

Folgerung: Der enzymatische Abbau von Acetylcholin ist blockiert, da E605 das Enzym Acetylcholinesterase hemmt. Die anhaltend hohe Acetylcholinkonzentration im synaptischen Spalt bewirkt eine dauerhafte Öffnung der Na^+-Ionenkanäle und damit einen anhaltenden Na^+-Ioneneinstrom.

Erläuterung der Botulin-Wirkung:
Kurvenverläufe:
− Nach Reizung der Nervenzellen ist (fast) kein Anstieg der Acetylcholinkonzentration im synaptischen Spalt festzustellen.
− Es sind fast keine Spaltprodukte im synaptischen Spalt.
− Es erfolgt fast kein Na^+-Ioneneinstrom in die postsynaptische Zelle.

Folgerung: Botulin verhindert die Ausschüttung von Acetylcholin aus den synaptischen Bläschen in den synaptischen Spalt. Das kann z. B. durch Hemmung der Vesikelentleerung (Exocytose) geschehen *oder* durch Hemmung des Ca^{2+}-Ioneneinstroms in die Endknöpfchen, sodass keine Vesikelwanderung zur präsynaptischen Membran erfolgen kann.
Oder: Botulin könnte die Befüllung der Vesikel mit Acetylcholin verhindern.

5.2 **Begründung** der Wirkung als Gegenmittel:
Acetylcholin öffnet die postsynaptischen Na^+-Ionenkanäle, sodass der Na^+-Ioneneinstrom in die postsynaptische Zelle steigt. Atropin verschließt hingegen die postsynaptischen Na^+-Ionenkanäle, sodass der Na^+-Ioneneinstrom in die postsynaptische Zelle unterbleibt bzw. abnimmt. Bei anhaltend hoher Acetylcholinkonzentration durch E605-Vergiftung kann man also mit einer geeigneten Atropindosis eine bestimmte Anzahl geöffneter Na^+-Ionenkanäle gezielt verschließen, sodass sich der Na^+-Ioneneinstrom auf einen Normalwert reduziert.

Alternative Begründung: Atropin konkurriert kompetitiv mit Acetylcholin um die Bindung an die transmittergesteuerten Na^+-Ionenkanäle und reduziert bei entsprechend hoher Konzentration die Anzahl der geöffneten Ionenkanäle und damit den Na^+-Ioneneinstrom.

Profil-/Neigungsfach Biologie (Baden-Württemberg): Abituraufgaben 2017
Aufgabe II: Signaltransduktion, genetischer Code, Immunbiologie, Evolution

BE

„Die Asiatische Tigermücke wird in Süddeutschland heimisch!"
Dies ist eine Schlagzeile wert, da die Tigermücke (Abbildung 1) verschiedene tropische Krankheiten, unter anderem das Dengue-Fieber, übertragen kann. Die auffällig schwarz-weiß gemusterte Tigermücke ist ursprünglich in den Tropen und Subtropen Südostasiens beheimatet. Durch Warentransporte und Tourismus ist sie weltweit verschleppt worden und breitet sich auch in Südeuropa aus.

Abb. 1: Tigermücke

Tigermückenweibchen benötigen für die Fortpflanzung das Blut eines Tiers bzw. Menschen. Den Wirt finden sie mithilfe ihres empfindlichen Geruchssinns, mit dem sie Duftstoffe der Haut, z. B. Milchsäureausscheidungen, wahrnehmen. Die Fühler sind hierfür mit Riechhaaren besetzt, in die Dendriten von Sinneszellen hineinragen. Abbildung 2 zeigt den Bau eines solchen Riechhaars und die Signaltransduktion.

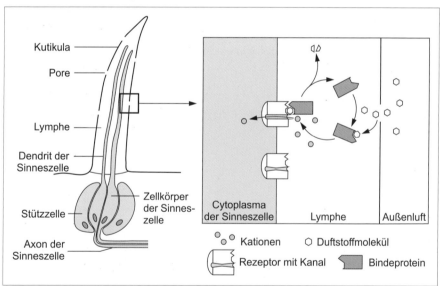

Abb. 2: Bau eines Riechhaars und Signaltransduktion (schematisch)

1   Erläutern Sie mithilfe von Abbildung 2 die Vorgänge, die ausgehend vom Kontakt eines Sinneshaars mit Duftstoffmolekülen zur Auslösung von Aktionspotenzialen am Axon der Sinneszelle führen.   3

Um sich effektiv vor Mückenstichen und damit vor tropischen Krankheiten wie z. B. dem Dengue-Fieber zu schützen, kommen verschiedene Mückensprays zum Einsatz, die auf die Haut aufgetragen werden. Es wurden Versuchsreihen entwickelt, um die Wirksamkeit verschiedener Inhaltsstoffe der Mückensprays zu untersuchen.

2.1 Planen Sie die Durchführung einer Versuchsreihe, mit der Sie die Wirksamkeit zweier solcher Mückensprays, die jeweils einen anderen Wirkstoff enthalten, untersuchen können. 3

2.2 Erläutern Sie unter Berücksichtigung von Abbildung 2 zwei Möglichkeiten, wie der Inhaltsstoff eines Mückensprays die Geruchswahrnehmung der Tigermücke behindern könnte. 2

Um die Eignung weiterer Substanzen als Wirkstoff für Mückensprays zu testen, wurde die Aminosäuresequenz des Bindeproteins ermittelt. Abbildung 3 zeigt einen Ausschnitt aus der Aminosäuresequenz des Bindeproteins.

... – Ala – Gly – Ile – Cys – Leu – Glu – ...

Abb. 3: Ausschnitt aus der Aminosäuresequenz des Bindeproteins

2.3 Ermitteln Sie mithilfe der Codesonne (siehe Anlage) eine mögliche DNA-Nukleotidsequenz, die für die in Abbildung 3 angegebene Aminosäuresequenz codiert. Erklären Sie, weshalb es hierfür mehrere Möglichkeiten gibt. 3

Ursache für das Dengue-Fieber sind Viren, die vor allem Immunzellen, z. B. Makrophagen, befallen, in welchen sie vermehrt werden. Im Körper einer mit Dengue-Viren infizierten Person laufen immunologische Prozesse zur Abwehr des Erregers ab. Abbildung 4 zeigt den zeitlichen Verlauf der Konzentrationen der Dengue-Viren und der spezifischen Antikörper im Blut.

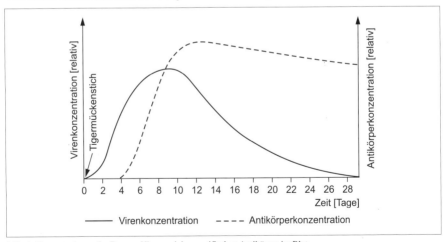

Abb. 4: Konzentrationen der Dengue-Viren und der spezifischen Antikörper im Blut

3 Beschreiben Sie die immunologischen Prozesse, die ausgehend von der Infektion mit Dengue-Viren zur Bildung von spezifischen Antikörpern führen und erklären Sie die in Abbildung 4 dargestellten Kurvenverläufe. 5

Um die Ausbreitung des Dengue-Fiebers einzudämmen, werden in den Brutgewässern der Tigermücken großflächig Insektizide ausgebracht. Dadurch sollen die Larven der Tigermücken abgetötet werden. Bei langfristigem Einsatz dieser Insektizide können sich allerdings resistente Mücken ausbreiten.

4 Erläutern Sie die Entstehung und Ausbreitung resistenter Mücken im Sinne der Synthetischen Evolutionstheorie.
Nennen Sie eine Möglichkeit, wie man bei Insektizideinsatz der Ausbreitung resistenter Mücken entgegenwirken kann.

$\frac{4}{20}$

Anlage: Codesonne

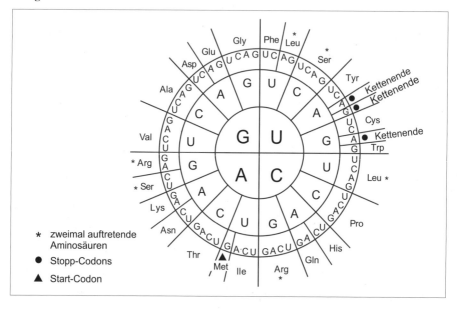

* zweimal auftretende Aminosäuren
● Stopp-Codons
▲ Start-Codon

Lösungen

1 **Erläuterung** der Signaltransduktion:
Die Duftstoffmoleküle gelangen durch Poren in der Kutikula in die Lymphe im Inneren des Riechhaars. Dort binden die Duftstoffmoleküle an spezifische Bindeproteine. Diese Komplexe aus Duftstoffmolekül und Bindeprotein diffundieren durch die Lymphe zur Dendritenmembran der Sinneszelle. Dort binden die Komplexe an spezifische (Duft-)Rezeptoren, die mit Kationenkanälen gekoppelt sind. Durch diese Bindung öffnen sich die Kationenkanäle und lassen Kationen (z. B. K^+-, Na^+-Ionen) in das Zellplasma der Sinneszelle strömen (Diffusion entlang Konzentrationsgefälle, Anzahl der Ionensymbole ist außen größer als im Cytoplasma). Die Folge ist eine Depolarisation der Sinneszellmembran (Rezeptorpotenzial). Diese Depolarisation breitet sich (unter Abschwächung) in Richtung Zellkörper und Axonhügel (Axonursprung) der Sinneszelle aus. Wird am Axonhügel ein bestimmter Schwellenwert erreicht, führt dies zur Auslösung eines Aktionspotenzials.

2.1 **Planung** der Durchführung einer Versuchsreihe:

Hier wird erwartet, dass Sie die Grundprinzipien bei der Durchführung von Messreihen, die Sie z. B. aus der Enzymatik (z. B. Auswirkungen von Temperaturveränderungen) oder aus der Immunbiologie (z. B. Impfstofftests) kennen, auf diesen Fall anwenden können. Die wichtigsten sind dabei: konstante Versuchsbedingungen für alle Faktoren außer dem untersuchten, Versuchsreihen statt Einzelversuchen und Negativkontrollen (Kontrollversuche). Geben Sie mindestens vier konstant zu haltende Versuchsbedingungen an.

Unterschiede in der Wirksamkeit zweier Mückensprays lassen sich beispielsweise durch den Vergleich der Zahl von Mückenstichen auf der Haut erfassen. Dazu wird je eine mit Spray behandelte Hautstelle für eine bestimmte Zeitspanne einer bestimmten Anzahl von Mücken ausgesetzt. Eine Dokumentation des Versuchsablaufs bzw. der Ergebnisse, z. B. durch Fotos, bietet sich an.
Bei der Durchführung müssen bis auf den zu testenden Wirkstoff für alle Tests die gleichen Versuchsbedingungen gelten. Dazu zählen u. a. die folgenden Faktoren:
– die Anzahl (weiblicher) „hungriger" Mücken
– die Größe der gewählten Hautflächen und der Körperteil, idealerweise auch die Testperson aufgrund der Duftqualität/-quantität
– Temperatur, Feuchtigkeit, Helligkeit, Tageszeit, Jahreszeit *(diese Angaben werden auch einzeln gewertet)*
– die Dauer der Expositionszeit
– die Lösungsmittel für die Wirkstoffe
Die mehrfache Wiederholung der Tests und die Bildung von Durchschnittswerten (statistische Auswertung) sind notwendig, da Einzelergebnisse z. B. aufgrund möglicher Fehler in der Durchführung wenig aussagekräftig sind.
Zusätzlich ist auch eine Negativkontrolle durchzuführen, wobei das Spray ohne Wirkstoff aufgetragen wird, um die alleinige Wirkung des Lösungsmittels zu testen.
Alternative Durchführung: Ausgehend von Abb. 2 lässt die allgemeine Fragestellung prinzipiell auch die Planung neurophysiologischer Tests direkt an der Mücke bzw. am Riechhaar zu. Ableitungen von Aktionspotenzialen am Riechnerv oder die Messung der Rezeptorpotenziale der Sinneszelle nach gleichzeitiger Zugabe von Duftstoff und Wirkstoff geben Aufschluss über die Wirksamkeit der Sprays.

Die mögliche Veränderung der Wirksamkeit der Wirkstoffe durch Hautkontakt kann hier vernachlässigt werden.

2.2 **Erläuterung** möglicher Wirkungen *(zwei sind gefordert)*:
– Der Wirkstoff verändert die Bindeproteine so, dass sie Duftstoffmoleküle nicht mehr binden können. Die Komplexbildung bleibt aus, die Bindung an den Rezeptor und die Signaltransduktion unterbleiben.
– Der Wirkstoff bindet anstelle des Duftstoffmoleküls an das Bindeprotein, aber der Komplex erlaubt keine Bindung an den Rezeptor, sodass die Signaltransduktion unterbleibt.
– Der Wirkstoff oder ein Wirkstoff-Duftstoff-Komplex verschließt die Poren der Kutikula, sodass keine Duftstoffmoleküle in die Riechhaare gelangen können.
– Der Wirkstoff bindet an Duftstoffmoleküle, sodass diese nicht mehr in die Riechhaare gelangen oder keine Komplexe mehr bilden können. Die Signaltransduktion kommt nicht zustande.
– Der Wirkstoff verändert/blockiert direkt den Rezeptor der Kationenkanäle, sodass keine Bindung an den Rezeptor mehr möglich ist und keine Signaltransduktion erfolgen kann.

2.3 **Ermittlung** einer möglichen DNA-Sequenz:

Aminosäuresequenz:	... – Ala – Gly – Ile – Cys – Leu – Glu – ...
mögliche mRNA-Sequenz:	5' ... GCC GGG AUU UGU CUU GAA ... 3'
DNA-Sequenz:	3' ... CGG CCC TAA ACA GAA CTT ... 5'

Die Angabe der Gegenläufigkeit der beiden Nukleotidstränge durch 3'...5' wird erwartet.
Erklärung der unterschiedlichen Sequenzmöglichkeiten:
Der genetische Code ist degeneriert/redundant, d. h., es gibt für die Codierung der 20 (21) Aminosäuren mehr Codons als nötig ($4^3 = 64$). Die meisten Aminosäuren können deshalb durch mehrere Tripletts codiert werden.

3 **Beschreibung** der (humoralen) Immunantwort gegen Dengue-Viren:
– Erkennungsphase: Die Dengue-Viren werden von Makrophagen phagozytiert und in Bruchstücke zerlegt. Charakteristische Fragmente der Virushülle (= Antigene) werden (mithilfe spezieller Membranproteine, MHC II) auf der Membranoberfläche der Makrophagen präsentiert. Diese Makrophagen nehmen (über spezifische Rezeptoren) Kontakt mit T-Helferzellen auf, und es folgt die Aktivierung der T-Helferzellen durch einen Signalstoff der Makrophagen. Gleichzeitig phagozytieren auch B-Lymphozyten mit passenden Rezeptoren die Dengue-Viren und präsentieren ebenfalls Fragmente der Virushülle auf ihrer Membranoberfläche. Sie nehmen Zellkontakt mit bereits aktivierten T-Helferzellen auf. Die T-Helferzellen schütten aufgrund des doppelten Antigenkontaktes Signalstoffe aus.
– Differenzierungsphase: Die ausgeschütteten Signalstoffe regen die B-Lymphozyten zur Vermehrung und Differenzierung in Plasmazellen und B-Gedächtniszellen an.
– Wirkungsphase: Die Plasmazellen produzieren spezifische Antikörper gegen (freie) Dengue-Viren.

Die weiteren immunbiologischen Abläufe sind bei dieser Fragestellung nicht gefordert:
Die gebildeten Antikörper binden spezifisch an Epitope auf Antigenen der Erreger und bewirken durch Verklumpung (Antigen-Antikörper-Reaktion), dass die Viren keine Wirtszellen mehr infizieren können bzw. von Makrophagen phagozytiert werden können.
In der Abschaltphase wird durch Drosselung der Aktivität der Plasmazellen die Antikörperproduktion reduziert.

Erklärung der Kurvenverläufe:
- 0–4. Tag: Nach dem Tigermückenstich steigt die Virenkonzentration stark an. Im Rahmen der spezifischen Immunabwehr läuft zunächst die Erkennungs- und Differenzierungsphase ab, sodass noch keine kompetenten Plasmazellen vorliegen, die spezifische „Anti-Dengue"-Antikörper produzieren können. Die Viren können sich ungehindert (in Wirtszellen) vermehren.
- Ab dem 4. Tag: Die Wirkungsphase beginnt mit der schnellen Zunahme der Antikörperkonzentration bis zum 12. Tag.
- Ab dem 8. Tag: Durch zunehmende Agglutination der Viren durch die Antikörper und/oder Phagozytose durch Makrophagen steigt die Virenkonzentration nur noch langsam und sinkt ab dem 10. Tag rasch.
- Ab dem 12. Tag: Die Antikörperkonzentration nimmt durch Drosselung der Aktivität der Plasmazellen langsam ab (Abschaltphase).
- Ab dem 28. Tag: Die Konzentration (freier) Dengue-Viren liegt bei null.

Das Fehlen von Viren im Blut muss nicht unbedingt deren vollständige Beseitigung bedeuten, da Viren auch in Wirtszellen verbleiben können.

4 **Erläuterung** der Resistenzentstehung:
Spontane, erbliche Mutationen, die bei einzelnen Individuen auftreten, verleihen diesen Resistenz gegen das Insektizid und durch Rekombination tritt das Resistenzgen in der Mückenpopulation in immer neuen Merkmalskombinationen auf. Träger dieses Gens und ihre Nachkommen erreichen damit einen viel größeren Fortpflanzungserfolg. Dieser Selektionsvorteil bewirkt, dass sich das Resistenzgen schnell im Genpool der Mückenpopulation „durchsetzt" (transformierende/dynamische Selektion). Bei anhaltendem Insektizideinsatz werden daher bald nur noch resistente Tigermücken auftreten.

Nennung einer Möglichkeit zur Resistenzvermeidung bei Insektizideinsatz, z. B.:
- Einsatz hoher letaler Giftdosen (gegen teiladaptierte Tiere)
- Wechsel der Wirkstoffarten, kein Dauereinsatz
- Kombination verschiedener Wirkstoffarten

Profil-/Neigungsfach Biologie (Baden-Württemberg): Abituraufgaben 2017
Aufgabe III: Proteinstruktur, Enzymatik, Gentransfer

BE

Für alle Organismen ist das Element Stickstoff lebensnotwendig. Obwohl die Luft aus etwa 78 % Stickstoff besteht, ist diese Stickstoffquelle für die meisten Pflanzen nicht nutzbar. Stickstoff wird von Pflanzen unter anderem in Form von Ammonium-Ionen (NH_4^+) und Nitrat-Ionen (NO_3^-) über die Wurzeln aufgenommen.

1 Nennen Sie zwei stickstoffhaltige Biomoleküle und deren Funktion im pflanzlichen Organismus. 2

Säugetiere scheiden Stickstoff in Form von Harnstoff ($H_2N-CO-NH_2$) aus, der als Bestandteil von Gülle als Dünger auf Felder ausgebracht wird. Bodenbakterien enthalten das Enzym Urease, das die Spaltung von Harnstoff in Ammoniak (NH_3) und Kohlenstoffdioxid (CO_2) katalysiert. Diese Produkte reagieren in wässriger Lösung zu verschiedenen Ionen weiter (Abbildung 1) und machen so den Stickstoff für Pflanzen verfügbar.

$$H_2N-CO-NH_2 + H_2O \xrightarrow{\text{Urease}} 2\,NH_3 + CO_2$$
$$2\,NH_3 + CO_2 + 2\,H_2O \longrightarrow 2\,NH_4^+ + OH^- + HCO_3^-$$

Abb. 1: Durch Urease katalysierte Umsetzung von Harnstoff und Reaktion der Produkte mit Wasser

2.1 Ordnen Sie das Enzym Urease einer Stoffklasse zu. Benennen Sie die drei verschiedenen Strukturebenen des Ureasemoleküls und nennen Sie die Bindungen bzw. Kräfte, durch welche diese Strukturen jeweils stabilisiert werden. 3

2.2 Stellen Sie den Ablauf der durch Urease katalysierten Reaktion in einer Abfolge beschrifteter Schemazeichnungen dar. 3

In einem Schülerpraktikum wird die Enzymaktivität der Urease bei verschiedenen Bedingungen untersucht. Dazu wird in drei Harnstofflösungen die elektrische Leitfähigkeit gemessen. Zum Zeitpunkt Null wird Ureaselösung zugesetzt. Tabelle 1 zeigt die drei Versuchsansätze. Kurve 1 in Abbildung 2 zeigt die Ergebnisse der Leitfähigkeitsmessung bei Versuchsansatz A.

Versuchs-ansatz	Harnstofflösung (50 mL)	Ureaselösung (2 mL)
A	0,1 %	0,1 %
B	0,1 %	0,2 %
C	0,2 %	0,1 %

Tab. 1: Versuchsansätze

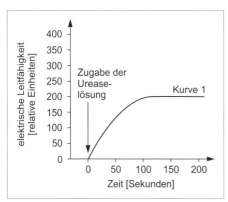

Abb. 2: Verlauf der elektrischen Leitfähigkeit in Versuchsansatz A (Kurve 1)

3.1 Erklären Sie, weshalb man durch Messung der elektrischen Leitfähigkeit der Lösungen der Versuchsansätze die Enzymaktivität der Urease untersuchen kann.
Beschreiben Sie den Verlauf der Kurve 1 in Abbildung 2.
Erklären Sie die unterschiedliche Steigung der Kurve 1 in den drei Abschnitten 0 bis 30 Sekunden, 30 bis 100 Sekunden und ab 100 Sekunden. 4

3.2 Übertragen Sie das Diagramm mit Kurve 1 aus Abbildung 2 in Ihre Reinschrift und zeichnen Sie in dieses Diagramm die zu erwartenden Leitfähigkeitskurven für die beiden Versuchsansätze B und C ein. Begründen Sie den jeweiligen Kurvenverlauf. 3

In einem weiteren Experiment wird Versuchsansatz A dahingehend modifiziert, dass nach 25 Sekunden Kupfersulfatlösung zugesetzt wird. Kurve 2 in Abbildung 3 zeigt den Verlauf der gemessenen Leitfähigkeit im Vergleich zu Kurve 1.

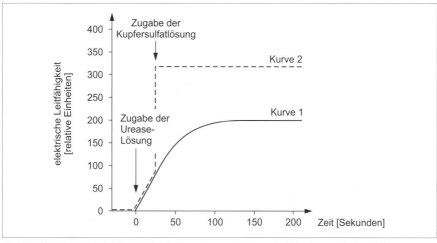

Abb. 3: Verlauf der elektrischen Leitfähigkeit in Versuchsansatz A ohne und mit Zugabe von Kupfersulfatlösung

3.3 Beschreiben und erklären Sie den Verlauf der Kurve 2 in Abbildung 3. 3

Knöllchenbakterien können mithilfe des Enzyms Nitrogenase Luftstickstoff in für Pflanzen nutzbare Stickstoffverbindungen umwandeln. Ein Ziel der Pflanzenforschung ist es, das Nitrogenase-Gen der Knöllchenbakterien und damit die Fähigkeit zur Nutzung des Luftstickstoffs auf Pflanzen zu übertragen.

4   Begründen Sie, weshalb es schwieriger ist, transgene Pflanzen zu erzeugen, die dieses Nitrogenase-Gen enthalten, als transgene Bakterien (zwei Angaben).   2

20

Lösungen

1 **Nennung** von Biomolekülen und ihrer Funktion *(zwei sind gefordert)*:
   - DNA: Speicherung (Codierung) der genetischen Information
   - mRNA: „Bauanleitung" für Aminosäuresequenz
   - tRNA: Transport von Aminosäuren
   - Protein: z. B. Katalyse als Enzym
   - ATP: Energieübertragung, (kurzzeitige) Energiespeicherung
   - Chlorophyll: Lichtabsorption
   - Vitamin B: Funktion als Coenzym

2.1 **Zuordnung** zur Stoffklasse:
   Urease gehört chemisch zur Stoffklasse der Proteine.

   Nennung der Strukturebenen und **Nennung** der jeweiligen Bindungen:

Strukturebene	Bindungen/stabilisierende Kräfte	Ort
Primärstruktur	Peptidbindungen (Atombindung)	zwischen den Aminosäurebausteinen
Sekundärstruktur	Wasserstoffbrückenbindungen (H-Brücken)	zwischen den Peptidgruppen
Tertiärstruktur	– Disulfidbrücken (Atombindung) – Ionenbindungen – H-Brücken – Van-der-Waals-Kräfte	Bindungen bzw. stabilisierende Kräfte zwischen den Aminosäureresten der Eiweißkette

2.2 **Schematische Darstellung** der Enzymreaktion:

Diese chemische Reaktion enthält zwei Edukte, also zwei Substrate, die im aktiven Zentrum berücksichtigt werden müssen. Geübt wird im Unterricht meist nur an Beispielen mit einem Substrat (z. B. Katalase, Laktase). Die Symbole für Enzym und Substrate sind beliebig wählbar. Meist werden sie den chemischen Formeln nachempfunden oder es werden rein geometrische Figuren gewählt. Zwei Vorschläge sind rechts angegeben.

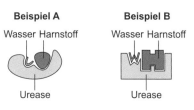

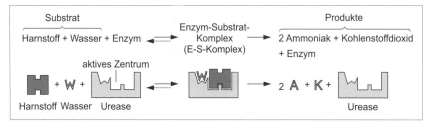

Obwohl das Enzym Urease Wasser und Harnstoff tatsächlich gleichzeitig im aktiven Zentrum bindet, wäre bei korrekter Begründung auch ein Schema mit Harnstoff als einzigem

Substrat akzeptabel. Reaktionsgleichungen sind in der Regel Gesamtgleichungen. Meist laufen vor oder nach der „eigentlichen" Enzymwirkung Nebenreaktionen mit instabilen Zwischenprodukten ab. Wird Wasser als Edukt aufgeführt, ist oft nicht ersichtlich, ob es überhaupt im aktiven Zentrum gebunden wird oder erst anschließend „ins Spiel" kommt (wie z. B. bei der von der Laktase katalysierten Reaktion).

3.1 **Erklärung** der Leitfähigkeit als Messmethode:
Erst durch die Harnstoffspaltung bzw. die Folgereaktion entstehen Ionen, die für die Leitfähigkeit verantwortlich sind. Die Harnstofflösung und das Wasser leiten den Strom nicht. Die Veränderung der Leitfähigkeit pro Zeiteinheit ist daher ein Maß für die Enzymaktivität (Zahl der Harnstoffmoleküle, die pro Zeiteinheit umgesetzt werden).

Die sehr geringe Leitfähigkeit von Wasser durch Autoprotolyse kann hier vernachlässigt werden.

Beschreibung des Kurvenverlaufs 1:
– 0–30 s: Nach Zugabe der Ureaselösung kommt es zu einer starken (linearen) Zunahme der Leitfähigkeit auf ca. 100 relative Einheiten.
– 30–100 s: Die Leitfähigkeit steigt weiter, allerdings langsamer, bis auf ca. 200 relative Einheiten an.
– 100–200 s: Die Leitfähigkeit nimmt nicht mehr zu, sondern bleibt bei ca. 200 relativen Einheiten konstant.

Erklärung der Kurvenabschnitte:
– 0–30 s: Die hohe Harnstoffkonzentration zu Beginn des Experiments bewirkt, dass alle Ureasemoleküle in E-S-Komplexen gebunden sind und mit maximaler Spaltungsrate aktiv sind. Die Ionenkonzentration, d. h. die Leitfähigkeit, nimmt schnell zu.
– 30–100 s: Die Harnstoffkonzentration (Substratkonzentration) nimmt aufgrund der Substratumsetzung ab, sodass nicht mehr alle Ureasemoleküle in E-S-Komplexen gebunden sind (d. h., nicht mehr alle Enzymmoleküle „finden" Harnstoffmoleküle). Die Zunahme der Ionenkonzentration pro Zeit wird geringer, die Leitfähigkeit steigt daher immer langsamer.
– 100–200 s: Alle Harnstoffmoleküle sind gespalten, sodass keine weiteren Ionen mehr gebildet werden. Der Maximalwert der Leitfähigkeit ist erreicht und bleibt konstant.

3.2 **Diagramm:** *siehe folgende Seite*

Begründung der Kurvenverläufe:
– Versuchsansatz B: Der deutlich steilere Kurvenverlauf gegenüber Versuchsansatz A beruht auf der Verdopplung der Ureasekonzentration. Die Spaltungsrate ist viel höher, da pro Zeiteinheit viel mehr Ureasemoleküle aktiv sind, d. h. in E-S-Komplexen gebunden sind. Pro Zeiteinheit werden mehr Harnstoffmoleküle gespalten und es entstehen mehr Ionen, sodass die Leitfähigkeit schneller zunimmt. Da die Harnstoffkonzentration gleich groß ist wie im Ansatz A, entstehen am Ende auch nicht mehr Ionen als im Ansatz A. Der Maximalwert der Leitfähigkeit ist wie bei Ansatz A.
– Versuchsansatz C: Die Steigung ist etwas größer als bei Ansatz A, da durch die Verdopplung der Substratkonzentration bei gleicher Ureasekonzentration die E-S-Komplexe etwas schneller gebildet werden. Da Enzym- und Substratmoleküle nur zufällig zueinander finden, bewirkt eine Erhöhung der Substratkonzentration, dass sich Enzym- und Substratmoleküle häufiger treffen.
Oder: Die Steigung ist identisch zu Ansatz A, weil schon bei einer Harnstoffkonzentration von 0,1 % die aktiven Zentren aller verfügbarer Ureasemoleküle besetzt waren und deshalb mit noch mehr Harnstoff die Spaltungsrate nicht mehr erhöht werden kann.

Die maximale Leitfähigkeit ist etwa doppelt so groß wie bei den Ansätzen A und B, da bei vollständiger Umsetzung der doppelten Harnstoffkonzentration auch die doppelte Menge an Ionen entstehen muss.

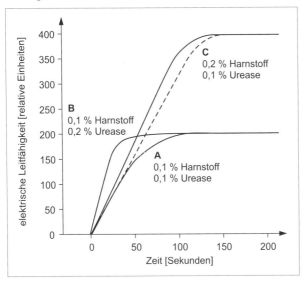

3.3 **Beschreibung** der Kurve 2:
- 0–25 s: Nach Zugabe der Ureaselösung verläuft der Kurvenanstieg zunächst wie bei Versuchsansatz A.
- 25–200 s: Nach Zugabe der Kupfersulfatlösung steigt die Leitfähigkeit sprunghaft unmittelbar auf ca. 320 relative Einheiten an und bleibt dann konstant.

Erklärung der Kurve 2: Die zugegebene Kupfersulfatlösung enthält Cu^{2+}-Ionen (und Sulfationen). Durch die Kupferionen wird der sofortige starke Anstieg der Leitfähigkeit bewirkt. Da die Kupferionen die katalytische Aktivität der Ureasemoleküle durch Änderung der Tertiärstruktur hemmen („Vergiftung" durch Schwermetallionen), wird die Harnstoffspaltung sofort gestoppt. Es entstehen daher keine zusätzlichen Ionen durch Harnstoffspaltung mehr und die Leitfähigkeit bleibt auf einem konstanten Wert.

Diese Hemmung wird als nicht kompetitive Hemmung bezeichnet. Irreversibel ist sie nicht, da starke Komplexbildner die Schwermetallionen binden und die Enzymaktivität wiederherstellen können.

4 **Begründung** der Schwierigkeiten *(zwei Angaben sind gefordert)*:
- Die Zellwand der Pflanzen wirkt als Barriere beim Einschleusen eines Fremdgens.
- Eukaryotische Pflanzenzellen haben ein viel komplexeres Genom mit vielen Chromosomen. Der Ort des Geneinbaus ist schwerer bestimmbar und es existieren eventuell bessere (Reparatur-)Systeme für die Inaktivierung eingeschleuster Fremd-DNA.
- Pflanzenzellen besitzen keine Plasmide, daher ist kein Gentransfer wie zwischen Bakterienzellen möglich.
- Erfolgreich transformierte Pflanzenzellen müssen erst zeitaufwändig zu einer vielzelligen Pflanze regeneriert werden.

Profil-/Neigungsfach Biologie (Baden-Württemberg): Abituraufgaben 2017
Aufgabe IV: Zytologie, Neurophysiologie, Osmose

BE

Nitella gracilis (Abbildung 1) gehört zu den Armleuchteralgen, die am Grund von sauberen, mineralstoffarmen und kalkreichen Süßgewässern wachsen.

1 Erstellen Sie eine beschriftete Schemazeichnung des lichtmikroskopischen Bilds einer typischen Pflanzenzelle und nennen Sie Gemeinsamkeiten zum lichtmikroskopischen Bild einer Tierzelle.

3

In Untersuchungen an *Nitella*-Zellen wurden die in Tabelle 1 dargestellten Ionenkonzentrationen im Vergleich zum umgebenden Süßwasser ermittelt.
Außerdem wurde festgestellt, dass sie wie andere lebende Zellen ein Membranpotenzial aufweisen und dass durch mechanische Reizung Aktionspotenziale ausgelöst werden können (Abbildung 2). Forscher vermuten, dass durch diese Aktionspotenziale Stoffwechselvorgänge in der Alge gesteuert werden.

Abb. 1: *Nitella gracilis*

Ion	Zellinneres	Süßwasser
Cl^-	90,7	0,9
Mg^{2+}	17,7	1,7
Ca^{2+}	10,2	0,8
Na^+	10,0	0,2
K^+	54,3	0,04

Tab. 1: Ionenkonzentrationen im Zellinneren von *Nitella*-Zellen und im Süßwasser in mmol/L

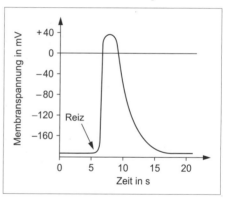

Abb. 2: Aktionspotenzial bei *Nitella*-Zellen (vereinfacht)

2.1 Zeichnen Sie ein Diagramm, das den Verlauf eines Aktionspotenzials an einer Nervenzelle zeigt (Größe ca. ½ Seite), und erläutern Sie die auf molekularer Ebene ablaufenden Vorgänge, die zu diesem Spannungsverlauf führen.

4

2.2 Nennen Sie zwei Gemeinsamkeiten und zwei Unterschiede zwischen dem Aktionspotenzial einer Nervenzelle und dem Aktionspotenzial bei *Nitella*-Zellen (Abbildung 2).

2

2.3 Geben Sie unter Zuhilfenahme von Tabelle 1 eine mögliche Erklärung, wie der Spannungsverlauf des Aktionspotenzials bei *Nitella*-Zellen (Abbildung 2) zustande kommen könnte.
Erklären Sie, wie die in Tabelle 1 dargestellten Ionenkonzentrationen auch nach vielen Aktionspotenzialen aufrechterhalten werden könnten. 4

Unterschiede in der Ionenkonzentration zwischen Zellinnerem und umgebendem Süßwasser führen bei Pflanzenzellen zu osmotischen Vorgängen.
Die Konzentration osmotisch wirksamer Stoffe in Pflanzenzellen lässt sich experimentell ermitteln. In einem Praktikum wurde folgender Versuch mit Kartoffeln durchgeführt:
Ein aus einer großen Kartoffelknolle herausgestanztes zylinderförmiges Stück von 4,0 cm Länge wurde in ein Reagenzglas mit 25 %-iger Zuckerlösung gestellt. Nach 48 Stunden entnahm man den Kartoffelzylinder und maß eine Länge von 3,4 cm.

3.1 Erläutern Sie unter Verwendung entsprechender Fachbegriffe die Vorgänge, die zur Längenveränderung des Kartoffelzylinders geführt haben. 3

3.2 Beschreiben Sie eine Erweiterung des oben beschriebenen Versuchs zu einer Versuchsreihe, mit deren Hilfe man die Konzentration der osmotisch wirksamen Stoffe in Kartoffelzellen näherungsweise bestimmen kann. Erläutern Sie Ihr Vorgehen und erklären Sie, weshalb es sinnvoll ist, die Versuchsreihe mehrfach zu wiederholen. 4
20

Lösungen

1 **Skizze** einer Pflanzenzelle im Lichtmikroskop:

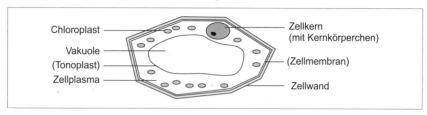

In der Skizze werden die Darstellung von Zellwandansätzen zu Nachbarzellen, Kernkörperchen, Mitochondrien und Plasmodesmen nicht verlangt. Auch das Fehlen von Zellmembran und Tonoplast wird akzeptiert, da sie nur interpretierte Strukturen sind, die im Lichtmikroskop nicht aufgelöst werden.

Nennung von Gemeinsamkeiten mit Tierzellen:
Zellkern, Zellplasma (Zellmembran, Mitochondrien)

2.1 **Zeichnung** eines Diagramms mit Aktionspotenzialverlauf:

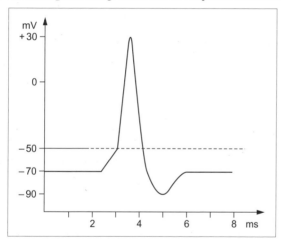

Erläuterung der molekularen Vorgänge:
- Depolarisationsphase: Die Membran wird durch eine Reizung bis zum Schwellenwert depolarisiert. Wird der Schwellenwert überschritten, öffnen sich spannungsgesteuerte Na^+-Ionenkanäle. Es kommt durch positive Rückkopplung zu einem schnellen und starken Na^+-Ioneneinstrom (Diffusion gemäß Konzentrationsgefälle), der zu einer Umpolung der Membran(spannung) führt (von ca. -70 mV auf bis $+30$ mV). Die spannungsgesteuerten Na^+-Ionenkanäle schließen sich rasch wieder und es öffnen sich (verzögert) spannungsgesteuerte K^+-Ionenkanäle.
- Repolarisationsphase: Die Öffnung der K^+-Ionenkanäle bewirkt einen schnellen K^+-Ionenausstrom (Diffusion gemäß Konzentrationsgefälle). Die Membran wird repolarisiert,

dabei kann es kurzzeitig zur Hyperpolarisation kommen. Die spannungsgesteuerten K$^+$-Ionenkanäle schließen sich wieder und das Ruhepotenzial ist wieder erreicht.

Die Erläuterung der Funktion der Kalium-Natrium-Pumpe und der Refraktärzeit wird bei dieser Fragestellung nicht erwartet.

2.2 **Nennung** von Gemeinsamkeiten:
- Ruhepotenzial mit negativer Membranspannung
- prinzipiell ähnliche Kurvenform des Aktionspotenzials mit Depolarisation, Ladungsumkehr und Repolarisation

Nennung von Unterschieden zur Nervenzelle:
- größere Amplitude (ca. 230 mV)
- keine Hyperpolarisation
- wesentlich längere Dauer des Aktionspotenzials (ca. 10 s)
- deutlich niedrigere Ruhemembranspannung (ca. –190 mV)
- keine Schwellenspannung erkennbar

2.3 Mögliche **Erklärung** des Spannungsverlaufs bei *Nitella*:

*Alle Ionensorten in Tab. 1 sind im Zellinneren konzentrierter als im Außenmilieu. Da die Ionenströme bei einem Aktionspotenzial nur auf passivem Transport (Diffusion entlang eines Konzentrationsgradienten) beruhen, müssen hier sowohl Depolarisation als auch Repolarisation auf Ionen**aus**strom beruhen.*

- Depolarisationsphase: Durch den Reiz werden Cl$^-$-Ionenkanäle geöffnet. Da der negative Ladungsüberschuss innen geringer werden muss, kann es sich nur um Chloridionen handeln. Es kommt zu einem starken Cl$^-$-Ionenausstrom entlang des Konzentrations- und Ladungsgefälles bis zur Umpolung der Membran (und Schließung der Cl$^-$-Ionenkanäle).
- Repolarisationsphase: Es öffnen sich (zeitverzögert) spannungsgesteuerte Kationenkanäle. Dadurch kommt es zum Kationenausstrom (z. B. von K$^+$-Ionen) entlang ihres Konzentrationsgefälles, bis die Ausgangsspannung wieder erreicht ist.

Mögliche **Erklärung** der Aufrechterhaltung der Ionenkonzentrationen:
Zur Aufrechterhaltung der Konzentrationsunterschiede zwischen innen und außen müssen die Ionen unter Energieaufwand (ATP) gegen das Konzentrationsgefälle wieder nach innen transportiert werden, also durch aktiven Transport.

3.1 **Erläuterung** der Längenveränderungen:

Zur Erklärung genügt es, die Kartoffelzellen vereinfacht wie Tierzellen mit „Zellinnerem" und selektiv permeabler Zellmembran zu behandeln. Eine genaue zytologische Analyse der stattfindenden Plasmolyse mit Unterscheidung von Vakuole, Tonoplast, Plasmaschlauch, Zellmembran und Zellwand wird für die Erklärung der Längenveränderung nicht verlangt. Die erwarteten Fachbegriffe beziehen sich auf die physikalisch-chemischen Vorgänge der Osmose.

Die Konzentration der (hypertonischen) 25 %-igen Zuckerlösung ist höher als die Konzentration der gelösten (osmotisch aktiven) Stoffe im Zellinneren (hypotonische Lösung). Die Zellmembran der Kartoffelzellen ist selektiv permeabel (semipermeabel), d. h., sie ist durchlässig für Wassermoleküle, aber nicht für Zuckermoleküle und andere osmotisch aktive Stoffe in der Zelle. Für Wasser besteht ein Konzentrationsgefälle von innen nach außen, da die Wasserkonzentration im Zellinneren größer ist als in der Zuckerlösung. Es kommt zur Osmose, der Diffusion durch eine selektiv permeable Membran. Dabei diffundiert Wasser entlang des Konzentrationsgefälles durch die Zellmembran in die Zuckerlösung, sodass ein (Netto-)Wasserausstrom erfolgt *(„Netto" bedeutet, dass pro Zeiteinheit mehr Wassermoleküle aus der Zelle diffundieren als in die umgekehrte Richtung)*. Dadurch schrumpfen die Zellen und der Kartoffelzylinder verkürzt sich.

3.2 **Beschreibung** der Versuchsreihe und **Erläuterung** des Vorgehens:
Man setzt ausgehend von der 25%-igen Zuckerlösung eine Reihe von Zuckerlösungen mit absteigenden Konzentrationen in Reagenzgläsern an und legt unter ansonsten gleichen Versuchsbedingungen jeweils einen 4,0 cm langen Kartoffelzylinder in die Gläser. Nach 48 Stunden werden die Kartoffelzylinder entnommen und vermessen. Die Zuckerlösung, bei der sich keine (die geringste) Längenveränderung des Zylinders zeigt, ist (nahezu) isotonisch, d. h., dass hier die Zuckerkonzentration (etwa) der Konzentration der osmotisch wirksamen Stoffe im Zellinneren entspricht. In dieser Lösung gleichen sich Wassereinstrom und Wasserausstrom aus, es findet kein Nettowasserstrom statt.

Erklärung der mehrfachen Wiederholungen:
Bei Einzelexperimenten und -messungen sind Zufallseffekte (z. B. Kartoffelzylinder vom Rand oder Zentrum der Kartoffel), Experimentierfehler (z. B. verschiedene Kartoffelsorten, unterschiedlich alte Kartoffeln) sowie Mess- oder Ablesefehler nicht zu vermeiden. Bei mehrfacher Wiederholung der Versuchsreihe können aus den Messwerten statistisch Durchschnittswerte berechnet werden (arithmetische Mittelung). Dadurch werden die Ergebnisse belastbarer und aussagekräftiger.

**Profil-/Neigungsfach Biologie (Baden-Württemberg): Abituraufgaben 2018
Aufgabe I: Zytologie, Immunbiologie, Genmutation**

BE

Ende des Jahres 2013 brach in Westafrika das Ebolafieber aus. Fast 24 000 Menschen erkrankten, die Überlebensrate lag bei etwa 50 Prozent. Vermutlich infizieren sich Menschen durch den Verzehr von infiziertem Säuretierfleisch oder den Kontakt mit Erkrankten. Das Virus gelangt über Schleimhäute oder winzige Wunden in den Körper.

Abbildung 1 zeigt die Struktur des Ebola-Virus. Das Virus-Genom enthält die Information für sieben virale Proteine, darunter das Glykoprotein (GP) in der Außenhülle des Virus, mit welchem das Virus an ein Membranprotein der Wirtszelle bindet. Über den Vorgang der rezeptorvermittelten Endocytose infiziert das Virus zunächst Makrophagen, in welchen es vermehrt und durch welche es im Körper verbreitet wird. In der Folge infizieren die Viren u. a. Zellen der Blutgefäße, der Leber und des Nervensystems. Der Tod tritt durch multiples Organversagen ein.

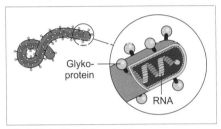

Abb. 1: Ebola-Virus (schematisch)

1 Stellen Sie den Vorgang der rezeptorvermittelten Endocytose auf der Grundlage des Flüssig-Mosaik-Modells in zwei beschrifteten Zeichnungen dar. Dabei sollen das Andocken des Virus sowie das Ergebnis der Endocytose erkennbar werden.   3

Das Ebola-Virus ist deshalb so gefährlich, weil es in der Lage ist, die Immunantwort des Patienten in ihrer Effektivität zu beeinträchtigen. Abbildung 2 zeigt die Freisetzung von Ebola-Viren aus einem Makrophagen.

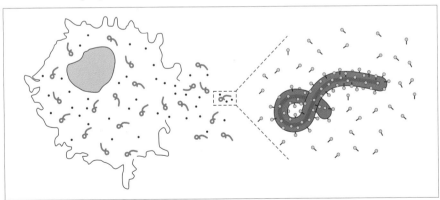

Abb. 2: Freisetzung von Ebola-Viren aus einem Makrophagen; rechts: Detail

2 Erläutern Sie mithilfe von Abbildung 2 zwei Mechanismen, wie der Befall mit Ebola-Viren die Wirksamkeit der Immunantwort beeinträchtigt.   3

Am weitesten fortgeschritten ist die Prüfung eines Impfstoffs gegen Ebola mit dem Namen rVSV-ZEBOV. Dieser Impfstoff besteht aus einem abgeschwächten, für Menschen unbedenklichen Virus, das Wissenschaftler mit dem Gen für das Glykoprotein aus der Virushülle des Zaire-Ebola-Virus (aus dem Jahr 1976) ausgestattet haben. Bei der Vermehrung des abgeschwächten Virus werden im Körper geimpfter Personen auch Glykoproteine des Zaire-Ebola-Virus (1976) produziert. Gegen diese erfolgt eine Immunantwort.

3.1 Stellen Sie die immunologischen Abläufe nach erstmaliger Verabreichung des Impfstoffes bis zur Bildung von Antikörpern gegen das Glykoprotein in Form eines Verlaufsschemas dar. 4

3.2 Geben Sie eine mögliche Erklärung, warum durch die einmalige Impfung mit rVSV-ZEBOV ein lang anhaltender Impfschutz erreichbar ist, während bei einer Impfung mit Glykoproteinen hierfür mehrmals geimpft werden muss. 4

Das Zaire-Ebola-Virus, aus dem das Glykoproteingen für den Impfstoff stammte, hatte 1976 die erste Ebola-Epidemie ausgelöst. Forscher konnten nachweisen, dass die Virus-RNA, die für dieses Glykoprotein codiert, seither mutiert ist. Abbildung 3 zeigt Ausschnitte aus der Virus-RNA des Zaire-Ebola-Virus von 1976 sowie einer 2014 entdeckten Variante. Die Virus-RNA wird bei der Expression in einem ersten Schritt durch das Enzym L-Polymerase in komplementäre mRNA umgeschrieben, die dann translatiert wird.

| Zaire-Ebola-Virus (1976) | 3' CGU UCU CGU GAC UGA AGG 5' |
| Zaire-Ebola-Virus (2014) | 3' CAU UCU CGC GAC UGA GGG 5' |

Abb. 3: Ausschnitte aus der Virus-RNA verschiedener Ebola-Viren

4.1 Ermitteln Sie mithilfe der Codesonne (siehe Anlage) die durch die dargestellten Ausschnitte der Virus-RNA codierten Aminosäuresequenzen.
Erklären Sie, weshalb der Impfstoff rVSV-ZEBOV gegen das Zaire-Ebola-Virus (2014) keine Wirksamkeit zeigt. 4

4.2 Erstellen Sie ein Diagramm, das den zeitlichen Verlauf der Antikörperkonzentration im Blut einer mit rVSV-ZEBOV geimpften Person zeigt, die sich mit dem Zaire-Ebola-Virus (1976) infiziert hat. Begründen Sie den Kurvenverlauf.
Erläutern Sie die zu erwartenden Unterschiede im Verlauf der Antikörperkonzentration im Blut einer mit rVSV-ZEBOV geimpften Person, die sich mit dem Zaire-Ebola-Virus (2014) infiziert hat.

4
--
20

Anlage: Codesonne

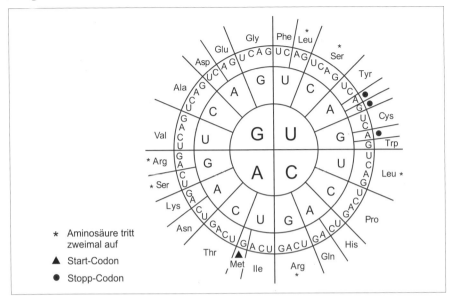

* Aminosäure tritt zweimal auf
▲ Start-Codon
● Stopp-Codon

Lösungen

1 In der Fragestellung wird sowohl der Ablauf der Endocytose als auch das Flüssig-Mosaik-Modell der Biomembran ausdrücklich verlangt. Die übliche Darstellung der Membran als (Doppel-)Linie reicht daher nicht aus. Beide Skizzen sollen beschriftete Details des molekularen Membranaufbaus enthalten. Nur Membranbestandteile, die für die Funktion der Endozytose nicht relevant sind, können weggelassen werden, z. B. Kanalproteine.

Darstellung der Endocytose:

Zeichnung 1: Andocken des Virus

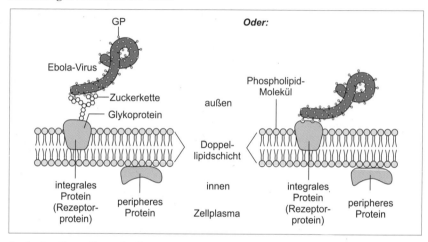

Auch eine Darstellung des Rezeptorproteins als Transmembranprotein, das die gesamte Doppelschicht durchzieht, ist möglich und plausibel.

Zeichnung 2: Ergebnis der Endocytose

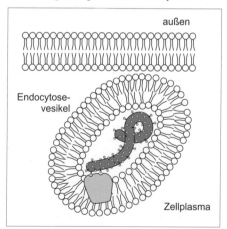

2 **Erläuterung** der Beeinträchtigung der Immunantwort:
- Die (teilweise) Zerstörung der Makrophagen durch die Ebola-Viren führt zu einem Mangel dieses Zelltyps, der für den ersten Schritt der Immunantwort (Erkennungsphase durch Antigenpräsentation) verantwortlich ist. Die spezifische Immunantwort wird daher nur unzureichend aktiviert.
- Zusätzlich zu den Viren werden auch Glykoproteine aus Makrophagen freigesetzt. Diese binden (einen Teil der) Antikörper, die dadurch für die Bekämpfung der Viren fehlen. Folge ist eine Schwächung der Immunantwort.

3.1 **Darstellung** des Verlaufsschemas der (humoralen) Immunantwort:

Da die Immunantwort laut Text nur gegen freie Glykoproteine erfolgt, ist nur die Darstellung der humoralen Immunantwort bis zur Antikörperbildung verlangt (ohne Antikörper-Antigen-Komplexe und Abschaltphase).

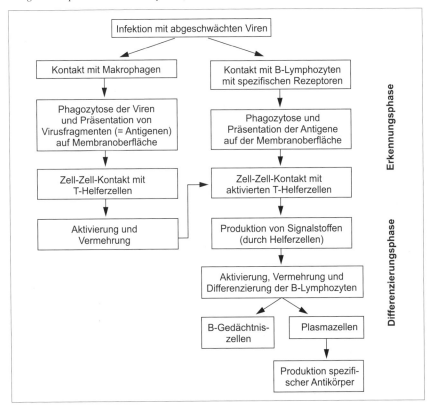

3.2 **Erklärung** der unterschiedlichen Impfwirkung:
- Impfung mit abgeschwächten Viren: Die mit rVSV-ZEBOV injizierten Viren vermehren sich und produzieren dadurch sehr viele und lang anhaltend freie Glykoproteine. Durch die dauerhaft hohe Antigenkonzentration wird das Immunsystem relativ stark aktiviert.

Als Folge werden viele Gedächtniszellen gebildet, die Basis für einen lang anhaltenden Impfschutz.
- Impfung mit Glykoprotein: Eine einmalige Impfdosis von Glykoproteinen wird relativ schnell und vollständig von den gebildeten Antikörpern eliminiert. Durch die geringe und nur kurzzeitige Antigenpräsenz erfolgt nur eine relativ geringe Aktivierung des Immunsystems. Es entstehen nur wenige Gedächtniszellen, d. h., es besteht kein anhaltender Impfschutz ohne weitere Nachimpfungen.

Oder: Freie Glykoproteine könnten immunologisch weniger wirksame Antigene sein als die in die Virushülle (auch der Impfviren) integrierten Glykoproteine, da eventuell die Raumstruktur verändert ist.

4.1 **Ermittlung** der Aminosäuresequenzen:

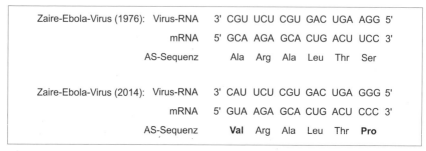

Erklärung des Verlusts der Impfwirkung:
Durch Mutation der RNA des Virus von 2014 ist die Aminosäuresequenz an zwei Stellen verändert. Dies könnte zu einer räumlichen Veränderung der Molekülform der Glykoproteine führen. Die Folge wäre, dass die Antikörper nicht mehr binden können, da sie nach der rVSV-ZEBOV-Impfung spezifisch gegen die Molekülform des Virus von 1976 gebildet wurden (Schlüssel-Schloss-Prinzip).

4.2 **Erstellung** des Diagramms der Antikörperkonzentrationen in Abhängigkeit von der Zeit:

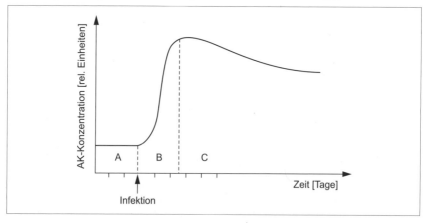

Begründung des Kurvenverlaufs:
- Der Kurvenverlauf entspricht einer Sekundärreaktion (Zweitkontakt mit dem gleichen Antigen).
- **Phase A:** Im Blut der geimpften Person befindet sich eine bestimmte Konzentration von Antikörpern (AK) gegen Ebola-Glykoproteine (Typ 1976), da aufgrund der Impfung mit rVSV-ZEBOV spezifische Gedächtniszellen aktiv sind.
- **Phase B:** Durch die Infektion mit Zaire-Ebola-Viren (1976) steigt die AK-Konzentration in kurzer Zeit steil bis zu einem Maximum an. Durch den Zweitkontakt mit dem gleichen Antigen kommt es zu einer sehr schnellen Aktivierung der AK-Produktion (durch Mobilisierung/Differenzierung der Gedächtniszellen zu Plasmazellen).
- **Phase C:** Die AK-Konzentration nimmt langsam ab, z. B. durch Bindung in AK-Antigen-Komplexen, AK-Abbau und Drosselung der Aktivität der Plasmazellen.

Erläuterung der Unterschiede bei Ebola-Virus (Typ 2014):
Es handelt sich um eine Primärantwort, da es sich trotz Ebola-Virus-Impfung um ein neues, dem Immunsystem unbekanntes Antigen handelt.

Unterschiede zum beschriebenen Kurvenverlauf *(mindestens zwei sind gefordert)*:
- Zu **A**: Die AK-Konzentration gegen Ebola-Viren des Typs 2014 ist bis zum Infektionszeitpunkt gleich null, da gegen diese Antigene noch keine Immunreaktion stattgefunden hat.
- Zu **B**: Die AK-Konzentration steigt zeitlich verzögert und viel flacher an, da erst die Erkennungs- und die Differenzierungsphase ablaufen müssen (Aktivierung der B- und T-Zellen).
- Zu **C**: Die Maximalkonzentration ist geringer (da durch den zeitlichen „Vorsprung" der Virusvermehrung ein Großteil der AK sofort in Antigen-AK-Komplexen gebunden wird).

Profil-/Neigungsfach Biologie (Baden-Württemberg): Abituraufgaben 2018
Aufgabe II: Zytologie, ELISA, Immunbiologie, Evolution

BE

Das Jakobskreuzkraut (Abbildung 1) ist eine einheimische Pflanzenart, die sich seit einigen Jahren sehr stark entlang von Wegrändern, auf Böschungen und auf extensiv genutzten Wiesen und Weiden ausgebreitet hat. Die Pflanze ist für viele Säugetiere und Insekten giftig. Die Giftigkeit beruht auf dem Vorkommen sogenannter Pyrrolizidin-Alkaloide (PA), die die Pflanze in alle Pflanzenorgane einlagert. Bei Säugetieren werden diese Alkaloide im Verdauungstrakt aufgenommen. In Leberzellen (Abbildung 2) werden sie abgebaut. Dabei entstehen giftige Substanzen, die Leberzellen schädigen.

Abb. 1: Jakobskreuzkraut *(Senecio jacobaea)*
H. Zell, https://commons.wikimedia.org/wiki/
File: Jacobaea_vulgaris_004.JPG, lizenziert unter CC BY-SA 3.0

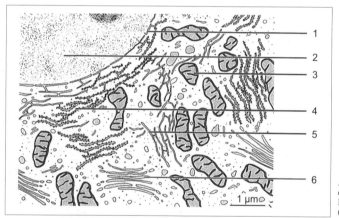

Abb. 2: Schema des elektronenmikroskopischen Bildes einer Leberzelle (Ausschnitt)

1.1 Benennen Sie die in Abbildung 2 mit Ziffern bezeichneten Strukturen. Nennen Sie die Funktion der Struktur 4 und erklären Sie ihr in Leberzellen gehäuftes Auftreten.   3

1.2 Geben Sie zwei mögliche Erklärungen, wie es zur Schädigung von Leberzellen durch Pyrrolizidin-Alkaloid-Abbauprodukte kommen könnte.   2

Bienen nehmen Pyrrolizidin-Alkaloide (PA) bei Blütenbesuchen am Jakobskreuzkraut mit Pollen und Nektar auf. Die Pyrrolizidin-Alkaloide gelangen so in den Honig. Mithilfe des sogenannten ELISA-Tests (**E**nzyme-**L**inked **I**mmun**o**sorbent **A**ssay; enzymgekoppelter Immunabsorptionstest) können sie nachgewiesen und ihre Konzentration bestimmt werden. Beim ELISA-Test wird ein Testgefäß mit am Boden fixierten Antikörpern verwendet, in welches die zu untersuchende verdünnte Honigprobe eingefüllt wird (Abbildung 3a). Nach kurzer Einwirkzeit werden die nicht gebundenen Inhaltsstoffe der Probe ausgewaschen.

Nun werden Antikörper mit gekoppeltem Enzym zugegeben, die auch spezifisch an PA binden (3b). Nach erneutem Waschen wird eine Lösung mit farbloser Farbstoffvorstufe in das Testgefäß gegeben. Das an den Antikörper gekoppelte Enzym katalysiert die Umwandlung der Farbstoffvorstufe in einen Farbstoff (3c).

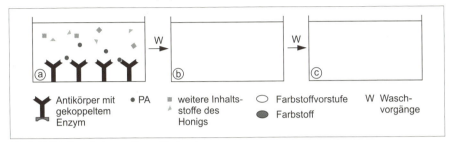

Abb. 3: ELISA-Test mit einer verdünnten Honigprobe

2.1 Übertragen Sie die Abbildung der „leeren" Testgefäße (Abbildung 3b und 3c) in Ihre Reinschrift und ergänzen Sie die darin ablaufenden Vorgänge unter Verwendung der in der Legende vorgegebenen Symbole.   2

2.2 Erläutern Sie, wie durch diesen ELISA-Test quantitative Aussagen über die Konzentration der Pyrrolizidin-Alkaloide (PA) im Honig möglich sind und wie man PA-Konzentrationen ermitteln kann.   4

2.3 Erstellen Sie eine beschriftete Schemazeichnung eines Antikörpers (Größe ca. ½ Seite). Erläutern Sie, warum die Funktion der Antikörper im ELISA-Test trotz der Fixierung am Gefäßboden oder der Enzymkopplung in vollem Umfang gegeben ist.   2

Einige Insekten, darunter die in Südostasien und Australien vorkommende Nachtfalterart *Creatonotos gangis*, können die Pyrrolizidin-Alkaloide in Pheromone umwandeln. Pheromone sind Duftstoffe, die der Kommunikation zwischen den Individuen einer Art dienen. Bei *Creatonotos gangis* setzen die Männchen diese Pheromone frei und locken damit Weibchen an. Raupen von *Creatonotos gangis* nehmen die Pyrrolizidin-Alkaloide mit der Nahrung auf. Männliche Raupen entwickeln während der Metamorphose zum geschlechtsreifen Insekt Duftorgane im Hinterleib. Bei den Faltern sind diese Duftorgane tagsüber in den Hinterleib eingezogen. In der Dämmerung werden sie ausgestülpt und geben die Pheromone ab. Bei manchen Männchen sind die Duftorgane größer als die Flügelspannweite (Abbildung 4). Im Laufe der Evolution sind die Duftorgane aus kleinen Darmanhängen entstanden.

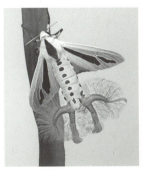

Abb. 4: Männchen von *Creatonotos gangis* mit Duftorganen
© Darren5907 / Alamy Stock Foto

3.1 Erläutern Sie die Entstehung von Duftorganen aus kleinen Darmanhängen im Sinne der Synthetischen Evolutionstheorie.   4

3.2 Die Ausbildung großer Duftorgane bei *Creatonotos gangis* kann als evolutionärer Kompromiss gesehen werden. Erläutern Sie diese Aussage.   3
                                                                                                              20

Lösungen

1.1 **Benennung** der Strukturen:
1 Kernhülle
2 Zellkern (Kernplasma, Chromatin)
3 Mitochondrium
4 raues endoplasmatisches Retikulum
5 glattes endoplasmatisches Retikulum
6 Dictyosom (Golgi-Apparat)

Lediglich „Kernmembran" für Struktur 1 anzugeben, ist ungenau, da es sich um eine Doppelmembran handelt. Schreiben Sie „endoplasmatisches Retikulum" zumindest beim ersten Mal aus.

Nennung der Funktion von Struktur 4:
Herstellung, Speicherung, Modifikation und Transport von Proteinen

Erklärung des gehäuften Auftretens:
Die Leber ist ein sehr stoffwechselaktives Organ (z. B. Enzymsynthesen, Entgiftungsreaktionen, Auf-, Ab- und Umbau von Stoffen), sodass ein hoher Proteinbedarf besteht.

1.2 **Erklärung** möglicher Giftwirkungen *(zwei sind verlangt)*:
− Hemmung der Ribosomen (Translation) ⇒ Hemmung der Proteinbiosynthese
− Hemmung der Mitochondrien ⇒ Hemmung der Energiebereitstellung (ATP-Synthese)
− Hemmung der DNA (bzw. Transkription) ⇒ Hemmung der Proteinbiosynthese
− Veränderung der DNA (mutagene Wirkung) ⇒ Zelltod, Krebs

2.1 **Ergänzung** der Skizzen b und c:

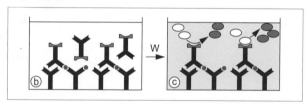

2.2 **Erläuterung** der quantitativen Aussagen:
Je höher die Giftkonzentration im Honig ist, desto mehr PA-Moleküle werden an die fixierten Antikörper (AK) gebunden. An diese binden wiederum mehr enzymgekoppelte AK. Je höher die Enzymkonzentration, desto mehr Moleküle der Farbstoffvorstufe werden pro Zeiteinheit in den Farbstoff umgewandelt.

Ermittlung der PA-Konzentrationen:
Durch Messung der Farbtiefe nach einer bestimmten (gestoppten) Zeit kann auf die PA-Konzentration geschlossen werden. Diese Zeit muss in Testreihen mit bekannten PA-Konzentrationen bestimmt werden (Eichkurve). Der Zeitpunkt der Messung muss dabei so festgelegt werden, dass erst ein Teil der Farbstoffvorstufen umgesetzt wurde. Ansonsten würde unabhängig von der Enzym- bzw. PA-Konzentration immer die maximale Farbtiefe erreicht werden, da auch wenige Enzymmoleküle schließlich alle Vorstufen (Substrat) in Farbstoff umsetzen.

Oder: Es kann (bei vorhandenen Testreihen) auch die Zeit bis zum Erreichen einer bestimmten, festgelegten Farbtiefe gemessen werden.

2.3 **Erstellung** einer Schemazeichnung mit **Beschriftung:**

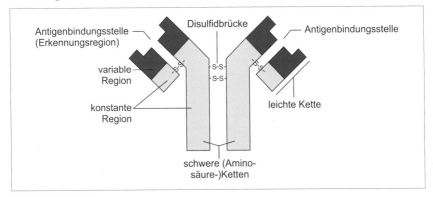

Erläuterung der Funktionserhaltung der Antikörper (AK):
Sowohl die Fixierung am Gefäßboden als auch die Enzymkopplung beeinträchtigen nicht die spezifische Bindungsfähigkeit der AK, da die Erkennungsregion für die PA-Moleküle (Antigene) nicht behindert wird. Die Fixierung und die Enzymkopplung erfolgen jeweils am konstanten Molekülteil des AK.

3.1 **Erläuterung** der Entstehung der Duftorgane:

Die Synthetische Evolutionstheorie argumentiert mit den Begriffen Mutation, Rekombination, Selektion, Population und Allelhäufigkeit.

Durch Mutationen entwickelten sich bei einigen Individuen der Population neue Allele, deren Genprodukte zu einer Vergrößerung der Darmanhänge führten. Durch Rekombination entstand in der Population eine (phänotypische) Variabilität bezüglich der Größe der Darmanhänge. Männchen mit entsprechender Genkombination konnten mehr Pheromone freisetzen und damit mit größerer Wahrscheinlichkeit ein Weibchen anlocken. Sie hatten dadurch einen Selektionsvorteil, da sie einen größeren Fortpflanzungserfolg erreichen konnten. Über viele Generationen hinweg häuften sich infolgedessen die betreffenden Allele im Genpool der Population an und es kam zu einer Verschiebung der Allelhäufigkeit (Allelfrequenz) in Richtung der Allele, die an der Ausprägung einer Darmvergrößerung beteiligt waren. Das Merkmal „Duftorgan" setzte sich durch.

3.2 **Erläuterung** des evolutionären Kompromisses:
Die Vergrößerung der Duftorgane bringt sowohl Vor- als auch Nachteile. Die bestehende Größe der Organe kann als evolutionärer Kompromiss angesehen werden, da sie das Ergebnis gegensätzlich wirkender Selektionsfaktoren ist, die große Duftorgane entweder begünstigen oder beschränken und die Überlebensfähigkeit der Tiere beeinflussen.

Positiver Selektionsfaktor, der größere Duftorgane begünstigt:
– Erhöhte Wahrscheinlichkeit, Weibchen anzulocken (sexuelle Selektion) wegen größerer Pheromonproduktion (Organgröße) und effektiverer Duftverbreitung (Organfläche)

Negative Selektionsfaktoren, die eine Vergrößerung der Duftorgane begrenzen:
– Für Fressfeinde sind Männchen mit auffälligen Körperanhängen leichter zu erkennen und zu erbeuten, da sie aufgrund ihrer schweren Anhänge möglicherweise schlechter fliegen/flüchten können.
– Erhöhter Nahrungsbedarf (erhöhter Energieaufwand) wegen überdimensionierter Körperanhänge (Muskelarbeit, Duftproduktion)

Profil-/Neigungsfach Biologie (Baden-Württemberg): Abituraufgaben 2018
Aufgabe III: Zellatmung, Proteinbiosynthese, Genmutation, Reproduktionsbiologie

BE

Mitochondrien und Chloroplasten verfügen über ein eigenes Genom und eigene Ribosomen. Beim mitochondrialen Genom handelt es sich um ein ringförmiges DNA-Molekül aus etwa 16 000 Basenpaaren. Es codiert für 13 Proteine der Zellatmung sowie für mitochondriale RNA-Moleküle (z. B. tRNA). Dadurch ist das Organell genetisch nicht völlig vom Zellkern abhängig und kann selbstständig Proteinbiosynthese betreiben.
Abbildung 1a zeigt den Aufbau eines mitochondrialen tRNA-Moleküls, Abbildung 1b die Bindung einer Aminosäure an diese tRNA durch das Enzym Aminoacyl-tRNA-Synthetase.

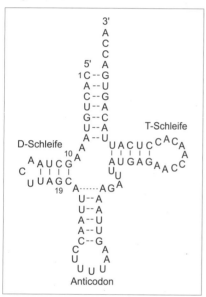
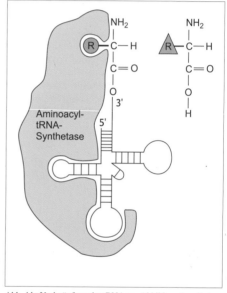

Abb. 1a: Struktur eines mitochondrialen tRNA-Moleküls

Abb. 1b: Verknüpfung der tRNA aus Abbildung 1a mit einer Aminosäure durch das Enzym Aminoacyl-tRNA-Synthetase sowie eine andere, freie Aminosäure

1.1 Formulieren Sie die Reaktionsgleichung der Zellatmung in Summenformeln. Erklären Sie am Beispiel der Mitochondrien die Bedeutung der Kompartimentierung sowie der Oberflächenvergrößerung. 3

1.2 Erläutern Sie mithilfe der Abbildungen 1a und 1b, wie im Prozess der Proteinbiosynthese eine eindeutige Übersetzung einer mRNA-Sequenz in die entsprechende Aminosäuresequenz sichergestellt wird.
Bestimmen Sie mithilfe der Codesonne (siehe S. 2018-3) die Aminosäure, mit welcher die tRNA in Abbildung 1a beladen wird. 4

Seit einigen Jahren gerieten Krankheiten, die auf einer Fehlfunktion der Mitochondrien beruhen, verstärkt in den Fokus der Wissenschaft. Solche Erkrankungen nennt man Mitochondriopathien. Die Ursache einiger Mitochondriopathien sind Mutationen in mitochondrialen Genen, die für tRNA-Moleküle codieren. Zum Beispiel führt eine häufig auftretende Mutation bei der in Abbildung 1a dargestellten tRNA zum Austausch der Base G durch die Base A an Position 19. Sofern diese Mutation vererbt wurde, können bereits im Kindes- und Jugendalter Symptome, wie zum Beispiel fortschreitende Muskelschwäche und eine verzögerte körperliche und geistige Entwicklung, auftreten.

2.1 Formulieren Sie unter Verwendung der Abbildungen 1a und 1b eine Hypothese zur molekularen Wirkung der im Vortext beschriebenen Mutation und erläutern Sie, welche Auswirkung diese Mutation auf die Bildung eines mitochondrialen Proteins haben könnte.   3

2.2 Erläutern Sie den Zusammenhang zwischen der Mutation, der Funktion des Organells und den im Text beschriebenen Symptomen.   3

Eine von Mitochondriopathie betroffene Frau brachte in Mexiko im April 2016 einen gesunden Jungen zur Welt, der mithilfe eines neuen Verfahrens der künstlichen Befruchtung gezeugt wurde, der „Three-parent in vitro fertilization". Abbildung 2 zeigt dieses Verfahren.

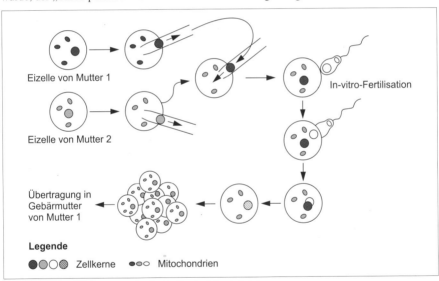

Abb. 2: Verfahren der „Three-parent in vitro fertilization" (vereinfacht)

3.1 Beschreiben Sie den Ablauf dieser Methode.
Begründen Sie, weshalb von erblicher Mitochondriopathie betroffene Frauen mit dieser Methode gesunde Kinder zur Welt bringen können.   4

3.2 In Deutschland ist das Verfahren bisher verboten. Nennen Sie drei Probleme, die sich bei einer Zulassung ergeben könnten, und geben Sie jeweils eine kurze Begründung.   3/20

Lösungen

1.1 **Formulierung** der Reaktionsgleichung:
$$C_6H_{12}O_6 + 6\,O_2 \longrightarrow 6\,CO_2 + 6\,H_2O\;(+\text{ Energie}/\text{ATP})$$
Erklärung der Bedeutung:
Die Aussage „am Beispiel der Mitochondrien" bedeutet nicht, dass Details der Zellatmung bzw. des Mitochondrienbaus erläutert werden müssen.

- Kompartimentierung: Es werden getrennte Reaktionsräume geschaffen, um gegenseitige Störungen von Reaktionsabläufen zu vermeiden. Die Zellatmung läuft in verschiedenen Teilschritten ab (z. B. Citratzyklus), deren Enzymausstattung ganz unterschiedlich ist. Eine Vermischung wird durch membranbegrenzte Teilräume verhindert (z. B. Matrix).
- Oberflächenvergrößerung: An der inneren Membran läuft die Zellatmung an membrangebundenen Atmungsenzymen ab. Durch Faltung der Membran wird die Oberfläche stark vergrößert, sodass mehr Enzymmoleküle integriert werden können. Die Zellatmungseffektivität wird gesteigert, da viele Reaktionen gleichzeitig ablaufen können.

Oder: Die Vergrößerung der Oberfläche ermöglicht einen schnelleren Stoffaustausch zwischen den Kompartimenten.

1.2 **Erläuterung** der eindeutigen Übersetzung der mRNA-Sequenz:
Für die Genauigkeit der Übersetzung des Basencodes der mRNA in eine bestimmte Aminosäuresequenz sind zwei Spezifitäten entscheidend:
- Die spezifische Erkennung der mRNA-Tripletts (Codone) durch die komplementären tRNA-Tripletts (Anticodone) sorgt für den Einbau der codierten Aminosäure in die Polypeptidkette im Ribosom.
- Die jeweilige tRNA wird mit „ihrer" Aminosäure durch substratspezifische Enzyme, die Aminoacyl-tRNA-Synthetasen, spezifisch beladen. Abb. 1a und b zeigen, wie die korrekte tRNA-Beladung erfolgt. Das dargestellte Enzym hat eine „doppelte" Spezifität, d. h. sowohl ein „Schloss", in das nur ein bestimmter Aminosäurerest passt, als auch eine spezifisch passende Mulde für das zugehörige Anticodon der tRNA (sowie eine D-Schleife, die ebenfalls Teil dieses Schlüssel-Schloss-Prinzips sein könnte). Damit ist gewährleistet, dass diese Synthetase (eine von mindestens 19 weiteren) die tRNA mit dem Anticodon UUU nur mit der korrekten Aminosäure (hier: Lysin) beladen kann.

Bestimmung der Aminosäure:
Anticodon: UUU
Codon: AAA
Aminosäure: Lysin

2.1 **Formulierung** einer Hypothese:
Durch die Mutation wird die Basenpaarung G–C aufgelöst, die D-Schleife ändert dadurch ihre Raumstruktur und passt nicht mehr in die Synthetase. Das tRNA-Molekül kann nicht mit Lysin beladen werden, sodass Lysin nicht mehr zum Ribosom transportiert werden kann.

Oder: Die veränderte D-Schleife der mutierten tRNA passt in eine andere Synthetase und es kommt zur „Fehlbeladung" mit einer anderen Aminosäure.

Erläuterung der Auswirkung:
Die Proteinsynthese im Mitochondrium wird gestört. Es kann zu veränderten Proteineigenschaften oder zum Funktionsverlust des Proteins aufgrund einer veränderten Aminosäuresequenz kommen.
Oder: Es kommt infolge von Lysinmangel zum Abbruch der Proteinbiosynthese.

2.2 **Erläuterung** der Zusammenhänge:
Durch die Mutation werden wichtige Proteine, die bei der Zellatmung benötigt werden, fehlen oder in ihrer Funktion beeinträchtigt sein. Die Mitochondrien werden zu wenig ATP produzieren, d. h., die Bereitstellung von Energie für Stoffwechselvorgänge, die besonders viel Energie benötigen, wird nicht mehr ausreichend gewährleistet. Dies wirkt sich insbesondere auf Wachstumsvorgänge und auf die Versorgung besonders energiebedürftiger Organe wie Gehirn und Muskeln aus. Bei betroffenen Kindern kann es daher zur Muskelschwäche und einer verzögerten Entwicklung kommen.

3.1 **Beschreibung** des Ablaufs:
– Der Eizelle der von Mitochondriopathie betroffenen Mutter 1 (Kernspenderin) wird der Zellkern entnommen. (Die Eizelle wird verworfen.)
– Der Eizelle einer nicht betroffenen Mutter 2 (Eizellspenderin) wird ebenfalls der Zellkern entnommen. (Der Zellkern wird verworfen.)
– In die Spender-Eizelle mit den intakten Mitochondrien wird der Zellkern der Mutter 1 injiziert.
– Diese Spender-Eizelle wird *in vitro* mit Spermien des Vaters befruchtet.
– Die befruchtete Eizelle (Zygote) teilt sich zu einem mehrzelligen Keim und wird in die Gebärmutter der Mutter 1 implantiert.

Begründung gesunder Kinder:
Das Kind wird nur Mitochondrien aus der Eizelle der Mutter 2 besitzen, da vom Spermium des Vaters keine Mitochondrien stammen.

Eine Weitervererbung der Krankheit ist daher ebenfalls nicht möglich.

3.2 **Nennung** und **Begründung** von Problemen der Methode *(drei sind gefordert)*:
Medizinische Risiken:
– Mögliche Nebenwirkungen durch die Hormonbehandlung
– Misserfolg der Behandlung

Juristische Probleme:
– Klärungsbedarf bei Rechten, Pflichten und Risiken der Eizellspenderin (Mutter 2) in Bezug auf Komplikationen, Haftung und Erziehung
– Vereinbarkeit der Methode mit der Keimbahntherapie (in Deutschland verboten), da die fremden Mitochondriengene vererbt werden
– Festlegung von Kriterien zur Auswahl von Eizellspenderinnen zur Vermeidung von Eizellhandel aus wirtschaftlichen Gründen

Psychologische und soziale Probleme:
– Mögliche Identitätsprobleme des Kindes (zwei Mütter)
– Bezug der Eizellspenderin zum Kind (Anonymität)
– Ausübung von Druck auf Eltern mit behinderten Kindern
– Übernahme der Behandlungskosten

Profil-/Neigungsfach Biologie (Baden-Württemberg): Abituraufgaben 2018
Aufgabe IV: Neurophysiologie, Plasmidtechnik

BE

Der Wirkstoff Morphin gehört zu den wichtigsten Mitteln zur Behandlung starker Schmerzen. Er ist ein Bestandteil des Opiums, des getrockneten Milchsaftes der Kapselfrüchte des Schlafmohns. Morphin bindet an Opioidrezeptoren in der präsynaptischen Membran von Nervenzellen der Schmerzbahn. Dadurch wird die Erregungsweiterleitung zwischen Nervenzellen der Schmerzbahn eingeschränkt und das Schmerzempfinden des Patienten gesenkt. Als Nebenwirkungen treten Atem- und Kreislaufbeschwerden auf.

Abb. 1: Schlafmohn
tanja niggendijker, https://commons.wikimedia.org/wiki/File:Papaver_somniferum_flowers.jpg, lizenziert unter CC BY 2.0

1   Beschreiben Sie die Prozesse, die bei der Erregungsübertragung an einer Synapse ablaufen vom Eintreffen eines Aktionspotenzials bis zur Erregung der nachgeschalteten Zelle.   3

Um den Wirkmechanismus des Morphins zu verstehen, wurden Experimente an Nervenzellen durchgeführt. Hierbei entdeckten die Forscher, dass bei der Wirkung des Morphins das membrangebundene Enzym Adenylatcyclase und die Menge an cAMP (cyclisches Adenosinmonophosphat) eine entscheidende Rolle spielen. Abbildung 2 zeigt schematisch die Vorgänge an der präsynaptischen Membran des Endknöpfchens ohne und mit Morphin.

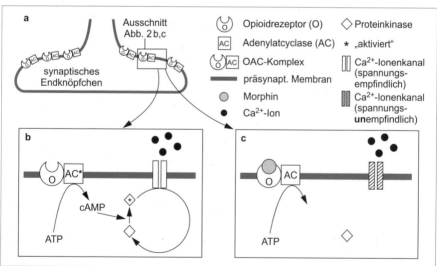

Abb. 2: a) Synaptisches Endknöpfchen mit OAC-Komplexen; b) und c) Vorgänge an der präsynaptischen Membran einer Nervenzelle ohne und mit Morphin (vereinfacht)

2 Erläutern Sie unter Berücksichtigung von Abbildung 2 die schmerzstillende Wirkung des Morphins. 3

Bei länger andauernder Morphingabe stellt sich bei den Konsumenten bald eine Toleranz gegenüber dem Medikament ein. Das bedeutet, dass bei gleicher Morphindosis zunehmend weniger schmerzunterdrückende Wirkung erreicht wird. Um trotzdem eine Wirkung zu erreichen, muss die Dosis erhöht werden, was zur Abhängigkeit von Morphin führen kann.
Diese Abhängigkeit macht sich besonders dann bemerkbar, wenn Morphin abrupt abgesetzt wird. Dabei treten Entzugserscheinungen auf, wie z. B. das Empfinden starker Schmerzen ohne entsprechend starke Schmerzreize.
Abbildung 3 zeigt, wie sich die cAMP-Konzentration im Cytoplasma und die Anzahl der Opioidrezeptor-Adenylatcyclase-Komplexe (OAC-Komplexe) in der Zellmembran des Endknöpfchens bei Morphingabe und Morphinentzug verändern.

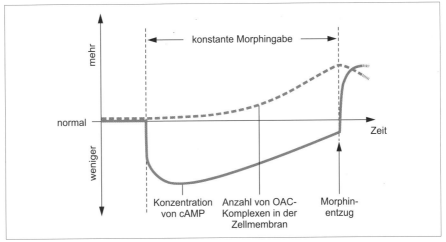

Abb. 3: Konzentration von cAMP und Anzahl OAC-Komplexe bei Morphingabe und Morphinentzug

3.1 Erklären Sie mithilfe der Abbildung 3 die Entwicklung der Toleranz bei der konstanten Gabe von Morphin. 3

3.2 Erläutern Sie mithilfe der Abbildung 3 das Zustandekommen der starken Schmerzen beim plötzlichen Entzug von Morphin. 3

Bei einer Schmerzbehandlung kann es zu einer Überdosierung und damit zu einer Vergiftung durch Morphin kommen. Hierbei kommt es zu starken Nebenwirkungen, die lebensbedrohlich werden können. Der Betroffene fällt in tiefe Bewusstlosigkeit, der Blutdruck sinkt und es kommt zum tödlichen Atemstillstand.
Mithilfe des Medikaments Naloxon kann einer Morphinvergiftung entgegengewirkt werden. Abbildung 4 zeigt die Strukturformeln und die Wirkdauer von Naloxon und Morphin.

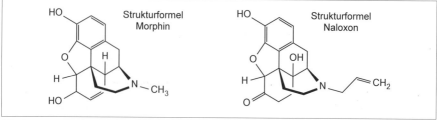

Abb. 4a: Strukturformel von Morphin und Naloxon

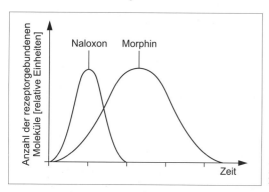

Abb. 4b: Bindung von Naloxon und Morphin an Opioidrezeptoren in Abhängigkeit von der Zeit

4.1 Beschreiben Sie mithilfe von Abbildung 4a einen möglichen molekularen Mechanismus, der die Wirkung von Naloxon erklärt. 2

4.2 Begründen Sie mithilfe von Abbildung 4b, weshalb Naloxon bei einer Morphinvergiftung als Medikament eingesetzt werden kann und hierbei mehrmals verabreicht werden muss. 3

Die Gewinnung von Morphin aus dem Milchsaft des Schlafmohns ist sehr aufwendig. Deshalb versucht man seit Langem Vorstufen des Morphins gentechnisch zu erzeugen. Wissenschaftlern ist es vor wenigen Jahren gelungen, *E. coli*-Bakterien gentechnisch so zu verändern, dass sie eine Vorstufe des Morphins, das Reticulin, synthetisieren. Um die fremden Gene in die Bakterienzellen einzufügen, haben sie rekombinante Plasmide hergestellt, die eine DNA-Sequenz mit den Genen enthält, welche für notwendige Enzyme der Biosynthese von Reticulin codieren.

5 Beschreiben Sie, wie das rekombinante Plasmid aufgebaut sein muss, um damit eine Selektion der rekombinanten Bakterien zu ermöglichen. Erklären Sie ein entsprechendes Selektionsverfahren. $\frac{3}{20}$

Lösungen

1. **Beschreibung** der Synapsenvorgänge:
   - Durch die Erregungsleitung wird am Axonende (Endknöpfchen) ein(e) Aktionspotenzial(folge) ausgelöst.
   - Die dadurch bewirkte Depolarisierung führt zur Öffnung (spannungsgesteuerter) Ca^{2+}-Ionenkanäle in der Membran der Endknöpfchen, Ca^{2+}-Ionen strömen ein.
   - Die Ca^{2+}-Ionen bewirken, dass synaptische Vesikel zur präsynaptischen Membran wandern und durch Membranverschmelzung (Exocytose) ihren Inhalt (z. B. Acetylcholin) in den synaptischen Spalt entleeren.
   - Die Transmittermoleküle diffundieren zur postsynaptischen Membran.
   - Die Transmittermoleküle binden an Membranrezeptoren, die mit Na^+-Ionenkanälen gekoppelt sind (ligandengesteuerte Ionenkanäle).
   - Die Na^+-Ionenkanäle öffnen sich infolgedessen und Na^+-Ionen strömen in die postsynaptische Zelle ein. Es kommt zur Depolarisierung der postsynaptischen Membran in Form eines erregenden postsynaptischen Potenzials (EPSP).
   - Die nachgeschaltete Zelle wird erregt (bei Erreichen eines Schwellenwerts).

   Sie können natürlich auch die Abläufe an hemmenden Synapsen beschreiben, indem Sie beispielsweise die Wirkung des Transmitters GABA auf die postsynaptische Zelle (Öffnung von Cl^--Ionenkanälen, IPSP, Hyperpolarisation) anführen.

2. **Erläuterung** der schmerzstillenden Wirkung:

   In der Aufgabenstellung wird nicht die zusätzliche Darstellung der „normalen" Schmerzempfindung in Abb. 2b verlangt, sondern nur die Erläuterung der Morphinwirkung (Abb. 2c) als Gegensatz zu Abb. 2b. Zusätzlich wird jedoch mit der Formulierung „schmerzstillende Wirkung" erwartet, dass Ihre Beschreibung der Wirkungskette nicht bei der Synapse endet, sondern bei der Schmerzwahrnehmung im Gehirn.

   In der präsynaptischen Membran befinden sich Opioidrezeptoren, die mit dem Enzym AC gekoppelt sind (OAC-Komplexe). Ist dieser Rezeptor mit Morphin besetzt, wird das Enzym AC blockiert, d. h., es ist inaktiv und kann die Umwandlung von ATP in cAMP nicht katalysieren. Ist die Konzentration an cAMP infolgedessen gering, kann das Enzym Proteinkinase nicht aktiviert werden. Dies führt dazu, dass die Ca^{2+}-Ionenkanäle in der Membran der Endknöpfchen spannungsunempfindlich bleiben. Trotz Depolarisation bleiben sie geschlossen, sodass es zu keinem Ca^{2+}-Ioneneinstrom kommt.
   Die Vesikelwanderung bleibt aus, ebenso die Transmitterentleerung und die Depolarisation der postsynaptischen Membran sowie die Erregung der nachfolgenden Nervenzelle. Da keine Weiterleitung der Erregung auf Schmerzbahnen zum Gehirn erfolgt, kommt es nicht zur Schmerzempfindung.

3.1 **Erklärung** der Morphintoleranz:
   Anfänglich bewirkt Morphin eine schnelle Abnahme der cAMP-Konzentration. Eine anhaltende Morphingabe bewirkt (als Folge) eine Vermehrung der OAC-Komplexe in der Membran, sodass bei gleichbleibender Morphinkonzentration immer mehr Opioidrezeptoren unbesetzt bleiben und die AC-Aktivierung wieder zunimmt. Die cAMP-Konzentration steigt dann wieder an und die Schmerzempfindlichkeit bzw. die Morphintoleranz nimmt zu.

3.2 **Erläuterung** der Entzugserscheinungen:
Bei abruptem Entzug von Morphin steigt die cAMP-Konzentration steil an, da durch die erhöhte Anzahl der OAC-Komplexe viel mehr Rezeptorkomplexe mit unbesetztem Opioidrezeptor aktiviert werden können als vor der Morphintoleranz. Es kommt zu einer sehr starken Aktivität der Proteinkinasen, zu hoher Spannungsempfindlichkeit der Ca^{2+}-Ionenkanäle und dadurch zu einem sehr starken Ca^{2+}-Ioneneinstrom bei Erregung der Synapse. Auch die Transmitterausschüttung ist dadurch sehr groß, sodass letztlich eine starke Erregung der schmerzleitenden Nervenbahnen und eine starke Schmerzempfindung im Gehirn (Schmerzzentrum) erfolgen.

4.1 **Beschreibung** eines Mechanismus:
Naloxon hat eine chemisch ähnliche Molekülstruktur wie Morphin. Naloxon könnte daher (in Konkurrenz zu Morphin) am Opioidrezeptor andocken, ohne jedoch die Adenylatcyclase (bzw. den OAC-Komplex) zu deaktivieren. Dies erklärt die Gegenwirkung (antagonistische Wirkung) zu Morphin (durch kompetitive Hemmung).

4.2 **Begründung** als Gegenmittel:
Aus dem steileren Anstieg der Naloxon-Kurve in Abb. 4b lässt sich schließen, dass Naloxon viel schneller an die Opioidrezeptoren bindet als Morphin (aufgrund einer stärkeren Affinität zwischen Naloxon und Rezeptorprotein). Es verdrängt dadurch die Morphinmoleküle vom Rezeptormolekül und hebt damit die Morphinwirkung (je nach Dosierung) auf. Aus Abb. 4b geht aber auch hervor, dass die Wirkungsdauer von Naloxon viel kürzer ist als diejenige von Morphin. Die Konzentration rezeptorgebundender Naloxonmoleküle nimmt schneller ab, da Naloxon vermutlich schneller abgebaut oder wieder ausgeschieden wird. Um zu verhindern, dass die frei gewordenen Opioidrezeptoren wieder von den länger wirksamen Morphinmolekülen besetzt werden, muss Naloxon mehrfach nacheinander verabreicht werden.

5 **Beschreibung** des rekombinanten Plasmids:
Die rekombinanten Bakterien müssen Plasmide enthalten, die zusätzlich zum Reticulin-Gen noch mit einem weiteren charakteristischen Gen ausgestattet sind, das ein Selektionsverfahren ermöglicht. Infrage kommen beispielsweise Resistenzgene, das β-Galactosidase-Gen oder Leuchtgene.

Erklärung eines Selektionsverfahrens am Beispiel eines Leuchtgens als Markergen:
Die Expression der Gene für die Reticulinsynthese wird mit einem Markergen gekoppelt, das z. B. für das fluoreszierende Protein GFP codiert. Bei Beleuchtung der Bakterienkolonien mit UV-Licht lassen sich erfolgreich rekombinierte Stämme dadurch selektieren, dass sie grün fluoreszieren.

Profil-/Neigungsfach Biologie (Baden-Württemberg): Abituraufgaben 2019
Aufgabe I: Proteinbiosynthese, Immunbiologie

BE

Alljährlich sterben in Deutschland Menschen nach dem Verzehr des Grünen Knollenblätterpilzes (*Amanita phalloides*, Abbildung 1). Bereits ein einziger Pilz kann tödlich sein. Der Grüne Knollenblätterpilz enthält unter anderem das Gift α-Amanitin, ein kleines Peptid, bestehend aus nur acht Aminosäuren (Abbildung 2). α-Amanitin wird weder beim Kochen zerstört noch durch die Proteasen des Verdauungstraktes abgebaut.

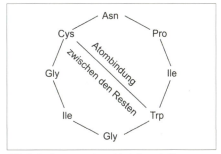

Abb. 1: Grüner Knollenblätterpilz   Abb. 2: Struktur von α-Amanitin (schematisch)

1.1 Zeichnen Sie die Strukturformel eines möglichen Dipeptids, das aus den Aminosäuren Cystein (Rest: $-CH_2-SH$) und Glycin (Rest: $-H$) besteht. 2

1.2 Erläutern Sie die Hitzedenaturierung von Proteinen und geben Sie unter Berücksichtigung von Abbildung 2 eine Erklärung für die Hitzebeständigkeit von α-Amanitin. 2

α-Amanitin verhindert die Transkription in Zellen des menschlichen Organismus. Acht bis zwölf Stunden nach dem Verzehr kommt es zunächst zu Übelkeit, Erbrechen und Durchfall. Im schlimmsten Fall führt die Vergiftung nach mehreren Tagen zum Tod durch Leberversagen.

2.1 Beschreiben Sie den Ablauf der Transkription. 3

2.2 Erläutern Sie zwei mögliche Mechanismen, wie α-Amanitin die Transkription verhindern könnte. 2

2.3 Erklären Sie, warum die tödliche Wirkung von α-Amanitin erst nach mehreren Tagen eintritt. 2

Wissenschaftler des Deutschen Krebsforschungszentrums versuchen die Giftwirkung des α-Amanitins in der Krebstherapie einzusetzen. Es gelang ihnen im Experiment mit Mäusen, Tumore der Bauchspeicheldrüse effektiv zu bekämpfen. Abbildung 3 zeigt das Prinzip dieser gezielten Bekämpfung einer Krebszelle mit α-Amanitin-gekoppelten Antikörpern.

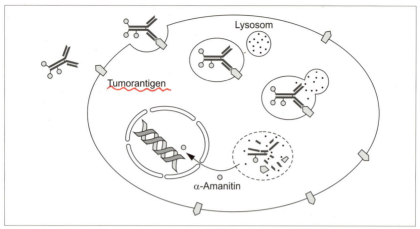

Abb. 3: Bekämpfung einer Krebszelle mit α-Amanitin-gekoppelten Antikörpern (stark vereinfacht)

3   Erläutern Sie unter Berücksichtigung von Abbildung 3 und der Informationen aus den Vortexten das spezifische Absterben von Krebszellen bei dieser Therapie.   3

Die ersten in dieser Krebstherapie bei Mäusen eingesetzten Antikörper stammten von Ratten. Diese therapeutischen Ratten-Antikörper führten nur kurzzeitig zu einem Therapieerfolg, da sie eine Immunantwort bei den Mäusen auslösten.

4.1   Beschreiben Sie die humorale Immunantwort im Körper der Maus nach einer Injektion therapeutischer Ratten-Antikörper und erläutern Sie, warum die Wirksamkeit der Therapie nach mehreren Behandlungen mit therapeutischen Ratten-Antikörpern stark nachlässt.   4

Neben einem möglichen Wirkungsverlust treten bei der Krebstherapie mit α-Amanitin-gekoppelten Antikörpern manchmal erhebliche Nebenwirkungen auf.

4.2   Erläutern Sie unter Berücksichtigung von Abbildung 3 eine mögliche Nebenwirkung beim Einsatz von α-Amanitin-gekoppelten Antikörpern in der Krebstherapie. $\frac{2}{20}$

Lösungen

1.1 **Strukturformel** des Dipeptids Cys-Gly oder Gly-Cys:

[Strukturformeln der Dipeptide Cys-Gly bzw. Gly-Cys]

Gefordert ist nur die Strukturformel des Dipeptids, nicht die gesamte Kondensationsreaktion. Die freien (nichtbindenden) Elektronenpaare werden nicht erwartet.

1.2 **Erläuterung** der Hitzedenaturierung:
Hohe Temperaturen (über 40 °C) führen dazu, dass durch zunehmende Molekularbewegungen v. a. schwache Anziehungskräfte wie Wasserstoffbrücken und hydrophobe Wechselwirkungen zwischen den Aminosäure(reste)n eines Proteins aufgehoben werden und sich dadurch die Sekundär- und Tertiärstruktur von Proteinen verändert. Die Veränderung der räumlichen Struktur (Konformation) bedingt häufig den Funktionsverlust des Proteins.

Erklärung der Hitzestabilität von α-Amanitin:
Da es bei dem kleinen Molekül durch Peptidbindungen (Atombindungen) zwischen allen Aminosäuren zu einem Ringschluss kommt und die beim Kochen erreichte Temperatur von maximal 100 °C nicht ausreicht, um Atombindungen zu lösen, bleibt die formgebende Ringstruktur auch bei großer Hitze erhalten. Zusätzlich wird die Ringstruktur durch eine Atombindung zwischen den Resten der Aminosäuren Tryptophan und Cystein stabilisiert.

2.1 **Beschreibung** der Transkription:
– **Initiation:** Die RNA-Polymerase erkennt die Startsequenz auf der DNA (Promotor) und bindet daran. Das Enzym entspiralisiert einen kurzen Abschnitt des DNA-Doppelstrangs und trennt ihn in zwei komplementäre Einzelstränge.
– **Elongation:** Freie RNA-Nukleotide lagern sich komplementär an den codogenen Strang an. Die Verknüpfung der RNA-Nukleotide zur mRNA erfolgt in 5' → 3'-Richtung durch die RNA-Polymerase.
– **Termination:** Wenn die RNA-Polymerase die Stopp-Sequenz (Terminator) am Ende des Gens erreicht, löst sie sich von der DNA und gibt die mRNA frei.

2.2 **Erläuterung** möglicher Mechanismen der Transkriptionsblockade:

Im Prinzip ist bei allen drei in 2.1 aufgeführten Teilprozessen der Transkription eine Blockade denkbar. Nur zwei mögliche Mechanismen sind gefordert.

Initiation:
– α-Amanitin bindet an die Promotorregion, sodass sich die RNA-Polymerase dort nicht anlagern kann.
– α-Amanitin bindet an die RNA-Polymerase und verändert deren Tertiärstruktur, sodass das Enzym nicht an den Promotor binden kann.

- α-Amanitin blockiert die DNA-bindende Region der RNA-Polymerase, sodass diese nicht an den Promotor (oder Initiationskomplex) binden kann.

Elongation:
- α-Amanitin hemmt das Enzym, das Ribonukleotide als Substrate für die RNA-Polymerase bereitstellt, sodass keine mRNA-Synthese erfolgen kann.
- α-Amanitin blockiert das katalytische Zentrum der RNA-Polymerase, sodass keine Verknüpfung der RNA-Nukleotide erfolgt.

Termination:
α-Amanitin bindet an die DNA-Terminationssequenz und verhindert die Ablösung der RNA-Polymerase und damit die Freisetzung des RNA-Transkripts.

2.3 **Erklärung** der verzögerten tödlichen Wirkung:
Noch in der Zelle vorhandene, funktionelle Proteine (und bereits synthetisierte RNA-Transkripte, die weiterhin translatiert werden können) halten trotz einer Blockade der Transkription wichtige Stoffwechselfunktionen über mehrere Tage hinweg aufrecht. Erst nachdem die Proteine (und die RNA-Transkripte) verbraucht bzw. enzymatisch abgebaut wurden und keine neue mRNA mehr nachgebildet wird, kommt es zum tödlichen Organversagen. Dabei sind Organe mit hohen Stoffwechselraten wie z. B. die Leber zuerst betroffen.

3 **Erläuterung** der Krebstherapie mit α-Amanitin-gekoppelten Antikörpern:

Hier wird erwartet, dass Sie nicht nur das Absterben der Krebszellen infolge der Krebstherapie erläutern, sondern auch darlegen, weshalb durch die Therapie gezielt nur Krebszellen abgetötet werden.

Die Spezifität dieser Therapie basiert darauf, dass Krebszellen im Gegensatz zu Körperzellen auf ihrer Oberfläche Tumorantigene tragen, an die α-Amanitin-gekoppelte Antikörper spezifisch binden können.
- α-Amanitin-gekoppelte Antikörper binden mit ihrer Antigen-Bindestelle spezifisch (nach dem Schlüssel-Schloss-Prinzip) an das Epitop des in der Membran einer Krebszelle integrierten Tumorantigens.
- Durch rezeptorvermittelte Endocytose werden die α-Amanitin-gekoppelten Antikörper in die Zelle in Vesikel aufgenommen.
- Lysosomen verschmelzen mit den Vesikeln und die darin enthaltenen lysosomalen Enzyme zerstören das Tumorantigen, α-Amanitin-gekoppelte Antikörper sowie die Vesikelmembran (oder machen diese durchlässig).
- α-Amanitin wird ins Cytoplasma freigesetzt und dringt über die Kernporen in den Zellkern ein, wo es die Transkription hemmt. Dies führt zum Absterben der Krebszelle.

4.1 **Beschreibung** der humoralen Immunantwort:
- **Erkennungsphase:** Die α-Amanitin-gekoppelten Ratten-Antikörper (αAK) werden von Makrophagen als Antigene erkannt, phagozytiert und in Bruchstücke zerlegt. Diese Fragmente werden (mithilfe spezieller Membranproteine, MHC II) auf der Membranoberfläche der Makrophagen präsentiert. Ruhende spezifische T-Helferzellen binden mit ihrem spezifischen T-Zell-Rezeptor an das präsentierte αAK-Fragment. Ein Signalstoff (Zytokin) des Makrophagen aktiviert die T-Helferzellen und regt diese zur Teilung (Proliferation) und Differenzierung in aktive T-Helferzellen und T-Helfer-Gedächtniszellen an. Gleichzeitig erkennen und phagozytieren auch (spezielle) B-Lymphozyten mit passenden Rezeptoren die αAK, bauen sie (teilweise) ab und präsentieren αAK-Fragmente

(über MHC-II-Proteine) auf ihrer Membranoberfläche. Die zuvor aktivierten T-Helferzellen binden über ihren spezifischen T-Zell-Rezeptor an die präsentierten αAK-Fragmente und schütten daraufhin Signalstoffe (Zytokine) aus.
- **Differenzierungsphase:** Die ausgeschütteten Signalstoffe regen B-Lymphozyten zur Vermehrung (Proliferation) und Differenzierung in Plasmazellen und B-Gedächtniszellen an.
- **Wirkungsphase:** Die Plasmazellen produzieren spezifische Antikörper gegen αAK. Die freigesetzten Antikörper verklumpen mit αAK zu αAK-Antikörper-Komplexen (Antigen-Antikörper-Reaktion), die von Makrophagen phagozytiert werden.

Erläuterung der nachlassenden Wirksamkeit der Therapie:
Nach mehreren Behandlungen bildet sich im Zuge der humoralen Immunantwort eine große Anzahl an B- und T-Helfer-Gedächtniszellen, die zu einer zunehmend schnelleren und stärkeren (sekundären) Immunantwort gegen die injizierten α-Amanitin-gekoppelten Ratten-Antikörper führen, sodass diese von den zahlreichen und schnell gebildeten Antikörpern gebunden werden, bevor sie ihre Zielzellen erreichen.

4.2 **Erläuterung** einer möglichen Nebenwirkung:
Die Freisetzung von α-Amanitin in den extrazellulären Raum durch Absterben und Lyse der Krebszellen (oder durch Exocytose oder erleichterte Diffusion aus vergifteten Krebszellen) führt zur Schädigung normaler Körperzellen durch Aufnahme des Giftstoffes. Dies bewirkt die Hemmung der Proteinbiosynthese (z. B. wichtiger Verdauungsenzyme) sowie das Absterben von Geweben.

Weitere, nicht unmittelbar aus Abb. 3 entnehmbare Nebenwirkungen:
- Makrophagen und B-Lymphozyten, die durch Phagozytose α-Amanitin-gekoppelte Ratten-Antikörper aufnehmen und α-Amanitin intrazellulär freisetzen, könnten geschädigt werden (Schwächung des Immunsystems).
- Das injizierte Fremdprotein könnte zur Ausbildung einer Allergie führen, bei der die typischen Symptome einer allergischen Reaktion infolge von Histamin-Freisetzung aus Mastzellen auftreten (nach einer Mehrfachbehandlung mit den α-Amanitin-gekoppelten Ratten-Antikörpern).

Nur die Erläuterung einer möglichen Nebenwirkung ist verlangt.

Profil-/Neigungsfach Biologie (Baden-Württemberg): Abituraufgaben 2019
Aufgabe II: Enzymatik, Molekulargenetik

BE

Glyphosat ist eines der weltweit am häufigsten verwendeten und am meisten umstrittenen Herbizide in der Landwirtschaft. Es wird eingesetzt, um das Wachstum unerwünschter Pflanzen zu unterbinden. Nur gentechnisch veränderte Nutzpflanzen sind gegen dieses Herbizid unempfindlich.
Glyphosat hemmt in der Pflanzenzelle das Enzym EPSP-Synthase. Dieses Enzym katalysiert die Reaktion von Shikimat-3-phosphat zu 5-Enolpyruvyl-shikimat-3-phosphat (EPSP). Dies ist ein spezifisch in Pflanzenzellen ablaufender Reaktionsschritt im Biosyntheseweg der Aminosäuren Phenylalanin, Tyrosin und Tryptophan (Abbildung 1).

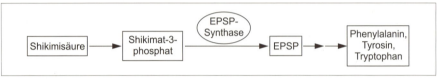

Abb. 1: Biosyntheseweg

1.1 Erklären Sie, weshalb Pflanzen nach Behandlung mit Glyphosat absterben.   2

Pflanzen mit und Pflanzen ohne Glyphosat-Behandlung wurden auf ihren Gehalt an Shikimat-3-phosphat untersucht (Abbildung 2).

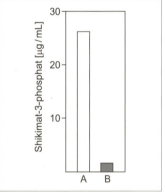

Abb. 2: Gehalt an Shikimat-3-phosphat

1.2 Erstellen Sie beschriftete Skizzen, welche
    a) die durch EPSP-Synthase katalysierte Reaktion veranschaulichen sowie
    b) einen möglichen Mechanismus der Hemmung von EPSP-Synthase durch Glyphosat aufzeigen.   3

1.3 Ordnen Sie die Pflanzen mit und die Pflanzen ohne Glyphosat-Behandlung den Ergebnissen in Abbildung 2 begründet zu.   2

Seit Kurzem beobachtet man, dass bei intensivem Glyphosat-Einsatz zunehmend Pflanzen auftreten, die gegen dieses Herbizid unempfindlich sind. Bei der näheren Untersuchung dieses Phänomens wurden zwei Hypothesen überprüft.

Hypothese 1 besagt, dass Pflanzen eine veränderte EPSP-Synthase bilden, die gegenüber Glyphosat unempfindlich ist.

2.1 Erklären Sie, welche Veränderung des EPSP-Synthase-Moleküls nach dieser Hypothese eine Unempfindlichkeit gegen Glyphosat bewirken könnte. 2

In der Basensequenz des EPSP-Synthase-Gens Glyphosat-empfindlicher und Glyphosat-unempfindlicher Pflanzen zeigen sich nur die in Abbildung 3 dargestellten Unterschiede.

| Glyphosat-empfindliche Pflanzen | 3' ... CGC CGT CAG TTA CCT ... 5' |
| Glyphosat-unempfindliche Pflanzen | 3' ... CGT CGC CAA TTG CCT ... 5' |

Abb. 3: Ausschnitte des codogenen Strangs des EPSP-Synthase-Gens

2.2 Ermitteln Sie mithilfe der Codesonne (siehe Anlage) die zugehörigen Aminosäuresequenzen und prüfen Sie die Gültigkeit von Hypothese 1. 3

Hypothese 2 besagt, dass Pflanzen über eine „normale" EPSP-Synthase verfügen, die gegenüber Glyphosat empfindlich ist. Dieses Enzym liegt in stark erhöhter Konzentration in den Zellen vor.

3.1 Erklären Sie, weshalb Pflanzen gegen Glyphosat unempfindlich werden können, wenn die Konzentration der „normalen" EPSP-Synthase in ihren Zellen stark erhöht ist. 2

3.2 Erläutern Sie zwei Möglichkeiten, wie es infolge einer Mutation zu einer Erhöhung der Konzentration des Enzyms EPSP-Synthase in den Zellen kommen könnte. 3

Zur Überprüfung von Hypothese 2 wurde die EPSP-Synthase-Aktivität in Pflanzenzellen unter dem Einfluss von Glyphosat bestimmt.
In Abbildung 4 sind die Ergebnisse dieser Untersuchungen für Glyphosat-empfindliche und Glyphosat-unempfindliche Pflanzen dargestellt.

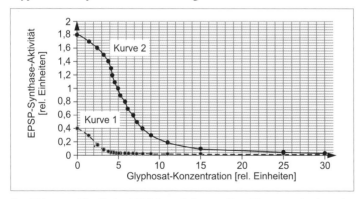

Abb. 4: EPSP-Synthase-Aktivität in Abhängigkeit von der intrazellulären Glyphosat-Konzentration bei Glyphosat-empfindlichen und Glyphosat-unempfindlichen Pflanzen

4 Erläutern Sie die in Abbildung 4 dargestellten Kurvenverläufe und prüfen Sie, ob die Untersuchungsergebnisse die Hypothese 2 bestätigen. 3/20

Lösungen

1.1 **Erklärung** des Absterbens nach Glyphosat-Behandlung:
Die EPSP-Synthase katalysiert die Bildung von EPSP aus Shikimat-3-phosphat. EPSP ist eine notwendige Vorstufe im Syntheseweg verschiedener Aminosäuren bei Pflanzen. Die Hemmung des Enzyms EPSP-Synthase durch Glyphosat führt dazu, dass kein EPSP mehr gebildet werden kann. Dadurch kommt es in den behandelten Pflanzen zu einem Mangel der Aminosäuren Phenylalanin, Tyrosin und Tryptophan. Dies führt zu Störungen der Proteinbiosynthese, sodass lebenswichtige Proteine (z. B. Enzyme, Transport- und Membranproteine) nicht mehr gebildet werden können und die Pflanze abstirbt.

1.2 **Erstellung** beschrifteter Skizzen:
a) EPSP-Synthase-Reaktion:

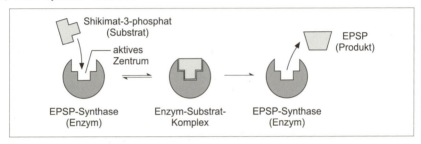

Aus dem Produkt (EPSP) der von EPSP-Synthase katalysierten Reaktion lässt sich schließen, dass das Enzym Shikimat-3-phosphat mit einem zweiten Substrat zu 5-Enolpyruvylshikimat-3-phosphat (EPSP) umsetzt. Daher sind auch Darstellungen des Enzyms EPSP-Synthase mit zwei Substraten oder aber mit zwei aktiven Zentren, die je ein Substrat binden und zu dem Produkt EPSP verknüpfen, korrekt.

b) EPSP-Hemmung:

Hier ist die Darstellung einer reversiblen (kompetitiv oder allosterisch) oder irreversiblen Hemmung möglich.

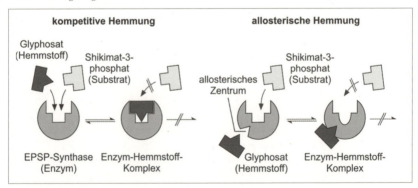

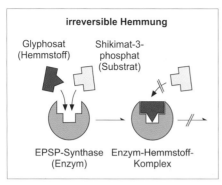

Auch eine Skizze, bei der der Hemmstoff an einer anderen Stelle des Enzyms bindet und eine irreversible Veränderung der räumlichen Struktur des aktiven Zentrums bewirkt, ist korrekt.

1.3 **Begründete Zuordnung** der Pflanzen:

Hier ist eine Zuordnung und jeweils eine Begründung der Zuordnung verlangt.
- Bei Pflanzengruppe A handelt es sich um mit Glyphosat behandelte Pflanzen. Der sehr hohe Gehalt an Shikimat-3-phosphat (ca. 26 µg/mL) lässt auf einen Substratstau schließen: Durch die Hemmung der EPSP-Synthase durch Glyphosat kann Shikimat-3-phosphat nicht zu EPSP umgesetzt werden und reichert sich an.
- Pflanzengruppe B wurde nicht mit Glyphosat behandelt. Es ist nur eine geringe Konzentration des Substrats Shikimat-3-phosphat (ca. 2 µg/mL) messbar. Da die EPSP-Synthase nicht blockiert wurde, reichert sich Shikimat-3-phosphat nicht an, sondern kann zu EPSP umgewandelt werden.

2.1 **Erklärung** der Glyphosat-Unempfindlichkeit gemäß Hypothese 1:
Das EPSP-Synthase-Molekül ist an der Bindestelle für Glyphosat infolge einer Mutation des entsprechenden Gens so verändert, dass sich Glyphosat nicht mehr an das aktive oder allosterische Zentrum der EPSP-Synthase anlagern und das Enzym nicht mehr hemmen kann. Das Substrat (Shikimat-3-phosphat) kann aber weiterhin am aktiven Zentrum binden.

2.2 **Ermittlung** der Aminosäuresequenz und **Überprüfung** von Hypothese 1:
Glyphosat-empfindliche Pflanzen:

DNA-Sequenz, codogener Strang:	3'... CG**C** CG**T** CA**G** TT**A** CCT ...5'
mRNA-Sequenz:	5'... GC**G** GC**A** GU**C** AA**U** GGA ...3'
Aminosäuresequenz:	Ala – Ala – Val – Asn – Gly

Glyphosat-unempfindliche Pflanzen:

DNA-Sequenz, codogener Strang:	3'... CGT CGC CAA TTG CCT ...5'
mRNA-Sequenz:	5'... GCA GCG GUU AAC GGA ...3'
Aminosäuresequenz:	Ala – Ala – Val – Asn – Gly

Trotz veränderter DNA-Sequenz ergibt sich eine identische Aminosäuresequenz im Protein (stumme Mutationen). Hypothese 1 kann daher nicht gültig sein.

3.1 **Erklärung** der Glyphosat-Unempfindlichkeit gemäß Hypothese 2:
Bei einer stark erhöhten EPSP-Synthase-Konzentration in der Zelle reichen die Glyphosat-Moleküle (bei Verabreichung in gebräuchlicher Dosis) nicht mehr aus, um alle EPSP-Synthase-Moleküle zu binden und zu deaktivieren. So wird weiterhin EPSP gebildet und die Proteinbiosynthese durch die Bereitstellung der genannten Aminosäuren ermöglicht.

3.2 **Erläuterung** von Mutationen, die zu einer erhöhten EPSP-Synthase-Konzentration führen könnten:
– Eine Mutation in der Promotorsequenz des EPSP-Synthase-Gens könnte eine erhöhte Affinität der RNA-Polymerase zum Promotor bewirken. Eine erhöhte Transkriptionsrate und höhere Enzymkonzentrationen wären die Folge.
– Eine Mutation im Gen eines aktivierenden Transkriptionsfaktors könnte zu einer erhöhten Affinität dieses Aktivatorproteins zu seiner DNA-Bindestelle (Promotor oder Enhancer) und damit zu einer erhöhten Transkriptionsrate führen.
– Eine Mutation in einem Gen eines hemmenden Transkriptionsfaktors könnte zu einer verminderten Affinität dieses Repressorproteins zu seiner DNA-Bindestelle (Silencer) und damit zu einer erhöhten Transkriptionsrate führen.
– Mutationen in den regulatorischen DNA-Sequenzen (Enhancer und Silencer) könnten die Bindungsaffinität regulatorischer Proteine beeinflussen und eine erhöhte Transkriptionsrate und damit Enzymkonzentration verursachen.

Weitere mögliche Ursache:
Polyploidisierung oder eine Genduplikation des EPSP-Synthase-Gens könnte zu einer Erhöhung der Konzentration des Genprodukts und damit zu einer erhöhten EPSP-Synthase-Konzentration in den Zellen führen.

Nur zwei Möglichkeiten werden erwartet.

4 **Erläuterung** der Kurvenverläufe:

Der Operator „erläutern" erwartet von Ihnen, dass Sie die Kurvenverläufe beschreiben, erklären und anschließend vergleichend zu einer Wertung kommen, die es Ihnen ermöglicht, Hypothese 2 zu bestätigen oder zu verwerfen. Daher ist es hilfreich, zunächst die jeweils auf den Achsen des Diagramms aufgetragenen Größen und Einheiten zu klären.

Das Diagramm zeigt die Abhängigkeit der EPSP-Synthase-Aktivität (y-Achse) in relativen Einheiten von der intrazellulären Glyphosat-Konzentration (x-Achse) in relativen Einheiten für Glyphosat-empfindliche und Glyphosat-unempfindliche Pflanzen.
– Glyphosat-empfindliche Pflanzen (Kurve 1) zeigen ohne Einfluss von Glyphosat eine niedrige maximale Enzymaktivität von 0,4 rel. Einheiten. Mit zunehmender Glyphosat-

Konzentration fällt die Enzymaktivität stark ab. Bereits ab einer Konzentration von ca. 5 rel. Einheiten ist fast keine Enzymaktivität mehr messbar, da nahezu alle Enzymmoleküle durch Glyphosat-Moleküle gehemmt sind.
− Glyphosat-unempfindliche Pflanzen (Kurve 2) zeigen ohne Glyphosat eine maximale Enzymaktivität von 1,8 rel. Einheiten. Sie beträgt also das 4,5-Fache der Enzymaktivität bei Glyphosat-empfindlichen Pflanzen. Mit zunehmender Glyphosat-Konzentration nimmt die Enzymaktivität ab, zunächst nahezu linear zur Glyphosat-Konzentration, ab einer Konzentration von 4 rel. Einheiten annähernd exponentiell. Bei einer Konzentration von 30 rel. Einheiten ist fast keine Enzymaktivität mehr nachweisbar. Der Kurvenverlauf lässt auf eine hohe Konzentration des Enzyms EPSP-Synthase schließen, deren Aktivität nur durch entsprechend höhere Glyphosat-Konzentrationen gehemmt werden kann.

Überprüfung der Gültigkeit von Hypothese 2:
Hypothese 2 lässt sich durch die Versuchsergebnisse bestätigen, da Glyphosat-unempfindliche Pflanzen über eine „normale" EPSP-Synthase verfügen, deren Aktivität durch Glyphosat hemmbar ist, und da das Enzym in stark erhöhter Konzentration in den Zellen vorliegt. Darauf deutet zum einen die deutlich (4,5-fach) höhere Enzymaktivität gegenüber Glyphosat-empfindlichen Pflanzen hin und zum anderen die Tatsache, dass wesentlich höhere Glyphosat-Konzentrationen notwendig sind, um alle Enzymmoleküle zu hemmen.

Profil-/Neigungsfach Biologie (Baden-Württemberg): Abituraufgaben 2019
Aufgabe III: Neurophysiologie, Immunbiologie, ELISA

BE

Der deutsche Pharmakologe OTTO LOEWI forschte in den 1920er-Jahren an den bis dahin noch völlig unbekannten Prozessen der Erregungsübertragung von Nervenzellen auf Muskelzellen. Für seine Entdeckung, dass an Synapsen ein chemischer Überträgerstoff wirkt, der später als Acetylcholin identifiziert wurde, erhielt LOEWI 1936 den Nobelpreis.

1 Erstellen Sie eine beschriftete Skizze einer chemischen Synapse (Größe ca. ½ Seite), in der die für die Erregungsübertragung erforderlichen Strukturen dargestellt sind. 3

In einem Experiment arbeitete OTTO LOEWI mit zwei Froschherzen in Kochsalzlösung. Beide Herzen schlugen, angeregt durch intakte Schrittmacherzellen, noch selbstständig. Schrittmacherzellen im Herzmuskel lösen eine selbstständige und regelmäßige Muskelkontraktion (Herzschlag) aus. Eines der beiden Herzen war noch mit dem Vagusnerv verbunden, der die Schrittmacherzellen des Herzens und damit die Herztätigkeit bei elektrischer Reizung beeinflussen kann. An beiden Froschherzen wurde die Frequenz der Herzschläge gemessen. Abbildung 1 zeigt Durchführung und Ergebnisse des Experiments.

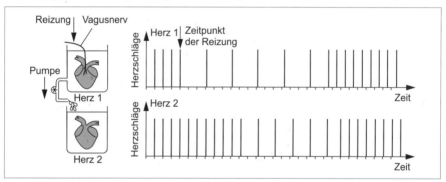

Abb. 1: Experiment von OTTO LOEWI (schematisch und stark vereinfacht)

2.1 Beschreiben Sie die Ergebnisse des Experiments und begründen Sie, weshalb LOEWI damit auf einen chemischen Überträgerstoff schließen konnte. 2

2.2 Nennen und erklären Sie zwei Unterschiede in der Aktivität von Herz 2 im Vergleich zu Herz 1. 2

Durch ständigen Einstrom von Kationen (z. B. Na^+, Ca^{2+}) in die Schrittmacherzellen kommt es in regelmäßigen Abständen zu einer überschwelligen Depolarisation und einem darauffolgenden Herzschlag.

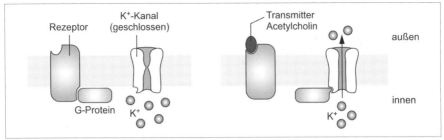

Abb. 2: Transmitterwirkung auf eine Schrittmacherzelle

3   Erläutern Sie unter Verwendung von Abbildung 2 die Wirkung des Transmitters Acetylcholin auf Schrittmacherzellen des Herzens sowie die Auswirkung auf die Herzschlagfrequenz (Abbildung 1). 3

Myasthenia gravis ist eine schwere Muskelschwäche. Zu Beginn der Erkrankung sind vor allem die Lidmuskeln betroffen. Den erkrankten Personen fallen buchstäblich die Augen zu. Später zeigen sich die Symptome auch bei anderen Skelettmuskeln, nicht jedoch bei der Herzmuskulatur. Ursache der Erkrankung ist eine Autoimmunreaktion. Bei Betroffenen wurden Antikörper nachgewiesen, die zur Blockierung der Acetylcholin-Rezeptoren an motorischen Endplatten der Skelettmuskulatur führen.

4   Geben Sie eine mögliche Erklärung, weshalb die Antikörper bei Myasthenia-gravis-Patienten zu einer Skelettmuskelschwäche, nicht aber zu einer Schwäche der Herzmuskulatur führen. 2

Myasthenia gravis kann unter anderem durch den Nachweis der Antikörper gegen Acetylcholin-Rezeptoren diagnostiziert werden. Hierfür verwendet man einen ELISA-Test. Als Antigen wird ein Acetylcholin-Rezeptor menschlicher Skelettmuskelzellen eingesetzt. Abbildung 3 zeigt den Ablauf des Tests.

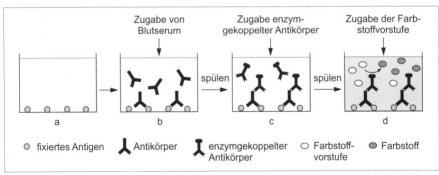

Abb. 3: ELISA-Test auf Antikörper

5   Beschreiben Sie anhand von Abbildung 3 den ELISA-Test auf Antikörper bei Myasthenia gravis. Begründen Sie die Notwendigkeit der Spülvorgänge.
Erklären Sie, warum dieser Test bei Verdacht auf Myasthenia gravis eine Diagnose ermöglicht. 4

Durch das Medikament Neostigmin kann es zu einer vorübergehenden Besserung der Krankheitssymptome kommen. Abbildung 4 zeigt die Strukturformeln von Neostigmin und Acetylcholin. Grundsätzlich sind drei Wirkungsweisen denkbar:
a) Konkurrenz mit Acetylcholin um Acetylcholin-Rezeptoren der Skelettmuskelzellen.
b) Bindung an Antikörper gegen Acetylcholin-Rezeptoren.
c) Bindung an Acetylcholinesterase.

Abb. 4: Strukturformeln

6   Erläutern Sie (unter Berücksichtigung von Abbildung 4) für die Möglichkeiten a bis c jeweils, ob sie für Neostigmin infrage kommen und was die Verabreichung von Neostigmin auf molekularer Ebene jeweils bewirken würde. Begründen Sie, welche der drei Wirkungsweisen die Linderung der Symptome erklärt.   4/20

Lösungen

1   **Beschriftete Skizze** einer chemischen Synapse:

Hier genügt es, die an der Erregungsübertragung beteiligten Strukturen (Calciumionenkanäle, transmittergefüllte Vesikel, ligandengesteuerte (Natrium-)Ionenkanäle) darzustellen sowie die Synapse zu beschriften. Die Erregungsübertragung selbst zu skizzieren ist nicht erforderlich.

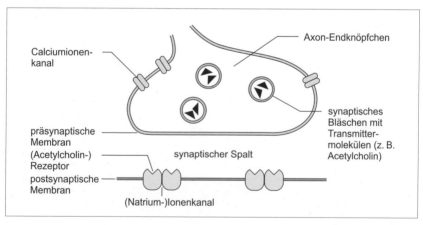

2.1 **Beschreibung** der Ergebnisse:
- **Herz 1** schlägt zunächst mit einer konstanten Schlagfrequenz von einem Schlag pro Zeiteinheit. Unmittelbar nach Reizung des Vagusnervs erfolgt eine Verringerung der Herzschlagfrequenz auf einen Schlag pro drei Zeiteinheiten. Diese Verringerung hält über einen Zeitraum von ca. 15 Zeiteinheiten an, ehe die Herzschlagfrequenz wieder allmählich auf das Anfangsniveau ansteigt.
- **Herz 2** schlägt zunächst ebenfalls mit einer konstanten Schlagfrequenz von einem Schlag pro Zeiteinheit. Nach Reizung von Herz 1 erfolgt zeitverzögert eine weniger starke Senkung der Herzschlagfrequenz als bei Herz 1 auf ca. einen Schlag pro zwei Zeiteinheiten. Diese Senkung hält kürzer an als bei Herz 1 (über einen Zeitraum von ca. 10 Zeiteinheiten), bevor auch hier die Herzschlagfrequenz wieder auf das Anfangsniveau steigt.

Begründung von LOEWIs Schlussfolgerung:
Herz 2 zeigt eine (zeitverzögerte) Veränderung der Herzschlagfrequenz, obwohl es nicht elektrisch stimuliert wird. Da über eine Pumpe Kochsalzlösung aus Gefäß 1 aktiv in Gefäß 2 befördert wird, kann geschlossen werden, dass ein chemischer Überträgerstoff, der aus Gefäß 1 in Gefäß 2 geschwemmt wurde, für die Beeinflussung der Herztätigkeit von Herz 2 verantwortlich ist.

2.2 **Nennung** und **Erklärung** der Unterschiede:

Drei Unterschiede sind feststellbar, zwei sind verlangt.

- Zeitverzögerte Schlagfrequenzminderung bei Herz 2: Es dauert eine gewisse Zeit, bis sich die Moleküle des chemischen Überträgerstoffs in der Lösung von Gefäß 1 verteilen (Diffusion) und mit der Lösung über die Pumpe zum Herz in Gefäß 2 transportiert werden.
- Geringere Schlagfrequenzminderung bei Herz 2: Der an Herz 1 ausgeschüttete und ins Gefäß 2 gepumpte chemische Überträgerstoff liegt in der Kochsalzlösung von Gefäß 2 niedriger konzentriert vor (aufgrund stärkerer Verdünnung, Verstoffwechselung des Transmitters in Herz 1). Die Wirkung des Überträgerstoffs an Herz 2 ist daher schwächer.
- Verkürzte Wirkungsdauer der Schlagfrequenzminderung bei Herz 2: An Herz 2 wirkt eine geringere Anzahl an Transmittermolekülen (s. o.), die folglich schneller enzymatisch abgebaut werden können.

3 **Erläuterung** der Wirkung von Acetylcholin:

In der Aufgabenstellung wird nicht die explizite Darstellung ohne Acetylcholin-Einwirkung (linke Teilabbildung) verlangt, sondern nur die Auswirkungen von Acetylcholin auf die Zellen und die Herzschlagfrequenz soll dargestellt werden.

Bindet Acetylcholin an Rezeptorproteine in der postsynaptischen Membran der Schrittmacherzellen, kommt es intrazellulär zu einer Ablösung und Konformationsänderung eines mit dem Rezeptor gekoppelten G-Proteins (Aktivierung). Dieses aktivierte G-Protein bindet an einen geschlossenen K^+-Ionenkanal und bewirkt so dessen Öffnung. Dadurch kommt es zu einem K^+-Ionenausstrom entlang des Konzentrationsgradienten der K^+-Ionen, wodurch die überschwellige Depolarisation (durch Verrechnung) abgeschwächt wird. Der Schwellenwert zur Auslösung eines Aktionspotenzials wird daher erst mit etwas Zeitverzug erreicht, was zu einer Verminderung der Herzschlagfrequenz führt.

4 **Erklärung** der Skelettmuskelschwäche ohne Schwäche der Herzmuskulatur:
Die vom Patienten gebildeten Antikörper bei Myasthenia gravis binden spezifisch nur an die Acetylcholin-Rezeptoren in der postsynaptischen Membran der Skelettmuskelzellen. Hierdurch kommt es zu einer Blockade der Acetylcholin-gesteuerten Natriumionenkanäle und somit zu einer Hemmung der Erregungsübertragung, was die beschriebene Skelettmuskelschwäche bedingt.
Herzmuskelzellen bleiben davon unbeeinflusst, weil ...
– Acetylcholin-Rezeptoren der Herzmuskelzellen eine andere Proteinstruktur aufweisen, sodass die gebildeten Antikörper nicht an sie binden und die Erregungsübertragung nicht beeinflussen können.
– die Bindung von Antikörpern an Acetylcholin-Rezeptoren nicht die Spontanaktivität der Schrittmacherzellen beeinträchtigt, da diese nicht über Acetylcholin-gesteuerte Natriumionenkanäle verfügen.

Nur eine mögliche Erklärung ist verlangt.

5 **Beschreibung** des ELISA-Tests auf Acetylcholin-Rezeptor-Antikörper:
a Acetylcholin-Rezeptoren (ACh-R) werden als Antigene auf dem Boden des Versuchsgefäßes fixiert.
b Nach Zugabe von Blutserum einer an Myasthenia gravis erkrankten Person binden die darin enthaltenen Antikörper gegen ACh-R spezifisch nach dem Schlüssel-Schloss-Prinzip an die ACh-R. Anschließend erfolgt der erste Spülvorgang.
c Es werden enzymgekoppelte Antikörper gegen ACh-R-Antikörper hinzugegeben. Diese binden an den konstanten Teil der an das Antigen gebundenen ACh-R-Antikörper. Anschließend erfolgt der zweite Spülvorgang.
d Eine anschließend zugesetzte Farbstoffvorstufe wird von den gekoppelten Enzymmolekülen katalytisch in einen Farbstoff umgesetzt.

Begründung der Notwendigkeit der Spülvorgänge:
Die beiden Spülvorgänge verhindern durch Auswaschung aller nicht gebundenen Antikörper (Serumantikörper und enzymgekoppelte Antikörper) eine unspezifische Umsetzung der Farbstoffvorstufe zu einem Farbstoff. Damit wird vermieden, dass es bei einer gesunden Person, die im Serum keine ACh-R-Antikörper aufweist, zu einem falsch positiven Befund kommt.

Im ersten Spülvorgang werden darüber hinaus alle möglichen anderen Proteine, die im Blutserum vorhanden sind (z. B. Albumin, Gerinnungsfaktoren, andere Antikörper), ausgewaschen, sodass es nicht zu einer Bindung des sekundären enzymgekoppelten Antikörpers mit diesen Proteinen und somit zu einem möglicherweise falsch negativen Befund kommen kann (Kreuzreaktion).

Erklärung der Ermöglichung einer Diagnose durch den Test:
Die an Myasthenia gravis erkrankten Personen weisen in ihrem Blutserum Antikörper auf, die spezifisch an fixierte ACh-R im Testgefäß binden können. Dadurch ist eine eindeutige Unterscheidung erkrankter (Farbumschlag) und gesunder (kein Farbumschlag) Personen möglich.

6 **Erläuterung** der Neostigmin-Wirkung:

Es wird bei der Lösung der Aufgabe vorausgesetzt, dass Sie die chemische Strukturähnlichkeit von Neostigmin und Acetylcholin erkennen. Geht man davon aus, dass die Antikörper-Antigen-Bindung reversibel ist, so ergibt sich vor diesem Hintergrund die folgende Argumentation.

a) Da Neostigmin Acetylcholin strukturell ähnelt, kommt eine Konkurrenz mit Acetylcholin um Acetylcholin-Rezeptoren (ACh-R) infrage. Neostigmin könnte durch Bindung an ACh-R die Natriumionenkanäle öffnen. Eine unspezifische Wirkung an allen motorischen Endplatten, die zu einer Dauererregung und nachfolgenden Krämpfen führt, wäre die Folge.
Alternativ könnte Neostigmin nach Bindung an ACh-R die Natriumionenkanäle verschlossen halten. Somit ergäbe sich die gleiche Wirkung wie bei der Blockade durch ACh-R-Antikörper und damit eine Verstärkung der Lähmungserscheinungen.

b) Neostigmin kann nicht an die Antikörper binden, da die Antigen-Bindestellen nach dem Schlüssel-Schloss-Prinzip auf die ACh-R passen und nicht auf Neostigmin.
Bei einer derartigen Wirkungsweise wäre aufgrund der chemischen Strukturähnlichkeit der Moleküle außerdem zu erwarten, dass auch der Transmitter Acetylcholin selbst von den ACh-R-Antikörpern gebunden würde, was noch gravierendere Lähmungserscheinungen zur Folge hätte.

c) Das Medikament könnte aufgrund seiner Strukturanalogie zu Acetylcholin an die Acetylcholinesterase binden und dadurch den Abbau von Acetylcholin hemmen. Dadurch würde der Abbau von Acetylcholin im synaptischen Spalt verlangsamt.

Nach dieser Argumentation kann nur die Wirkungsweise c) die vorübergehende Abschwächung der Symptome erklären. Die in erhöhter Konzentration vorliegenden Acetylcholin-Moleküle treten mit den ACh-R-Antikörpern hinsichtlich der Bindung an die ACh-R in Konkurrenz und es kommt so zu einer Abmilderung der Hemmung der Erregungsübertragung.

> **Profil-/Neigungsfach Biologie (Baden-Württemberg): Abituraufgaben 2019**
> **Aufgabe IV: Neurophysiologie, Genmutation, Evolution**

BE

Einige Populationen des Westamerikanischen Rauhautmolchs (*Taricha granulosa*, Abb. 1) produzieren in Hautdrüsen das Nervengift Tetrodotoxin (TTX). TTX wird über die Drüsen in den feuchten Hautschleim abgegeben. Dort fungiert es als wirksamer Abwehrstoff gegen Fressfeinde, bei denen es zur tödlichen Lähmung durch Muskelerschlaffung führt. TTX wirkt auf spannungsgesteuerte Natriumionenkanäle (Na$^+$-Kanäle) in der Axonmembran. Solche Na$^+$-Kanäle spielen eine wichtige Rolle für den Verlauf von Aktionspotenzialen.

Abb. 1: Westamerikanischer Rauhautmolch
© Gary Nafis

1.1 Zeichnen Sie ein beschriftetes Diagramm, das den Verlauf eines Aktionspotenzials zeigt (Größe ca. ½ Seite), und erläutern Sie die auf molekularer Ebene ablaufenden Vorgänge, die zu diesem Spannungsverlauf führen.   4

1.2 Erläutern Sie eine mögliche molekulare Wirkungsweise von TTX, die zu der beobachteten tödlichen Lähmung bei den Fressfeinden führt.   2

Die Strumpfbandnatter (*Thamnophis sirtalis*, Abb. 2) ist ein wichtiger Fressfeind von Rauhautmolchen. Verschiedene Varianten spannungsgesteuerter Na$^+$-Kanäle bei Strumpfbandnattern führen zu einer unterschiedlich stark ausgeprägten Empfindlichkeit gegenüber TTX. Manche Nattern sind nach dem Fressen eines Rauhautmolches nicht vollständig gelähmt, sondern bewegen sich nach dem Fressen eines Rauhautmolches lediglich langsamer fort und erholen sich allmählich. Man geht davon aus, dass sich TTX-unempfindlichere Strumpfbandnattern aus TTX-empfindlichen Vorfahren entwickelt haben.

Abb. 2: Strumpfbandnatter
© Jessika Bolser/USFWS, https://commons.wikimedia.org/wiki/File:Common_Garter_Snake_%2833317486034%29.jpg, lizenziert unter CC BY 2.0

Tabelle 1 zeigt Ausschnitte der Aminosäuresequenzen von zwei Varianten des spannungsgesteuerten Na$^+$-Kanals, die sich in ihrer TTX-Empfindlichkeit unterscheiden.

Variante des Na⁺-Kanals	Ausschnitt aus der Aminosäuresequenz des Na⁺-Kanals (Position 1560–1570)											Empfindlichkeit gegenüber TTX
	1560	1561	1562	1563	1564	1565	1566	1567	1568	1569	1570	
Variante 1	Glu	Ile	Thr	Thr	Ser	Ala	Gly	Trp	Asp	Gly	Leu	hoch
Variante 2	Glu	Val	Thr	Thr	Ser	Ala	Gly	Trp	Asn	Val	Leu	gering

Tab. 1: Aminosäuresequenz und TTX-Empfindlichkeit zweier Varianten des spannungsgesteuerten Na⁺-Kanals

2 Ermitteln Sie unter Zuhilfenahme der Codesonne (siehe Anlage) mögliche Mutationen, die zu den drei Unterschieden der Aminosäuresequenzen der beiden Varianten in Tabelle 1 führen.
Erläutern Sie, weshalb diese Unterschiede in der Aminosäuresequenz die Empfindlichkeit gegenüber TTX so stark beeinflussen können. 3

Bei verschiedenen Populationen der Strumpfbandnatter wurde die Wirkung von TTX auf die Kriechgeschwindigkeit ermittelt. Dabei wurde die Kriechgeschwindigkeit in Abhängigkeit von der injizierten TTX-Dosis gemessen (Abbildung 3).

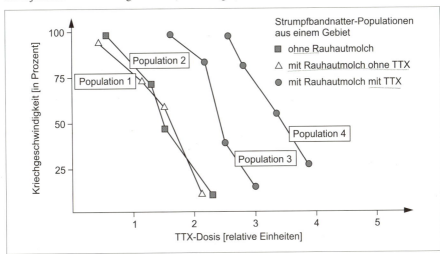

Abb. 3: Wirkung von TTX auf Strumpfbandnattern verschiedener Populationen

3.1 Beschreiben Sie für Population 1 den in Abbildung 3 dargestellten Zusammenhang zwischen TTX-Dosis und Kriechgeschwindigkeit und erklären Sie diesen auf molekularer Ebene. 2

3.2 Vergleichen Sie die Untersuchungsergebnisse mit denen der übrigen Populationen aus Abbildung 3. Geben Sie für die Unterschiede eine mögliche Erklärung auf molekularer Ebene.   3

Man geht davon aus, dass die Evolution von Strumpfbandnatter und Rauhautmolch sich wechselseitig beeinflusst (Koevolution).

4.1 Erklären Sie im Sinne der Synthetischen Evolutionstheorie die Entstehung einer Strumpfbandnatter-Population, die gegen TTX unempfindlich ist.   4

4.2 Beschreiben Sie zwei mögliche Ursachen, die zu den in Abbildung 3 dargestellten Unterschieden in den Populationen 3 und 4 geführt haben könnten.   2

                                                                                           20

Anlage: Codesonne

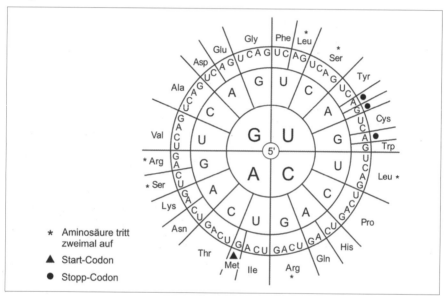

Lösungen

1.1 **Zeichnung** eines Diagramms mit Aktionspotenzialverlauf:

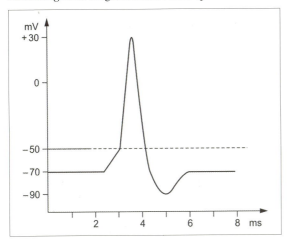

Erläuterung der molekularen Vorgänge:
- Depolarisationsphase: Die Membran wird durch eine Reizung bis zum Schwellenwert depolarisiert. Wird der Schwellenwert überschritten, öffnen sich spannungsgesteuerte Na^+-Ionenkanäle. Es kommt durch positive Rückkopplung zur Öffnung weiterer Kanäle und so zu einem schnellen und starken Na^+-Ioneneinstrom (Diffusion gemäß Konzentrationsgefälle), der zu einer Umpolung der Membran(spannung) führt (von ca. -70 mV auf bis $+30$ mV). Die spannungsgesteuerten Na^+-Ionenkanäle schließen sich rasch wieder und es öffnen sich (verzögert) spannungsgesteuerte K^+-Ionenkanäle.
- Repolarisationsphase: Die Öffnung der K^+-Ionenkanäle bewirkt einen schnellen K^+-Ionenausstrom (entlang des Konzentrationsgefälles). Die Membran wird repolarisiert, dabei kann es kurzzeitig zur Hyperpolarisation kommen. Die spannungsgesteuerten K^+-Ionenkanäle schließen sich wieder und das Ruhepotenzial ist wieder erreicht.

Die Erläuterung der Funktion der Kalium-Natrium-Pumpe und der Refraktärzeit wird bei dieser Fragestellung nicht erwartet.

1.2 **Erläuterung** möglicher molekularer Wirkungsweisen von Tetrodotoxin (TTX):
TTX blockiert spannungsgesteuerte Na^+-Ionenkanäle, sodass es trotz Überschreiten des Schwellenwertes nicht zu einem Na^+-Ioneneinstrom und dem für die Erregungsleitung entscheidenden „Alles-oder-nichts"-Ereignis kommt. Durch die fehlende Erregungsleitung über motorische Nervenfasern erfolgt keine Muskelkontraktion mehr, die Atemlähmung führt zum Tod.
Mögliche Wirkungsweisen von TTX:
- Die spannungsgesteuerte Öffnung der Na^+-Ionenkanäle wird infolge der Bindung von TTX gehemmt.
- Die räumliche Struktur der Na^+-Ionenkanäle wird infolge der TTX-Bindung verändert.
- TTX bindet im Durchtrittsbereich von Na^+-Ionenkanälen.

Nur die Angabe einer molekularen Wirkungsweise ist gefordert.

2 Ermittlung möglicher Mutationen:

Mutationen ereignen sich auf der Ebene der DNA, somit sind die entsprechenden DNA-Tripletts anzugeben. Dabei bietet es sich an, die sparsamste Erklärung, nämlich jeweils eine Punktmutation in einem der drei betroffenen DNA-Tripletts, anzunehmen. Die Darstellung der mRNA-Tripletts sowie die Angabe von 3'- und 5'-Ende der DNA-Tripletts werden nicht zwingend erwartet. Für jede Position ist jeweils nur eine Triplettmutation anzugeben.

Position 1561

	Variante 1	Variante 2
Aminosäure	Ile	Val
mRNA-Tripletts	5'-AUA-3' 5'-AUC-3' 5'-AUU-3'	5'-GUA-3' 5'-GUC-3' 5'-GUU-3'
DNA-Tripletts	3'-TAT-5' 3'-TAG-5' 3'-TAA-5'	3'-CAT-5' 3'-CAG-5' 3'-CAA-5'

Position 1568

Aminosäure	Asp	Asn
mRNA-Triplett	5'-GAU-3' 5'-GAC-3'	5'-AAU-3' 5'-AAC-3'
DNA-Triplett	3'-CTA-5' 3'-CTG-5'	3'-**T**TA-5' 3'-**T**TG-5'

Position 1569

Aminosäure	Gly	Val
mRNA-Triplett	5'-GGU-3' 5'-GGC-3' 5'-GGA-3' 5'-GGG-3'	5'-GUU-3' 5'-GUC-3' 5'-GUA-3' 5'-GUG-3'
DNA-Triplett	3'-CCA-5' 3'-CCG-5' 3'-CCT-5' 3'-CCC-5'	3'-C**A**A-5' 3'-C**A**G-5' 3'-C**A**T-5' 3'-C**A**C-5'

Erläuterung der Empfindlichkeitsunterschiede gegenüber TTX:
Der Austausch von Aminosäuren führt zu Veränderungen der Wechselwirkungen zwischen den Aminosäureresten (Seitenketten), die folgende Auswirkungen haben können:
– Die räumliche Struktur der Bindestelle für TTX verändert sich so, dass das TTX-Molekül schlechter (nach dem Schlüssel-Schloss-Prinzip) binden kann.
– Die Anziehungskräfte zwischen den bindenden Aminosäureresten der Bindestelle und dem TTX-Molekül werden verringert.
– Eine veränderte Tertiärstruktur des gesamten Kanalproteins bewirkt, dass trotz Bindung des TTX-Moleküls lediglich eine eingeschränkte Blockade des Na^+-Ionenkanals auftritt.

Nur eine mögliche Erläuterung wird erwartet.

3.1 **Beschreibung** des Zusammenhangs zwischen TTX-Dosis und Kriechgeschwindigkeit:

Hier ist keine genaue Beschreibung des Kurvenverlaufs, sondern lediglich die Beschreibung des dargestellten Zusammenhangs zwischen der Giftdosis und der Kriechgeschwindigkeit verlangt.

Je höher die injizierte TTX-Dosis ist, desto geringer ist die Kriechgeschwindigkeit.

Erklärung auf molekularer Ebene:
Je höher die TTX-Konzentration, desto mehr Na^+-Ionenkanäle sind zu einem bestimmten Zeitpunkt an einem Axon gerade TTX-gebunden und somit inaktiviert. Entsprechend länger dauert an einer bestimmten Stelle des Axons nach Eintreffen eines Aktionspotenzials die Depolarisation und Spannungsumkehr. Dies erhöht die Erregungsleitungszeiten an den Axonen und erhöht somit die Reaktionszeiten auf Muskelbefehle. Die Folge ist langsameres Kriechen.

3.2 **Vergleich** der Untersuchungsergebnisse:

Der Operator „vergleichen" umfasst die Nennung von Gemeinsamkeiten und Ähnlichkeiten sowie von Unterschieden.

Gemeinsamkeiten: Ausgehend von unterschiedlichen TTX-Anfangsdosen gilt für alle Populationen der gleiche Zusammenhang: Die Kriechgeschwindigkeit verringert sich mit steigender TTX-Dosis. Dabei sind die Untersuchungsergebnisse für Population 1 und 2 äußerst ähnlich (keine signifikanten Unterschiede im Kurvenverlauf).

Unterschiede: Bei den Populationen 3 und 4 sind deutlich höhere TTX-Dosen erforderlich, damit die gleiche Minderung der Kriechgeschwindigkeit wie bei den Populationen 1 und 2 eintritt. So ist eine Halbierung der Kriechgeschwindigkeit bei Population 1 nach Injektion einer TTX-Dosis von ca. 1,6 relativen Einheiten erreicht, bei Population 3 hingegen erst bei ca. 2,4 und bei Population 4 erst bei 3,5 relativen Einheiten.
Während Population 1 und 2 also relativ empfindlich gegenüber dem Giftstoff sind, zeigt Population 3 für TTX offensichtlich eine geringere und Population 4 die geringste Empfindlichkeit.

Erklärung der Unterschiede zwischen den Populationen:
– Unterschiedlich gravierende und/oder häufige Mutationen im Gen für die spannungsgesteuerten Na^+-Ionenkanäle führen zu variabel veränderten Aminosäuresequenzen dieses Kanalproteins, sodass TTX die Ionenkanäle unterschiedlich effizient blockiert.
– Die Populationen verfügen mutationsbedingt über eine unterschiedliche Anzahl an spannungsgesteuerten Na^+-Ionenkanälen in ihren Axonen, sodass für eine vergleichbare Verringerung der Kriechgeschwindigkeit unterschiedlich hohe TTX-Dosen notwendig sind.
– Die Populationen weisen unterschiedlich effiziente Mechanismen auf, um den Giftstoff enzymatisch abzubauen oder immunologisch zu neutralisieren.

Nur eine Erklärung ist gefordert.

4.1 **Erklärung** der Evolution einer unempfindlichen Strumpfbandnatter-Population:

Gerichtete Veränderungen innerhalb einer Population lassen sich im Sinne der Synthetischen Evolutionstheorie mithilfe der Begriffe Mutation, Rekombination und Selektion erklären. Hierbei wird nicht erwartet, dass Sie auf die Koevolution zwischen Rauhautmolch und Strumpfbandnatter eingehen.

Auszugehen ist von einer genetischen Variabilität innerhalb einer Strumpfbandnattern-Population, die durch Mutation und Rekombination (Neukombination des Erbguts bei der sexuellen Fortpflanzung) bedingt ist. Durch Mutation(en) im Gen für den Na^+-Ionenkanal traten Individuen innerhalb der Population auf, die gegen TTX unempfindlich waren. Dies bedeutete für die betroffenen Tiere einen Selektionsvorteil, da sie den Verzehr giftiger Rauhautmolche überlebten und die Molche ggf. als neue Nahrungsquelle nutzen konnten. TTX-unempfindliche Strumpfbandnattern hatten dadurch einen höheren Fortpflanzungserfolg, d. h. mehr ebenfalls TTX-unempfindliche Nachkommen (höhere reproduktive Fitness). Somit stieg von Generation zu Generation die Frequenz der Allele für TTX-unempfindliche Na^+-Ionenkanäle im Genpool der Population an. Dies führte zu einer Strumpfbandnattern-Population, die gegen TTX unempfindlich ist (transformierende Selektion).

4.2 **Beschreibung** möglicher Ursachen für Unterschiede zwischen Population 3 und 4:
– Population 4 lebt schon seit einem längeren Zeitraum in Gebieten mit giftigen Rauhautmolchen als Population 3, sodass sich über die Zeit mehr Mutationen im Gen für den Na^+-Ionenkanal anhäufen und zu einer größeren Unempfindlichkeit gegenüber TTX führen konnten.
– Im Gebiet von Population 4 kommen giftigere Rauhautmolche vor, sodass ein stärkerer Selektionsdruck in Richtung Unempfindlichkeit gegenüber TTX wirkt (z. B. durch einen längeren gemeinsamen Koevolutionszeitraum).
– Individuen der Population 3 sind einem geringen Selektionsdruck durch giftige Rauhautmolche ausgesetzt, da es in diesem Verbreitungsgebiet weniger giftige Molche gibt und/oder sich die Schlangen vorzugsweise von anderen Beutetieren ernähren.
– Im Verbreitungsgebiet von Population 4 herrscht ein höherer Selektionsdruck durch Fressfeinde der Strumpfbandnatter (z. B. Vögel), sodass eine größere Unempfindlichkeit gegenüber TTX einen Flucht- und damit Selektionsvorteil darstellt.
– Mutationen im Gen für den Na^+-Ionenkanal führten bei Individuen der Population 4 zu schwerwiegenden Veränderungen der Aminosäuresequenz des Kanalproteins und damit zu einer größeren Unempfindlichkeit.
– Tiere der Population 4 verfügen z. B. durch eine Genduplikation über mehr Na^+-Ionenkanäle pro Flächeneinheit Axonmembran als Tiere der Population 3. Somit sind höhere TTX-Konzentrationen nötig, um diese weitgehend zu inaktivieren.

Nur zwei mögliche Ursachen sind gefordert.

Fit fürs ABI?

Mit unseren ABI-Vorbereitungskursen zur Höchstform auflaufen!

In mehrtägigen Kursen bringen dich unsere Lern-Coaches in DEINE persönliche Bestform:
- Sie zeigen dir, woran DU arbeiten musst.
- Sie helfen dir, DEINEN persönlichen Lern-Trainings-Plan zu erstellen.
- Sie unterstützen DICH mit exklusiven STARK Lernmaterialien, die es nur dort gibt.
- Sie stehen dir für DEINE Fragen zur Verfügung.

stark-plus.de

Bild von © gettyimages.de / Andres Benitez / EyeEm

TALKIE WALKIE

"Daily English Conversation" mit Muttersprachlern — die perfekte Ergänzung zum Schulunterricht.

Inklusive Live-Gruppenunterricht — täglich, mit Muttersprachlern rund um die Uhr

- › AUTHENTISCHE INHALTE, TÄGLICH AKTUALISIERT
- › EINSTUFUNGSTEST & LERNFORT-SCHRITTSKONTROLLEN MIT TRACKING
- › ALLE LERNSTUFEN A1 BIS C2 – FÜR ALLE KLASSENSTUFEN GEEIGNET
- › VERSCHIEDENE KOMPETENZEN
- › ÜBERALL LERNEN

www.talkiewalkie.de

STARK